"十三五"国家重点出版物出版规划项目

中国经济治略丛书

基本公共服务供给对城乡收入差距的影响机理与测度研究

Research on the Influence Mechanism and Measurement of
Basic Public Service Supply on Urban-Rural Income Gap

肖育才 著

中国财经出版传媒集团

经济科学出版社
Economic Science Press

图书在版编目（CIP）数据

基本公共服务供给对城乡收入差距的影响机理与测度研究/
肖育才著 . —北京：经济科学出版社，2019.8
（中国经济治略丛书）
ISBN 978 - 7 - 5218 - 0850 - 6

Ⅰ. ①基… Ⅱ. ①肖… Ⅲ. ①公共服务 - 影响 - 居民收入 -
城乡差别 - 研究 - 中国 Ⅳ. ①F126.2②D669.3

中国版本图书馆 CIP 数据核字（2019）第 191853 号

责任编辑：王 娟 张立莉
责任校对：隗立娜
责任印制：邱 天

基本公共服务供给对城乡收入差距的影响机理与测度研究
肖育才 著
经济科学出版社出版、发行 新华书店经销
社址：北京市海淀区阜成路甲 28 号 邮编：100142
总编部电话：010 - 88191217 发行部电话：010 - 88191522
网址：www. esp. com. cn
电子邮件：esp@ esp. com. cn
天猫网店：经济科学出版社旗舰店
网址：http://jjkxcbs. tmall. com
北京季蜂印刷有限公司印装
710×1000 16 开 12 印张 200000 字
2019 年 10 月第 1 版 2019 年 10 月第 1 次印刷
ISBN 978 - 7 - 5218 - 0850 - 6 定价：58.00 元
（图书出现印装问题，本社负责调换。电话：010 - 88191510）
（版权所有 侵权必究 打击盗版 举报热线：010 - 88191661
QQ：2242791300 营销中心电话：010 - 88191537
电子邮箱：dbts@ esp. com. cn）

前　言

中国改革开放40年以来，由于改革带来了中国经济持续快速增长，中国目前已经成为全球第二大经济体，居民收入水平大幅度增加，社会经济事业取得了快速发展。与此同时，我们发现中国经济快速增长的同时，也存在诸多矛盾和问题，其中贫富差距过大和基本公共服务供给非均等化已经成为中国社会经济发展中的热点和焦点问题。党和政府一直以来非常重视经济改革发展过程中存在的这些问题，并提出了"全面建设小康社会""中国梦"的理念，这些表达了党和政府对老百姓的关怀以及对社会经济发展中主要矛盾和问题的重视。尽管我们积极向着这些目标努力，但是由于历史、制度和现实等各方面因素的影响，没有达到预期目标，贫富差距悬殊尤其是城乡收入差距不断扩大成为经济发展中深层矛盾和问题。只有逐渐缩小贫富差距以及城乡差距才能够有效化解社会经济发展中存在的诸多矛盾，中国经济发展的成果才能更多惠及普通民众，才能够达到"全面建成小康社会"的目标和真正实现"中国梦"。

中国的城乡收入差距自新中国成立以来就存在，新中国成立后选择优先发展重工业战略，为了积累工业和城市发展所需的资本，需要将农业剩余转移到工业和城市，当时制定了一系列城市偏向的社会经济制度，主要包括价格和非价格两个方面，导致城乡发展的差异，这是中国城乡收入差距产生的历史原因。改革开放以后，中国实行分权改革极大地调动了社会公众和地方政府从事经济活动的积极性，城乡关系也发生了新的变化，主要体现在价格方面的城市偏向政策在逐渐消除和减弱，但非价格方面的城市偏向政策却在不断加强，如政府在财政税收、金融、外贸等方面的政策城市偏向更为严重，导致了城乡居民收入快速增长的同时城乡收入差距却呈现了不断扩大的趋势。中国城乡收入差距的产生和扩大，尽管有多方面的因素影响，但是最终归结起来，核心问题在于城乡有别的社会经济政策和市场结构的不均衡导致了城乡居民在获取收入的能力和机会上存在较大差异，并且这种差异有不断扩大的趋势，进而导致了城乡收入差距也呈现不断扩大的趋势。中国市场改革的深入，不管是生产要素市场还是产品市场都逐渐公平规范，市场结构对城乡居民收入差距的影响程度逐渐减弱，但为什么中国城乡收入差距还在不断扩大，更重要的原因在于非市场因素所带来的影响。中国城乡居民收入主要来源于工资性收入、经营性收入、财产性收入和转移性收入，这些收入来源不同程度地受到了市场和非市场因素的影响，随着市场因素的影响逐渐减少，非市场因素中特别是基本公共服务供给的城乡差异成为重要的影响因素，基本公共服务城乡二元供给制度导致了城乡居民基本权利差异，进而影响到了城乡居民取得收入的能力和机会，最终必然影响城乡收入差距。

因此，基本公共服务供给对城乡收入差距的产生和扩大具有重要的影响，本书希望就中国基本公共服务供给对城乡收入差距的影响进行系统的理论和实证研究，以揭示两者之间的影响机理和传导机制。本书研究主要明确以下四个方面的"问题束"：一是中国城乡收入差距到底有多大，不同来源收入差距有多大，是否存在区域差异性，形成的根源是什么？二是中国当前基本公共服务供给存在哪些方面的问题以及产生的深层原因，对中国城乡收入差距影响的内在机理？三是中国基本公共服务供给对中国城乡收入差距影响程度如何，产生影响的传导机制是什么样的？四是在当前全面深化经济体制改革和财税体制改革背景下，如何从制度变革角度改变地方基本公共服务供给的激励机制并创新基本公共服务供给方式,真正使基本公共服务供给起到缩小城乡收入差距的作用?

本书研究的核心问题为"影响机理——基本公共服务供给如何影响城乡收入差距""影响程度和途径——基本公共服务供给通过什么途径对城乡收入差距产生影响及影响程度""如何优化改进——如何创新基本公共服务供给制度并缩小城乡收入差距"三个主要方面,围绕这三个主要问题,本书的研究内容分为七个部分:第1章为导论,主要包括本书选题的背景、研究的意义、文献述评、研究思路、研究框架和主要内容、研究方法和技术路线、本书的创新之处和不足等方面的阐述;第2章是对中国城乡收入差距的测度和成因分析,主要包括中国城乡收入差距的测度、城乡收入差距变动趋势及区域差异性的分析、城乡收入不同来源差距的测度与变动分析、中国城乡收入差距的成因分析;第3章是基本公共服务供给对城乡收入差距影响机理的理论分析,主要包括中国基本公共服务供给现状分析、基本公共服务供给对城乡收入差距的影响机理分析;第4章是基本公共服务供给对城乡收入差距影响的实证分析,主要以政府教育支出、政府医疗卫生支出和社会保障支出对城乡收入差距的影响进行实证分析;第5章是基本公共服务供给对城乡居民不同来源收入差距影响的实证分析,主要包括城乡居民不同来源收入差距对城乡收入差距贡献的实证分析和基本公共服务供给对城乡不同收入来源差距影响的实证分析;第6章是基本公共服务供给缩小城乡居民收入差距的效率评估,主要是基于 DEA 的 Malmquist 指数法测度基本公共服务供给缩小城乡收入差距的效率数值并进行区域比较;第7章是结论和对策建议,主要包括本书理论和实证研究得出结论的阐述以及关于如何缩小城乡收入差距的基本公共服务供给制度创新的建议。

通过研究,得出结论:一是揭示了中国城乡收入差距的形成本质以及变化的多面性,通过对中国城乡整体和不同来源收入差距的系统测度,发现了中国城乡收入差距变动存在的多面性,通过对中国城乡收入差距形成及变动原因分析，发现了中国城乡收入差距主要由于生产要素和产品市场以及非市场方面的政策制度两类因素所致。二是阐释了中国基本公共服务供给对城乡收入差距影响的内在机理，通过对中国基本公共服务供给的现实分析，发现中国基本公共服务供给存在一定的不均衡，导致了中国城乡基本公共服务供给的失衡，最终对城乡收入差距产生不利影响，而中国基本公共服务供给城市偏向性主要原因在于中国式分权对地方政府行为的激励扭曲，最终由不同类型的基本公共服务通过初次和再次分配两个环节的传导影响城乡居民收入。三是实证检验了基本公共服务供给对城乡收入差距的现实影响和传导机制，本书利用省级面板数据实证检验了基本公共服务供给对城乡收入差距的现实影响，发现中国基本公共服务供给总体上有利于缩小城乡收入差距，但不同类型基本公共服务对城乡收入差距的影响存在一定的时间和空间差异，而基于基本公共服务供给对城乡居民不同来源收入差距影响的实证分析，发现基本公共服务供给对城乡收入差距影响的传导机制，是通过不同类型基本公共服务影响城乡居民基本权利，进而影响城乡居民不同收入来源，最终传导到对城乡整体收入差距的影响。

　　本书基于理论和实证研究结论，并结合中国当前现实，提出了相应的对策建议。本书对缩小城乡收入差距的基本公共服务供给制度设计提出了总体思路，主要有以下几个方面：一是逐渐打破城市偏向的基本公共服务供给制度，实现财政资源在城乡间的合理分配；二是优化财政支出结构，扩大有利于缩小城乡居民收入差距的基本公共服务的资金分配；三是根据不同地区农村居民收入来源的差异以及经济发展水平差异，有针对性地制定差别化的基本公共服务供给政策；四是根据国家新型城镇化战略要求，在统筹城乡一体化发展过程中保障农业人口、农业转移人口以及城镇居民基本公共服务均等化，在推进新型城镇化顺利实施的同时缩小城乡收入差距；五是改变对地方政府的政绩考核机制，并且建立对地方财政支出缩小城乡收入差距的绩效评价机制和问责制。同时，笔者在研究中发现，中国当前基本公共服务供给存在的诸多问题都与分权改革对地方政府行为的激励有关，制度的改革需要重构对地方政府行为的激励，本书从政治治理模式变革、财政分权体制变革和监督约束机制改革三个方面阐述了如何有效地重构对地方政府行为的激励，实现基本公共服务供给的城乡一体化。最后，就目前对城乡收入差距影响最为重要的三类基本公共服务应该如何优化，提出了具体的建议。

本书就基本公共服务供给对城乡收入差距进行了系统深入地研究，可能存在如下的创新之处：一是关于基本公共服务供给对城乡收入差距影响内在机理进行了理论和现实的探索，并构建了一个基于中国分权改革背景下的基本公共服务供给对城乡收入差距影响机理的基本逻辑框架；二是实证检验了基本公共服务供给对城乡收入差距的现实影响及传导机制；三是提出了如何通过体制变革重构地方政府行为的激励机制，并提出了基本公共服务供给制度创新的系统性建议。

总之，本书希望从基本公共服务供给的视角来研究中国城乡收入差距问题，探索基本公共服务供给对城乡收入差距的影响机理和现实传导机制，但由于受到各种因素影响，本书无论是理论研究还是实证研究都存在一些不足和缺陷，而这正是笔者未来研究中有待改进的方面，笔者也衷心希望能够得到各位专家、学者的指点。

第 1 章

导　　论

1.1　选题背景

自古至今，无论是开明的统治者、政治家还是普通民众，都希望"国泰民安""人人平等"，追求"普遍富裕"是他们共同的愿望。"让一部分人和一部分地区先富起来，最终实现共同富裕"以及"和谐社会""中国梦"的理念都表达了民众对自由、平等及美好生活的憧憬，也是"全面建成小康社会"目标的重要内容。尽管我们积极向着这些目标努力，但是由于历史、制度和现实等各方面因素的影响，现实情况没有达到预期目标，"贫富差距悬殊尤其是城乡收入差距不断扩大"① 成为经济发展中的深层矛盾和问题。只有逐渐缩小贫富差距以及城乡差距才能够有效化解社会经济发展中存在的诸多矛盾，中国经济发展的成果才能更多惠及普通民众。

1.1.1　中国优先发展战略选择对社会经济各方面产生重要影响

在复杂的国际环境下，新中国选择了优先发展重工业的战略，重工业

---

① 无论是官方统计还是学者研究测算得出的中国基尼系数都在 0.45 以上，超过了国际警戒线，中国收入分配差距过大，有学者（如胡晶晶和曾国安，2011）实证研究得出，1987～2009年，中国城乡收入差距对中国总体收入差距贡献率年均高达 67.2%，其中 1997 年贡献率最低为56.4%，2009 年最高达到了 75.6%，缩小中国城乡收入差距对于缓解收入差距以及中国社会经济发展中的诸多矛盾具有重要的现实意义。

发展对资本需求大而劳动力需求少，中国现实则恰恰是资本稀缺而劳动力富有，这与重工业优先发展战略不匹配。当时中国重工业无法通过市场方式发展起来，必须通过政府行政手段来推动。为了在短期内获得重工业发展所需的资本需要将农村和农业剩余转移到城市和工业。为了实现这一目标，中国实行了计划经济制度，由中央政府统一对各类社会资源进行分配，并且制定了城乡分割的系列社会经济制度，其中人民公社制度、农产品统购统销制度和户籍制度是当时最有代表性的，蔡昉等学者称其为"三驾马车"①，人民公社制度将整个社会资源由个人和家庭转移到集体和政府，农产品统购统销制度则将农业产品以较低的价格销售给工业部门和城市，通过这两个制度将社会资源向政府转移、将农村剩余向工业和城市转移。城乡隔绝的户籍制度则严格控制了农村人口向城市转移，缓解重工业发展带来的就业压力。重工业优先发展导致城市化滞后，随着人口的快速增长，城市劳动力供给远超过需求，城市就业压力大增，为了缓解这一矛盾，中国从 20 世纪 50 年代中期开始，以知识青年"上山下乡"的方式将城市劳动力转移到农村②。重工业优先发展战略建立了中国工业基础，并且极大地提升了中国国防和军事力量，对于稳固新中国地位起到了非常重要的作用。与此同时，计划经济体制和城乡分割的社会经济制度也在一定程度上导致了生产效率低下、经济发展缓慢、人民生活水平低等诸多问题③，这些问题影响了人民的基本生活。

　　1978 年，邓小平提出了"改革开放"，开启了市场经济改革之路，这一场改革以经济分权改革为基础，极大地释放了生产力，带来了经济持续快速增长，中国农村和城市的物质水平大幅提高，居民收入大幅增长。中国实行的分权改革主要表现在农村家庭联产承包责任制、逐步放开私营经济的发展、对国有企业放权让利以及财税体制的分权改革等社会经济多个领域，通过向微观主体（个人、家庭和企业等）和地方政府分权，为其发展经济提供激励，促进了中国改革开放 40 多年以来经济的持续增长。在中国分权改革中，对微观主体的经济分权主要是通过市场机制来提高效率带动经济增长，对地方政府的分权赋予地方政府更多自主权并激励其发展

---

① 　蔡昉、杨涛：《城乡收入差距的政治经济学》，载《中国社会科学》2000 年第 4 期。
② 　温铁军：《我们是怎样失去迁徙自由的》，载《中国改革》2002 年第 4 期。
③ 　中国当时的票证制度就是一个活生生的例子，由于生产效率低，商品极度缺乏而无法满足居民基本生活需要，为了公平和保证居民最低需求，采用了票证制度限制居民购买。

经济，这是中国改革开放以来经济持续高速增长的重要原因①。中国的财政分权赋予了地方政府更多的财政自主权，但与财政分权相伴随的是政治集权体制，上级政府对下级政府官员具有绝对的任免权，在上级对下级政府官员考核以经济增长为主要指标的现实下，一些地方政府官员将更多的财政资源用于经济建设领域和城市，出现了地方政府行为的偏向性，主要表现为经济性偏向和城市性偏向。

在拥有更大自主权和监督约束机制缺位的情况下，地方政府为了满足政治利益和经济利益所采取的偏向性行为，对我国社会经济发展产生了一些不利影响。就目前中国社会经济发展中的突出矛盾而言，主要表现在经济领域的增长失衡和经济波动、分配领域的收入差距较大、社会领域公共事业发展的滞后、环境领域的污染日益加剧等方面。

第一，由于地方政府热衷于经济建设，将大量资源投入基础设施等领域，并且制定偏向于企业的政策，引发了企业投资冲动。在地区间存在竞争和保护主义的情况下，重复投资和投资过热导致了产能过剩和经济结构失衡，不利于宏观经济稳定，并且降低了抵御外部风险的能力，这会加剧宏观经济波动。

第二，地方政府将大量经济资源用于资本投资和投入到城市，导致中国收入分配方面的矛盾。在初次分配领域，对资本的过度保护导致资本回报远高于劳动收入，有学者研究认为，目前中国收入分配中劳动收入占比过低是导致收入分配不公平的重要原因。无论是物质资本、人力资本还是社会资本，城市居民所拥有的量多于或高于农村居民，城乡居民收入水平存在一定的差距，成为中国目前收入差距中较为突出的方面。初次分配的不公平可以通过政府再分配调节，但是地方政府偏向性的政策导致各类政策再分配功能非常有限，导致我国的收入分配差距呈持续扩大趋势。

第三，在我国经济持续快速增长的同时基本公共服务却严重缺乏，中国的教育、医疗卫生、社会保障以及环境保护等事业发展严重滞后，导致了整个社会出现了非均衡发展状态，最终导致诸多社会经济问题。

第四，在地区间招商引资激烈竞争态势下，各种高能耗、高污染企业成为很多地区特别是欠发达地区经济增长的主力军，自然环境被恶意破坏。中国目前环境问题日益严峻，危害了社会公众身体健康，制约了经济

---

① 国内很多学者（如林毅夫、张军、陆铭等）对中国财政分权与经济增长之间的关系进行了深入研究，大都认为财政分权是促进中国经济增长"奇迹"的主要原因。

持续健康发展。

1.1.2 城乡收入差距是当前中国社会各界关注的热点问题

改革开放以来，我国经济发展取得了举世瞩目的成就，人民生活水平大幅度提高，但伴随着中国经济快速发展背后的一些深层次问题也逐渐暴露出来，收入差距特别是城乡收入差距扩大是一个突出问题，已经成为影响我国经济持续健康发展和社会和谐稳定的主要问题，成为政府和社会各界关注的一个热点和焦点问题。改革开放后，中国实行"先富带动后富"的区域优先发展战略，市场经济改革过程中坚持"效率优先兼顾公平"的原则，城市化发展战略形成了城市偏向政策，这些制度因素最终演变成收入差距过大，特别是城乡居民收入差距日益扩大[1]。如果以城镇居民人均可支配收入与农村居民人均纯收入之比来衡量城乡收入差距的话，有学者测算发现，该指标在改革开放初期的1978年为2.57，到1984年缩小到1.8左右，而随后扩大到2013年的3.03[2]，在此期间一直维持在3.0以上，以后城乡收入差距开始逐步缩小到2018年的2.69，反映了1978年以来中国城乡居民收入差距变化趋势。中国城乡收入差距随着中国经济发展呈现不断扩大趋势，如果考虑到城市居民相对农村居民所享有的一些非货币性福利，实际上城乡居民收入差距会更大。

城乡收入差距持续扩大，已经成为中国经济发展中的主要障碍，也是社会矛盾不断激化的根源。城乡收入差距不断扩大的原因到底是什么？已有的政策措施为何调节效果不理想？此类问题受到社会各界的高度关注。城乡收入差距问题自新中国成立已经存在，改革开放后城乡收入差距快速扩大，引发了一系列经济社会问题，引发了众多学者的关注，并发表了一系列有影响的研究成果。如有学者发现制度对城乡收入差距的影响（蔡昉、杨涛，2000），尤其是户籍制度对劳动力自由流动以及城乡收入差距的影响；有的学者更关注农村人力资本对城乡收入差距的影响（郭剑雄，

---

[1] 蔡昉（2000，2003）、郭剑雄等（2005）、程开明等（2007）、孙宁华等（2009）、陈斌开和林毅夫（2013）等研究表明，改革开放以后，由于在农村推行家庭联产承包责任制，极大地释放了农村劳动生产率，导致城乡收入差距缩小，到1984年中国城乡收入差距到了最低点，城乡收入比大约1.8，但是自1985年经济改革的重心转移到城市，随后的城市化战略以及企业特别是国有企业市场化改革又导致城乡收入差距的日益扩大。

[2] 不同学者测算的结果有所差异，但是大致相近，都表明中国城乡收入差距在不断扩大。

2005；靳卫东，2007；陈斌开，2010 等），认为应该加大农村的义务教育和卫生财政投入，通过提高农村居民的人力资本缩小城乡收入差距；有的学者认为，城市化过程中的城市偏向政策导致城乡收入差距进一步拉大（陆铭、陈钊，2004；程开明、李金昌，2007；陈斌开、林毅夫，2013），这些研究成果为笔者的研究提供了很好的参考。

1.1.3　基本公共服务供给对城乡收入差距有着重要影响

中国分权改革过程中地方政府各种偏向性政策对城乡收入差距产生不同程度的影响，但其中对城乡居民影响最大的是偏向性的财政政策，主要表现为偏向性的财政收入政策和财政支出政策[①]。就财政收入而言，我国长期实行农业税与现代工商税制并存的二元税制结构，中国农村居民税费负担远高于城市居民，导致城乡居民税后收入差距扩大。分税制改革导致地方政府财权远小于事权，为了获得更多的可以自由支配的财政收入，地方政府特别是基层政府存在不同程度的不规范的收费情况，农村居民相对城市居民承担了更多的税费负担，导致了城乡收入差距的扩大。不过，受 2000 年农村税费改革以及随后的农业税取消等税费制度改革的影响，中国城乡间不平等的税费负担有所减轻，财政收入对城乡收入差距的影响在减弱。

相对于税费制度对城乡收入差距的影响而言，地方政府财政支出对城乡收入差距影响的范围更广、程度更深：既对城乡居民初次分配产生影响，又对再分配产生影响；既影响城乡居民收入水平，又影响城乡居民收入能力。

首先，地方政府倾向于将更多财政资源用于经济领域，将大量的财政资金投入企业和用于基础设施建设导致城乡居民资本回报率差异和工资收入水平差异，城市居民相对农村居民拥有更多物质资本且回报率更高[②]，各种性质的企业主要存在于城市，吸纳的主要是城市劳动者，这就会导致

---

① 中国地方财政是典型的"土地财政"，土地财政也存在显著的城市偏向性，土地财政对中国社会经济包括城乡收入差距产生重要影响，本书在后面研究中将对这一问题进行分析，但这不是本书研究的重点。

② 随着中国改革开放的深入，社会资本对城乡居民的影响越来越大，再就业存在歧视的情况下，城市居民拥有更多社会资本，获得稳定、高收入的机会更多。而且，城乡居民从事经营取得的收入越来越普遍，而城市居民拥有的社会资本远高过农村，更有利于其从事经营活动获利，城乡居民经营性收入的变化也会扩大城乡收入差距。

城乡居民收入水平出现较大差距。

其次，在基本公共服务供给中，地方政府也存在严重的城市偏向性，与农村居民相比，城市居民获得更多教育、医疗卫生和社会保障财政支出，也在一定程度上扩大了城乡收入差距。一方面，社会保障支出是政府对居民的直接补贴，是一种转移性收入，社会保障在城市的保障水平和覆盖率远高于农村居民，这就使得城乡居民转移性收入差距扩大，不过近年来针对农村的社会保障制度增加了农村居民获得的转移性收入，可能在一定程度上有利于城乡收入差距的缩小①。另一方面，教育和医疗卫生支出对城乡居民也会产生重要的影响，主要体现在人力资本积累方面。随着中国社会经济发展，特别是户籍制度放松以后，大量农村劳动力流动到城市就业，使得人力资本对城乡居民获得收入的能力产生影响，进而影响到城乡收入差距。教育投入对劳动者素质提高有重要作用，劳动者素质越高其获得收入能力越大，其收入水平就越高，中国政府教育支出的城乡差异较大，再加上城乡家庭在教育上私人投入差距产生的累积效应，人力资本差异对城乡居民收入产生了重要影响。医疗卫生投入有利于劳动者健康水平提高，对于大多数农村劳动者而言，到城市就业主要从事的是体力劳动和简单劳动，其健康水平直接影响和决定着其能否就业或者能否获得更高的收入，城乡医疗卫生财政投入差距在一定程度上可能会影响城乡居民收入差距。

鉴于以上缘由，理解中国城乡收入差距的发展与演变，需要对中国现行分权体制下地方政府行为进行深入分析，应该明确如下四个方面的"问题束"：（1）中国城乡整体收入差距到底有多大，不同来源收入差距到底有多大，是否存在区域性差异，形成的根源是什么？（2）中国当前基本公共服务供给存在哪些方面的问题以及产生的深层原因，对中国城乡收入差距影响的内在机理？（3）中国基本公共服务供给对中国城乡收入差距影响程度如何，产生影响的传导机制是什么样的？（4）在当前全面深化经济体制改革和财税体制改革背景下，如何从制度变革角度改变地方基本公共服务供给的激励机制并创新基本公共服务供给方式，才能真正使得基本公共服务供给起到缩小城乡收入差距的作用？因此，本

---

① 一般认为，社会保障作为政府主要的再分配工具对城乡居民获得转移性收入产生影响，但实际上社会保障制度解决了后顾之忧，能够让居民增加教育和医疗等方面投入，这在一定程度上可以增加人力资本积累，有利于收入增长。农村社会保障制度的建立和完善增加了农村居民转移性收入，但是否缩小了城乡收入差距，还取决于城市居民从社会保障制度中获得转移性收入增长是否超过农村居民。

书就中国基本公共服务供给对城乡收入差距的影响进行系统深入的理论和实证研究，以揭示两者之间的影响机理和传导机制，这便是本书选题的背景和缘由。

1.2　选题意义

1.2.1　理论意义

本书主要研究中国基本公共服务供给对城乡收入差距的影响，为了更清晰地把握两者之间的关系，在前人研究的基础上，本书将对基本公共服务供给影响城乡收入差距的内在机理以及传导机制进行深入研究。本书研究的理论意义有以下几个方面。

1.2.1.1　从理论和现实角度系统分析财政分权下地方政府行为激励机制

首先，本书从财政分权传统理论和西方发达国家财政分权改革实践两个方面，对中国财政分权进行比较研究，以发现中国式财政分权的基本特征，这对于理解中国财政分权具有重要意义。其次，本书基于第二代财政分权理论和激励理论，深入分析中国财政分权对地方政府的激励机制。最后，基于中国现实，从理论上解析中国式财政分权、地方政府行为对社会经济发展的影响机制。

1.2.1.2　深入研究地方政府行为对城乡基本公共服务供给影响的内在原因

首先，本书基于中国财政分权对地方政府激励机制理论和城市偏向理论，对中国城市偏向政策的形成进行理论研究，并分析中国城市偏向政策影响城乡收入差距的机制。然后，对中国基本公共服务供给偏向进行了深入的理论研究，主要包括公共产品供给经济性偏向、基本公共服务供给城市偏性以及土地财政偏向性三个方面。

1.2.1.3　阐释基本公共服务供给对城乡收入差距的影响机理

首先，本书从初次分配和再分配两个层面理论研究中国式财政分权对收入分配的影响，并基于地方政府行为分析中国式财政分权对城乡收入差距的影响机理。然后，本书再从基本公共服务供给视角分析中国财政分权对城乡收入差距的影响机理，构建一个中国式财政分权、基本公共服务供给与城乡收入差距关系的基本分析框架，并进行了简单模型分析，探寻三者之间的传导机制。

1.2.2　现实意义

根据理论研究结论，本书实证检验了中国基本公共服务供给和城乡收入差距之间的关系，并结合中国当前现实、国家发展战略以及新一届政府社会经济体制改革方向，对如何通过中国财政体制改革以及基本公共服务供给制度创新缩小城乡收入差距，提出系统化建议。因此，本书的研究具有一定的现实意义，主要有以下三个方面。

1.2.2.1　分区域和分收入来源对中国城乡收入差距进行测度，有利于更全面、更准确地理解中国城乡收入差距的本质、多面性及政策含义

为了更深入地了解中国城乡收入差距的现状和演变，本书对中国城乡收入差距进行了系统测度。一是从全国和地区层面对城乡居民整体收入差距进行测算并分析其变动趋势；二是深入到城乡居民收入四大来源结构，从全国和地区层面对中国城乡收入差距进行测算，并分析城乡居民收入结构和增长的本质性变化。对中国城乡收入差距多维度测度，有利于理解中国城乡收入的本质、动态变化以及存在的多面性。

1.2.2.2　实证检验了基本公共服务供给对城乡总体收入和结构性收入差距的现实影响，有利于发现基本公共服务供给对城乡居民收入影响的传导机制

本书利用中国省级面板数据并构建计量经济模型，实证检验基本公共服务供给对城乡收入差距的影响。通过实证研究，从全国和地区层面探寻基本公共服务供给与整体城乡收入差距之间的关系，并考察基本公共服务供给对城乡居民不同收入来源结构的影响，更全面深入地揭示基本公共服务供给影响城乡收入差距的传导机制。

1.2.2.3　通过理论和实证研究，从财政制度改革设计和地方政府支出行为调整两个层面提出系统建议，对政府财政制度改革和基本公共服务供给制度创新有重要的现实意义

本书根据中国城乡收入本质和演变特征，基于国家发展战略和政府财政改革理念，系统分析当前中国应该如何完善财政分权体制、创新基本公共服务供给才能够切实缩小城乡收入差距。由于未来财政体制改革重要内容是建立财力与事权相匹配的多层级政府财政体制，本书分析应该如何构建一个对地方政府财政支出有效激励的机制，并提出如何优化财政支出结构的具体建议。这对目前中国的财政体制改革、财政支出结构优化以及缩小城乡收入差距具有一定的现实意义。

1.3　国内外文献综述及述评

1.3.1　国外文献综述

1.3.1.1　城乡收入差距的经济学理论分析与实证检验

国外学术界关于城乡收入差距的经济学研究主要是以收入分配理论和发展经济学为基础，因为城乡收入差距本身就是两个领域中一个重要的问题，但是早在发展经济学产生之前，著名古典经济学家大卫·李嘉图（David Ricardo，1817）就指出工业部门和农业部门的生产方式不同使得城市和农村的生产效率不同，并且城市和农村存在不同的产品需求方式，这些是导致城乡收入差距的根源[①]。马克思继承了古典经济学的"生存工资"理论，认为收入分配是资本主义社会资本家与工人最重要的关系。马克思认为，在资本主义社会中，资本家根据劳动者基本生活成本与接受基础教育成本为工人确定工资水平，由于工人的生存条件不断相对恶化，即劳动者基本生活成本与接受基础教育成本相对越来越小，工人的收入相对越来越少，越来越多的大量剩余产品（剩余价值）作为利润被资本所得。

---

① ［英］大卫·李嘉图：《政治经济学及税赋原理》，商务印书馆 1962 年版。

国家不参与产品生产，只是主要为资本家提供公共产品与服务的机构。这种不科学的分配结果是资本主义制度带来的，最好的分配方法由工人和资本家进行协商分配产品。

解释收入差距最著名的学者就是美国著名经济学家西蒙·库兹涅茨（Kuznets，S.）在 1955 年发表的经典论文《经济增长与收入不平等》，他通过对一些发达国家收入差距的统计资料进行数量研究，并且探讨了经济增长过程中收入差距的变动趋势，他最后指出，经济增长的初始阶段会出现收入分配不公平，但随着经济的持续增长，收入分配不均的情况会逐渐得到缓解，直到经济增长到一定水平出现各部门劳动生产率和收益差别缩小后使得收入分配变得更平等，即在经济长期发展过程中，收入差距有一个先扩大后缩小的过程，这就是著名的"库兹涅茨倒 U 曲线"①。库兹涅茨的研究是利用统计资料进行的纯数量的技术研究，得出的"库兹涅茨倒 U 曲线"结论是否正确，库兹涅茨本人不能完全肯定，他曾指出自己的这篇论文经验信息依据可能占到 5%，而推测则占到 95%。因此，随后围绕着"库兹涅茨倒 U 曲线"的结论是否正确，国外学者展开了广泛的研究，既有纯理论分析又有利用不同国家和地区数据进行验证，既有部分研究证明了"库兹涅茨倒 U 曲线"的合理性，也有部分研究证伪了"库兹涅茨倒 U 曲线"的结论。

发展经济学家刘易斯（Lewis，1954）、费景汉（Fei，1964）等开创的二元经济结构理论中，通过理论模型分析得出了与库兹涅茨一样的结论，刘易斯认为，在经济发展初级阶段，由于农村有大量劳动力剩余，城市工资提高不会导致农村收入水平变化，但是会带来城乡收入差距扩大，城市和农村工资差异会导致农村剩余劳动力转移到城市，最终导致城乡收入差距缩小②。霍尔希曼提出不平衡增长理论指出，在经济发展的早期，先发展部门的生产率高同时也获得更高的收入水平，导致收入差距扩大，而后发展部门赶上先发展的部门后，收入差距将会停止扩大并逐渐缩小，从而得出与库兹涅茨相似的结论。缪尔达尔的地区不平衡发展理论也得出了与库兹涅茨一致的看法，他利用"回波效应"和"扩散效应"对发展中国家的经济发展进行分析，他观察到经济发达地区在经济发展早期会像

---

① Kuznets Simon, Economic Growth and Income Inequality. American Economic Review, Vol. 45, No. 1, January 1955, pp. 1 – 28.

② Lewis, W. A. Economic Development with Unlimited Supply of Labor. The Manchester School of Economic and Social Studies, Vol. 22, No. 2, February 1954, pp. 139 – 191.

"回波"一样吸引周边地区的资源，从而导致发达地区发展快于落后地区，地区收入差距扩大，而到了经济发展后期，发达地区经济发展遇到瓶颈导致其资源扩散到周边地区，落后地区发展将快于发达地区，最后赶上发达地区，地区收入差距将缩小。另外，罗宾逊（Robinson，1976）则通过数学推导论证了"库兹涅茨倒 U 曲线"存在的必然性[①]。可见，从纯理论角度的研究基本上支持了"库兹涅茨倒 U 曲线"假说。

最初关于收入差距以及城乡收入差距的实证研究，主要是围绕检验"库兹涅茨倒 U 曲线"而展开的，相关的实证研究的结论却存在分歧，其中早期研究大多支持了库兹涅茨假说，而自 20 世纪 80 年代以来，部分学者的研究结论则否定了库兹涅茨假说。阿德尔曼和莫里斯[②]（Adelman, I. and Motris, C, 1973）、钱纳里[③]（Chenery, H., 1974）、阿鲁瓦利亚[④]（M. S. Ahluwalia, 1976）等学者进行了国别的收入差距比较实证研究，研究结论都支持了库兹涅茨假说。尽管部分学者的研究支持了库兹涅茨假说，但是库兹涅茨假说的合理性仍然受到很多学者的质疑，80 年代以后的实证研究在很大程度上对库兹涅茨假说持否定态度，这就使得库兹涅茨假说更加成为学者们研究的热点问题，其中比较有代表性的是德宁格和斯奎勒（Deininger and Squire, 1998）、阿吉翁等[⑤]（Aghion et al, 1999）等利用跨国数据进行实证研究，得出的结论与库兹涅茨假说恰好相反。

1.3.1.2　城乡收入差距产生的原因研究

国外学者对城乡收入差距的原因进行理论和实证的研究，其中有部分学者对工业和城市化与城乡收入差距的关系进行了理论分析。刘易斯认为，存在城市和农村两部门经济体的二元经济社会中，农村劳动力不断向城市迁移的城市化可以缩小城乡之间的收入差距，直到城乡二元经济结束

① Robinson, A., Note on the U Hypothesis Income Inequality and Economic Development. American Economic Review, Vol. 66, No. 5, October 1976, pp. 437 – 440.

② Adelman & Motris, C. T., Economic Growth and Social Equity in Developing Countries. Stanford, Califomia: Stanford University Press, 1973, P. 112.

③ Chenery, H., Ahluwalia, M. &S. Andothers, Redistribution with Growth. Oxford: University Press, 1974, P. 136.

④ Ahluwalia M., Income Distribution and Development: Some Stylized Facts. American Economic Review, Vol. 66, No. 2, February 1976, pp. 111 – 124.

⑤ Aghion, P.; Caroli, E. & Garcia – Pênalosa, C., Inequality and Economic Growth: The Perspective of the New Growth Theories. Journal of Economic Literature, Vol. 37, No. 2, March 1999, pp. 1615 – 1660.

为止①。腾田昌久认为，城市化可以同时提高城市和农村两部门人口的福利，但由于人口、企业等向城市部门聚集，使得城市具有聚集效应，将导致城市人口比农村人口具有更快的福利增长，城乡收入差距拉大②。罗宾逊则认为，城市化与城乡收入差距不存在函数关系，并以此为假设前提，在刘易斯的二元经济结构基础上推导出了库兹涅茨收入差距倒"U"假说结果③。

　　工业化和城市化过程中城乡收入差距扩大是客观现实，但由于不同国家制度和自然因素存在差异，城乡收入差距产生的原因也存在一定差别，国外学者研究发现，城乡收入差距产生的一个重要原因是经济发展过程中一系列城乡偏向制度所带来的结果④，这种人为导致的城乡差距使得从理论分析中某些假设不成立，这正是库兹涅茨假说在很多研究中不成立的重要原因。美国经济学家利普顿（Michael LiPton，1968⑤）在其1968年出版的《为什么穷人总是穷？关于发展中的城市偏向问题研究》一书中提出了城市偏向理论，并就城市偏向政策对城乡收入差距的影响进行了广泛研究，他指出，政府所制定的各类制度和政策都不合理地偏向于城市，他解释这种政策偏向主要是由于受到城市各阶层的压力所致。舒尔茨⑥（Schultz，1978）、安德森⑦（Anderson，1986）考察了工业化过程中许多发展中国家为了工业发展所需资金出台的一系列城市偏向性的政策和制度，城乡之间交换关系的不平等导致工农业价格"剪刀差"人为地造成城乡收入差距。

　　奥尔森⑧（Olson，1965）、贝茨⑨（Bates，1981）等从发展中国家的

---

①　［美］刘易斯：《二元经济》，北京经济学院出版社1988年版。

②　［美］腾田昌久、保罗·克鲁格曼等：《空间经济学：城市、区域与国际贸易》，梁琦译，中国人民大学出版社2011年版。

③　王检贵：《倒"U"现象是不是一条经济法则？——对罗宾逊经典结论的质疑》，载《经济研究》2000年第7期。

④　主要是发展中国家，发达国家一般城乡收入差距较小，而且各种制度和政策城乡之间相对均衡。

⑤　Miehael Upton, Why Poor People Stay Poor: Urban Biasin World Development. Cambridge, MA：Harvard University Press, 1977, P. 86.

⑥　Schult Z, T. w. ed, Distortions of Acultural Ineentives. Bloomington：Indian University Press, 1978, P. 95.

⑦　Anderson, Kymand Yujiro Hayami, The Political Economy of Agricultural Proteetion, East Asiain International Pers Pective. Sidney：Allen & Unwininin Association with the Anstralia – Japan Researeh Centre, Australian University, 1986.

⑧　M. olson, The Logic of Collective Action. Cambridge. MA：Harvard University Press, 1965, pp. 53 – 65.

⑨　Bates, Robert, Marketsand Statesin Tropical Afiica. Berkeley Califomia：University of California Press, 1981, P. 142.

政治结构角度分析城市偏向制度的形成，他们指出，由于发展中国家现有的政治结构中，农民由于缺乏对政府政策影响的政治力量，更多选择免费"搭便车"，这也导致了城市偏向制度的形成。克鲁格尔[①]（Kruegcr, 1991; 1992）、亨德森[②]（Henderson, 2002）从发展中国家实行工业化战略的目标和途径角度来解释城市偏向制度形成，他们认为，发展中国家政策制定者一致认为工业部门才是经济快速发展的催化剂，制定偏向于城市而不利于农业的政策能够在短期内为工业发展提供支持，不过他们也指出，存在一个最优的城市集中度，选择人口集中度和资源集中度高的大城市作为优先发展的对象并不一定是最优的，因为过高的集中度会导致城市承担更多的成本，从中国目前发展来看就存在这样的问题，北京、上海等特大城市集中度过高，使得城市承载力受到巨大挑战，必然带来更多的成本。科里布里奇和琼斯[③]（Corbridge and Jones, 2010）重新审视了城市偏向理论，通过研究他们发现，许多发展中国家非核心城市的发展并不完全依赖于政府介入模式，更多地依赖于集聚经济所带来的规模报酬和外溢效应。

1.3.1.3　财政支出、基本公共服务供给与城乡收入差距关系的研究

　　任何国家在工业和城市化过程中都存在不同程度的偏向于城市的各类政策和制度，包括财政、金融、就业等多方面，但其中财政政策对城乡收入差距产生更直接和更重要的影响，这也是国外学者非常关注的问题。由于本书主要是研究基本公共服务对城乡收入差距的影响，对财政政策进行了文献梳理。

　　20 世纪 70 年代，就有学者就财政支出与收入分配之间的关系进行研究，亚伦和麦奎尔[④]（Aaron and Mcguire, 1970）、道奇（Dodge, 1975）和吉莱斯皮（Gillespie, 1976）[⑤] 等对美国和加拿大财政支出与收入差距关系进

　　① AnneKrueger, Maurice Sehiffand Alberto Valdes (eds), The Political Economy of Agricultural Prieing Poliey#Baltimore. Maryland: The Johns HoPkins University Press, 1991, P. 96.
　　② V. Henderson, Urbanization in Developing Countries. The World Bank Research Observer, Vol. 17, No. 1, January 2002, pp. 89 – 112.
　　③ G. A. Jones, S. Corbridge, The Continuing Debate about Urban Bias the Thesis, its Critics, its influence and its Implications for Poverty-reduction Strategies. Progress in Development Studies, Vol. 10, No. 1, February 2010, pp. 1 – 18.
　　④ A. Aaron, M. C. McGuire, Benefits and Burdens of Government Expenditure. Econometrica, Vol. 48, No. 5, May 1970, pp. 42 – 51.
　　⑤ Dodge D A, Impact of Tax, Transfer and Expenditure Policies of Government on the Distribution of Personal Incomes in Canada. Review of Income and Wealth, Vol. 17, No. 1, January 1975, pp. 21 – 52.

行实证研究，研究认为，财政支出结构对收入产生重要影响。随后更多的则是就财政支出对城乡收入差距影响的研究，罗伯特·J. 巴罗（Robert J. Barro，1990）构造了一个包含支援农业生产支出在内的经济增长模型，利用 20 多个国家的数据实证分析政府支援农业生产支出与农业经济的关系，认为支援农业生产支出对农业经济的影响为倒"U"型，研究得出：从财政支出对城乡收入分配差距影响的角度认为政府的支农支出存在最优的支出水平[①]。

托尔瓦杜尔·吉尔法索和索伊加（Thorvaldur Gylfaso and Gylfi Zoega，2003）、安德烈亚斯伯格（Andreas Bergh，2008）等学者研究了教育支出与城乡收入差距的关系，研究认为，教育支出影响劳动者人力资本积累，进而会影响其就业和工资水平，教育资源在城乡间合理分配可以缩小城乡居民人力资本差异，有利于缩小城乡收入差距，但基础教育支出和高等教育支出的效应存在一定程度差异。井村弘夫（Hiroko Uchimuru，2005）、托诺夫斯克和塞西莉亚[②]（Turnovsky and Cecilia，2007）、利亚布斯塔和费尔南多·费雷拉[③]（Leah Boustan and Fernando Ferreira，2013）、登克[④]（Olive Denk，2013）等学者分析了转移支付和社会保障支出对城乡收入差距的影响，认为相对于其他财政支出项目来说，转移支付和社会保障支出在减少贫困和缩小收入差距方面更为有效。当然，还有很多其他学者对于财政支出与收入分配或城乡收入差距关系进行了理论和实证研究，如法雷（Farre，2000）、利昂内尔·穆尼洛·加洛[⑤]（2013）等，由于篇幅原因不进行详尽阐述。

1.3.1.4　国外学者对中国城乡收入差距问题的研究

国外学者最初主要是对中国收入差距现状进行相关研究，如阿塔尔·侯赛因、尼古拉斯·斯特恩和彼得兰茹（Athar Hussain，Nicholas Stern and Peter Lanjouw，1994）、卡恩和里斯金（Khan and Riskin，1998）、坎布尔

---

① Barro, Government Spending in a Simple Model of Endogenous Growth. Journal of Political Economy, Vol. 98, No. 3, June 1990, pp. 103 – 125.

② Cecilia, Turnovsky, Growth, Income Inequality, and Fiscal Policy: What are the Relevant Trade-offs?. Journal of Money, Credit and Banking, Vol. 39, No. 2, April 2007, pp. 1 – 30.

③ Boustan L, Ferreira F, Winkler H, Zolt E M, The Effect of Rising Income Inequality on Taxation and Public Expenditures: Evidence from US Municipalities and School Districs: 1970 – 2000. The Review of Economic and Statistics, Vol. 51, No. 2, April 2013, pp. 1291 – 1302.

④ Denk O, Hagemann R P, Lenain P, Somma V., Inequality and Poverty in the United States: Public Policies for Inclusive Growth. SSRN, Vol. 41, No. 5, May 2013, pp. 120 – 145.

⑤ Leonel Muinelo Gallo, Oriol Roca Sagales, Joint Determination of Fiscal Policy, Income Inequality and Economic Growth. Economic Modelling, Vol. 32, No. 1, January 2013, pp. 814 – 824.

（Kanbur，1999）等对中国改革开放以后产生的收入差距进行研究，发现中国城乡间日益扩大的收入差距对中国目前的收入差距有着重要影响。卡恩和里斯金（Khan and Riskin，2001）利用基尼系数分解的方法就中国城乡收入差距对中国收入差距的贡献率进行分析，研究发现，中国的城乡基尼系数既高于城市基尼系数又高于农村基尼系数，表明在中国总收入差距中城乡收入差距起决定性作用。利内塔（Linetal，2002）等利用泰尔指数分解法对农村内部、城镇内部和城乡之间的人均收入差距进行实证分析，研究发现，城乡之间收入差距对总体收入差距的影响始终保持在一半左右。

中国城乡收入差距形成的原因也备受国外学者的关注，其中主要集中在劳动力流动和城市偏向制度两个视角。有部分学者就劳动力转移对城乡收入差距影响进行了研究，丹尼斯、杨涛和周昊[1]（Denis，Taoyang and Haozhou，2001）、莱文和约书亚（Levin and Joshua，2001）、施等（Shi et al.，2002）、丁（Ding，2002）、赫特莱塔等（Hertel et al.，2004）学者从多维视角分析了户籍制度、劳动力流动以及劳动力市场与中国城乡收入差距的关系，研究认为，户籍制度的限制与劳动力市场扭曲两个方面因素对农村劳动力转移产生重要影响，进而影响城乡收入差距。另外，还有部分学者从中国城市偏向的经济政策视角对中国城乡收入差距形成原因进行研究，其中主要侧重于研究城市偏向的金融和财政政策对城乡收入差距产生的影响。比较有代表性的学者，如卡恩（Khan，1998）[2]、帕克和塞尔特（Park and Sehrt，2001）认为，中国金融政策偏向于城市，特别是在信贷配置中向国有部门倾斜，是导致城乡收入差距扩大的一个重要原因。但是金融政策的作用对于城乡收入差距的影响是间接作用，而关于财政政策特别是财政支出偏向于城市对城乡收入差距是直接影响，并且影响程度更大，是国外学者主要研究的对象。丹尼斯和杨涛（Dennis and Taoyang，1999）[3]、凯文（Kevin，2003）[4]、坎布尔（Kanbur，1999）[5] 等研究认为，中

[1]　Denis Taoyang and Haozhou，Urban and Rural Disparity and Sectoral Labour Allocation in China. The Workers'state Meets the Market，Vol. 20，No. 9，September 2001，pp. 40 – 42.

[2]　Khan，Azizur R and Carl Riskin，Income Inequality in China：Composition. Distribution and Growth of Household income. April 1998，pp. 221 – 253.

[3]　Yang，Dennis Tao，Urban – Biased Polices and Rising Income Inequality in China. American Economic Review，Vol. 188，No. 2，March 1999，pp. 306 – 310.

[4]　Kevin Honglin Zhang Shunfeng Song，Rural-urban Migration and Urbanization in China：Evidence from Time-series and Cross-section Analyses. China Economic Review，Vol. 14，No. 5，May 2003. pp. 386 – 400.

[5]　Kanbur，Ravi and Xiaobo Zhang，The Evolution of Rural – Urban and Inland – Coastal Inequality in China from 1983 to 1995. Journal of Comparative Economics，Vol. 27，No. 2，March 1995，pp. 686 – 701.

国地方政府官员在博弈中形成了"绩效竞争"，地方政府在政策制定特别是财政政策制定过程中会更倾向于政治力量更强的城市人口这种城市化倾向的财政政策与城乡收入差距有显著的关系。

1.3.2 国内文献综述

中国城乡收入差距问题已经成为中国社会经济发展过程中一个突出的问题，国内学者对中国城乡收入差距进行了广泛而深入的理论、制度和实证研究，根据国内学者研究的时间先后顺序及内容来看，研究分为三个方面：一是对中国城乡收入差距进行测度并分析其变动趋势；二是对中国城乡收入差距的影响因素研究，在这方面的研究最为丰富，既有从制度角度的分析，又有对某一个影响因素的实证研究，还有进行影响因素的系统综合性研究；三是提出缩小城乡收入差距的对策建议。由于本书主要研究基本公共服务供给对城乡收入差距的影响，本部分在对中国城乡收入差距的测度及影响因素进行了综述后，对基本公共服务供给与城乡收入差距关系的研究进行系统梳理。

1.3.2.1 中国城乡收入差距测度及变动趋势研究

对中国城乡收入差距问题的研究，首先要明确的是"中国的城乡收入差距到底有多大以及变动趋势如何？"针对这一问题目前有关研究存在着一定的争议，这种争议的产生可能主要在于不同学者对中国城乡收入差距进行测算时候采用方法和计算口径存在一定的差异，从而导致结论的差异。就目前国内学者对中国城乡收入差距测算方式来看，主要采用城镇居民人均可支配收入与农村居民人均纯收入之比作为测算的指标[1]，但是有学者指出，这个指标存在一定的缺陷，认为没有考虑到城市居民的非货币性福利，这一指标测算出来的城乡收入差距比现实要小（李实，2003）[2]。另外，也有学者采用基尼系数、泰尔指数、结构相对数等对中国城乡收入差距进行测算，得出的结论有所不同，导致对中国城乡收入差距现状及变动趋势的分析存在一定的争议。

始于农村家庭联产承包责任的经济改革提高了农村生产率，1978 ~

---

① 也有学者用城镇居民人均可支配收入与农村居民人均纯收入数值差额来衡量，但这一衡量标准受到诸多因素的影响导致其测算不准确，并没有被广泛运用。

② 李实：《中国个人收入分配研究回顾与展望》，载《经济学》（季刊）2003 年第 2 期。

1985 年中国城乡收入差距逐渐缩小，随后改革重心由农村转向城市，城乡收入差距又逐渐扩大，这是国内学者对改革开放以后中国城乡收入差距测度及变动趋势分析的基本结论。早期学者对中国城乡收入差距的测度主要是以"城镇居民人均生活费收入"与"农村居民人均纯收入"进行比较，但这两个指标存在口径和范围不一致问题，其结果将会大大低估城乡收入的差距程度。国家统计局农调总队课题组（1994）基于《联合国收入统计指南》中关于"可支配收入"的定义，并且考虑非货币性补贴和福利的基础上，测算出了扣除物价因素后的 1980～1993 年的城镇和农村居民人均可支配收入，并以两者之比测度了城乡居民收入差距，研究发现，1980～1993 年中国实际收入差距程度变化呈"U"字形，1985 年以后，出现了收入差距程度扩大化问题，并且具有继续扩大的趋势①。蔡继明（1998）② 也采用了相同的方法测度了中国城乡收入差距，得出的结论基本相似。随后，李实和赵人伟（1999）利用中国社科院的调查数据，并采用基尼系数对 1988～1995 年中国农村内部、城市内部以及城乡之间收入差距进行测算，研究发现，20 世纪 90 年代中期的中国居民收入分配不平等已经达到相当高的程度，而其中很大一部分来自城乡收入差距，并且中国城乡收入差距呈继续扩大趋势③。蔡昉和杨涛（2000）则对中国城乡居民人均消费比和实际人均收入比进行了计算，发现中国城乡居民人均消费比和实际人均收入比在改革开放以后呈现了惊人的相同形式，呈现周期变动但是逐步扩大，并对中国城乡收入差距原因进行深入分析，认为城市偏向的制度和政策是主要原因④。当然，还有其他学者也采用类似指标测算了中国城乡收入差距，但学术界关于中国城乡之间收入差距的估计问题存在着激烈的争论。鉴于此，李实、罗楚亮（2007）根据中国居民收入分配课题组在 2002 年的调查数据（CHIPS2002），并且考虑城乡居民所获得的隐性补贴的估算，从而推算包含隐性补贴的城乡居民收入差距，并根据地区生活费用差异进行调整，对中国城乡收入差距进行了重新估计，研究认为，对城乡居民收入差距的估算在很大程度上取决于居民收入是如何定义的，如果考虑隐性补贴与地区价格差异的影响，中国城乡收入差距将会更高⑤。

---

① 国家统计局农调总队课题组：《城乡居民收入差距研究》，载《经济研究》1994 年第 12 期。

② 蔡继明：《中国城乡比较生产力和相对收入差别》，载《经济研究》1998 年第 1 期。

③ 李实、赵人伟：《中国居民收入再分配研究》，载《经济研究》1999 年第 4 期。

④ 蔡昉、杨涛：《城乡收入差距的政治经济学》，载《中国社会科学》2000 年第 4 期。

⑤ 李实、罗楚亮：《中国城乡居民收入差距的重新估计》，载《北京大学学报》（哲学社会科学版）2007 年第 3 期。

近年来，国内部分学者认为，用城乡居民收入比来测度城乡收入差距存在一定缺陷，特别是没有反映城乡人口所占的比重对城乡收入差距的影响，应该采用更科学的指标来测度城乡收入差距，其中比较普遍和有代表性的就是利用基尼系数测算中国城乡收入差距。陈宗胜和周云波（2002）利用"分层加权法"和"城乡加权法"计算了 1988～1998 年全国总体基尼系数，并采用基尼系数分步分解法对中国居民收入差距进行测算，研究结果表明，中国收入差距中城乡收入差距可以解释 53%，而城镇内部差别解释平均不足 12%[①]。董静和李子奈（2004）在"分组加权法"的基础上提出了"修正城乡加权法"，对我国 1988～1999 年居民收入分配基尼系数进行了实际推算，他们的研究结果相对陈宗胜等学者研究结果误差率更低，并且随着城乡居民收入差距的扩大，重叠部分越来越小，绝对误差和相对误差都比较小[②]。李虎（2005）则认为，由于交叉项的存在，基尼系数只能对不同收入群体进行有限的分解，对群体内基尼系数的进一步分解是极为勉强的，他通过几何分解的方法阐述了基尼系数在不同群体中进行分解的过程，并在此基础上对群体间基尼系数的应用和群体内基尼系数的进一步分解进行了讨论，为城乡收入差距测算提供了一种新的测算思路[③]。程永宏（2006）将总体基尼系数分解成组间差距和组内差距两个部分，建立了城乡混合基尼系数的新算法以及度量城乡差距的新指标，他认为，该指标将各组内部差距纳入组间差距指标，并且不依赖于"城乡收入分布不重叠"的假定[④]。程永宏（2013）针对目前对全国总体基尼系数在城乡间分解研究的缺乏，他对 1978～2008 年中国全国基尼系数在城乡间进行了分解，研究认为，中国城乡收入差距基尼系数在农村内部和城镇内部以及城乡之间都处于不断上升的态势，并且表现出阶段性，而这种阶段性与改革的阶段性是高度吻合的[⑤]。

有学者指出，基尼系数将总人口划分为不同的收入阶层，其度量的是总的收入差距而不是对城乡收入差距的准确度量，且城乡收入差距也不能从总收入差距中分离出来，泰尔指数直接度量城乡收入差距，更为准确。

① 陈宗胜、周云波：《再论改革与发展中的收入分配》，经济科学出版社 2002 年版。
② 董静、李子奈：《修正城乡加权法及其应用——由农村和城镇基尼系数推算全国基尼系数》，载《数量经济技术经济研究》2004 年第 5 期。
③ 李虎：《关于基尼系数介解析的讨论》，载《数量经济技术经济研究》2005 年第 3 期。
④ 程永宏：《二元经济结构中城乡混合基尼系数的计算与分解》，载《经济研究》2006 年第 1 期。
⑤ 程永宏：《中国基尼系数及其分解分析：理论、方法和应用》，中国经济出版社 2013 年版。

王少平和欧阳志刚（2007①，2008②）测算了1978～2006年部分地区和全国城乡收入差距的泰尔指数，测度结果表明，中国1979～2004年各地区城乡收入差距先后两阶段"V"型波动，全国城乡收入差距在1994年之间呈"W"型波动，之后呈"V"型波动，他们还分析了城乡收入差距与经济增长的关系，认为城乡收入差距与经济增长之间存在非线性关系，这也是导致城乡收入差距波动的原因。曹裕、陈晓红、马跃如（2010）测算了1987～2006年中国城乡收入差距的泰尔指数，研究发现，1987～2006年，中国城乡收入差距呈明显的阶段波动性；1987～1994年，城乡收入差距在震荡中以"N型"曲线上升；1995～2006年，城乡收入差距呈明显的"V"型波动变化③。孙华臣、卢华、毕军（2014）基于常住人口城镇化率、户籍人口城镇化率（收入与常住人口相同）、户籍人口城镇化率但非农业居民收入发生变化的三种情况，分别计算出了1979～2012年中国城乡收入差距的泰尔指数，结果显示，三种情况下城乡收入差距演变趋势基本相同，表明人口结构变动对城乡收入差距变动影响不大④。泰尔指数对于城乡收入差距的测度由于考虑了人口结构变动的影响，从近年来国内学者对城乡收入差距与其影响因素的实证研究来看，有不少学者放弃了以前常用的城乡居民收入比这一指标，而采用了泰尔指数来度量城乡收入差距。

关于中国城乡收入差距的变动趋势，根据国内学者采用不同指标测度结果来看，虽然显示中国城乡收入差距呈扩大趋势，但具体变化趋势则存在一定的分歧，并且关于中国是否存在"库兹涅茨倒U曲线"存在较大争议。其中李实等（1998，2001）实证研究结论表明，中国不存在库兹涅茨假说。而郭熙保（2002）使用人类发展指数作为发展水平的指标，证明在我国库兹涅茨假说基本成立，并且认为收入分配不平等的扩大是一个低收入国家快速经济增长和结构转变的必经阶段⑤。王小鲁、樊纲（2005）通过计量模型检验中国是否存在库兹涅茨假说，研究发现，城镇和乡村收

① 王少平、欧阳志刚：《我国城乡收入差距的度量及其对经济增长的效应》，载《经济研究》2007年第10期。
② 王少平、欧阳志刚：《中国城乡收入差距对实际经济增长的阈值效应》，载《中国社会科学》2008年第2期。
③ 曹裕、陈晓红、马跃如：《城市化、城乡收入差距与经济增长——基于我国省级面板数据的实证研究》，载《统计研究》2010年第3期。
④ 孙华臣、卢华、毕军：《城乡收入差距演变特征：基于"半城镇化"现象的解释》，载《财政研究》2014年第11期。
⑤ 郭熙保：《从发展经济学观点看待库兹涅茨假说——兼论中国收入不平等扩大的原因》，载《管理世界》2002年第3期。

入差距的变动趋势在数学意义上具有库兹涅茨曲线的特征，而城乡收入差距变动曲线只近似具有其上升段的特征，城乡收入差距还有继续上升的明显趋势①。关于中国城乡收入差距变动趋势，前面这些学者在对中国城乡收入差距测算中都进行了分析，大致表明中国城乡收入差距呈继续扩大的趋势，只是在不同阶段呈现的变化形式不一样。陈宗胜（1999）将改革开放以来中国城乡收入差距变动划分为五个阶段，只有改革开放初期的1978～1983年出现缩小，其他阶段都出现了不断扩大趋势②。

1.3.2.2　中国城乡收入差距的影响因素研究

中国当前的城乡收入差距在中国社会经济体制改革过程中受到哪些因素的影响，是一个值得认真探究的问题，这也是国内学者非常关注和深入研究的问题。国内学者对此的研究较为丰富，既有从制度政策角度的理论研究，又有实证研究；既有对各类影响因素的综合性分析，又有对单个影响因素的实证分析。本部分详尽梳理了中国城乡收入差距的影响因素，作为本书的后续研究的文献基础。

（1）体制因素、城乡二元经济结构对城乡收入差距的影响。早期国内学者对中国城乡收入差距产生原因的研究更多关注的是传统体制以及改革开放以后制度变化对城乡收入差距的制度性因素的影响，如林毅夫等（1998）认为中国城乡收入差距的恶化，其中有很大一部分原因在于中国政府实施的以赶超为目的的产业政策基础上形成的城乡二元社会经济结构，如限制人口流动的户籍制度等③。蔡昉等（2000，2003，2005）则对中国城乡收入差距的制度因素进行了深入研究，研究认为，改革开放前中国城乡差距主要是由于新中国成立后采取了优先发展重工业战略，为了实施这一战略制定了农产品统购统销制度、人民公社制度和户籍制度限制农村的发展，这是构成改革前城乡收入差距的根源④；改革开放以后，由于城市利益集团压力及传统经济体制遗留的制度障碍，从而形成了城市偏向型的政策体系，并且扭曲了劳动力市场，保持和强化了城乡差距⑤。王立

---

① 王小鲁、樊纲：《中国收入差距的走势和影响因素分析》，载《经济研究》2005 年第10 期。
② 陈宗胜：《改革、发展与收入分配》，复旦大学出版社 1999 年版。
③ 林毅夫、蔡昉、李周：《中国经济转型时期的地区差距分析》，载《经济研究》1998 年第6 期。
④ 蔡昉、杨涛：《城乡收入差距的政治经济学》，载《中国社会科学》2000 年第 4 期。
⑤ 蔡昉：《城乡收入差距与制度变革的临界点》，载《中国社会科学》2003 年第 5 期。

成（2010）研究发现，改革开放以后中国城乡收入差距变化经历了农村家庭联产承包责任制、城市化以及工业化的经济体制改革和促进乡镇企业发展的政策制度等变化，这些制度变化导致城乡收入差距经历了缩小、扩大的变化，他认为中国城乡制度变化是城乡收入差距变化的主要原因[1]。

国内学者研究普遍认为，传统体制所形成的城乡二元社会经济是中国城乡收入差距的历史原因，改革开放以后的经济改革所推行的一系列制度在一定程度上强化了中国城乡间二元经济结构，从而扩大了中国城乡收入差距。林毅夫等（1998）、蔡昉等（2000，2003）、陈宗胜[2]（2002）、毕先萍和简新华[3]（2002）等学者研究指出，中国改革开放前后二元经济结构都是导致城乡收入差距产生及扩大的重要原因，他们认为，只要传统农业部门还没有摆脱在二元经济结构中的不利地位，城乡差别就很难缩小。刘社建和徐艳[4]（2004）、周端明和刘军明[5]（2009）、唐斯[6]（2011）等学者分析了我国城乡二元经济结构与城乡收入差距关系认为，城乡二元经济结构决定了城乡居民劳动生产率的差异，这种差异进一步导致了城乡收入差距，二元经济结构是城乡收入差距持续扩大的主要原因，并且城市化进程强化了中国城乡二元经济结构。卞凤玲（2005）则认为，我国经济结构已经由二元转向三元，而三元经济结构的形成进一步导致城乡收入差距的扩大[7]。

（2）城市化以及城市偏向的社会经济政策对城乡收入差距的影响。中国改革开放始于农村的家庭联产承包责任制，但到了20世纪80年代中期，中国改革的重心由农村转向城市，与城市化相伴随的是城市偏向的社会经济政策，城乡间发展差异以及城市偏向的政策是中国城乡收入差距的重要影响因素。国内学者关于城市化以及城市偏向的制度或者政策对城乡收入差距影响的实证研究较为丰富，既有专门针对城市化影响城乡收入差

---

① 王立成：《我国城乡居民收入分配差距总体状况、成因与对策》，载《人口与经济》2010年第2期。

② 陈宗胜：《关于收入差别倒 U 型曲线及两极分化研究中的几个方法问题》，载《中国社会科学》2002 年第 2 期。

③ 毕先萍、简新华：《论中国经济结构变动与收入分配差距的关系》，载《经济评论》2002年第 4 期。

④ 刘社建、徐艳：《城乡居民收入分配差距形成原因及对策研究》，载《财经研究》2004年第 5 期。

⑤ 周端明、刘军明：《二元性与中国城乡居民收入差距演进：理论模型与计量检验》，载《安徽师范大学学报》2009 年第 5 期。

⑥ 唐斯：《我国城乡居民收入差距的实证研究》，载《统计与决策》2011 年第 16 期。

⑦ 卞凤玲：《三元经济结构对城乡居民收入差距扩大的张力分析》，载《中州学刊》2005年第 4 期。

距的实证研究，又有将城市化与其他影响因素结合起来的实证研究。

关于城市化对城乡收入差距的影响，国内学者在研究中有两种不同的观点：一种观点认为，城市化有助于缩小城乡收入差距；另一种观点认为，城市化水平提高会扩大城乡收入差距，不过存在长期、短期影响差异和区域影响差异问题。对于持有城市化有助于缩小城乡收入差距的观点的学者来说，他们的结论还是比较谨慎，陆铭和陈钊（2004[①]，2005[②]）在研究中就指出，中国城市化可能会缩小城乡收入差距，但他们同时也指出城市化过程中的城市偏向政策在拉动地方经济增长的同时扩大了城乡收入差距。周云波（2009）利用两部门模型从理论和实证上分析了城市化、城乡差距与全国居民总体收入差距的关系，研究认为，城市化是导致收入差距倒"U"型现象的主要原因，改革重心由农村转移到城市对城乡收入差距以及全国居民收入差距扩大起到明显的推动作用[③]。陈斌开和林毅夫（2013）利用1978~2008年中国省级面板数据对政府发展战略、城市化与城乡收入差距进行实证分析，研究发现，旨在鼓励资本密集型部门优先发展的政府战略，造成城市部门就业需求的相对下降，进而延缓城市化进程，农村居民不能有效地向城市转移，城乡收入差距扩大[④]。另外，有部分学者从时间和空间两个角度实证研究了城市化对城乡收入差距的影响，研究认为，城市化对城乡收入差距的影响与时间、区域以及经济发展水平等因素相关，并且呈现动态变化。如郭军华[⑤]（2009）、范晓莉[⑥]（2012）、王建康等[⑦]（2015）、李峰峰等[⑧]（2015）等学者采用不同的计量方法从区域和时间两个维度实证研究城市化对城乡收入差距的影响，认为城市化对城乡收入差距的影响长期和短期效应不一样，并且与经济发展水平差异有

① 陆铭、陈钊：《城市化、城市倾向的经济政策与城乡收入差距》，载《经济研究》2004年第6期。
② 陆铭、陈钊、万广华：《因患寡，而患不均——中国的收入差距、投资、教育和增长的相互影响》，载《经济研究》2005年第12期。
③ 周云波：《城市化、城乡差距以及全国居民总体收入差距的变动——收入差距倒U形假说的实证检验》，载《经济学季刊》2009年第7期。
④ 陈斌开、林毅夫：《发展战略、城市化与中国城乡收入差距》，载《中国社会科学》2013年第4期。
⑤ 郭军华：《中国城市化对城乡收入差距的影响——基于东、中、西部面板数据的实证研究》，载《经济问题探索》2009年第12期。
⑥ 范晓莉：《城市化、财政分权与中国城乡收入差距相互作用的计量分析》，载《改革》2012年第3期。
⑦ 王建康、谷国锋、姚丽：《城市化进程、空间溢出效应与城乡收入差距——基于2002~2012年年省级面板数据》，载《财经研究》2015年第4期。
⑧ 李峰峰、刘辉煌、吴伟：《基于面板门槛模型的城市化与城乡居民收入差距关系研究》，载《统计与决策》2015年第1期。

关，存在一定的地区差异性。

与城市化相伴随的是城市偏向的社会经济制度和政策，林毅夫（1999）、蔡昉（2000，2003）、陆铭和陈钊（2004，2005）等较早的研究指出城市偏向的制度或政策是当前中国城乡收入差距产生的主要原因，这种外生制度或政策还影响着城乡之间内生的生产要素的差异，进一步影响城乡居民的收入差异，国内其他学者在这方面的理论和实证研究也支持了这种观点。在理论和制度研究方面，如成德宁①（2005）、曾国安②（2007）等学者研究认为，城乡收入差距扩大有自然因素和制度因素，其中制度因素表现为城市偏向性，改革开放以后的城市偏向政策发生一定程度演变，部分政策城市偏向被削弱的同时也衍生出一些新的城市偏向政策，这些城市偏向性政策与自然因素的共同作用扩大了城乡收入差距。在实证研究方面，如陆云航③（2006）、程开明等④（2007）、高彦彦⑤（2010）等学者将城市化和城市偏向政策结合起来实证分析其与城乡收入差距的关系，研究认为，城市偏向长期以来是中国政府的主导性政策选择，城市偏向政策导致物质和人力资本从农业部门向非农产业转移，从而对中国农业增长产生不利影响，不断扩大城乡收入差距。不过，近期国内部分学者对此研究有了新的结论，如周世军和周勤（2011）研究表明，长期以来，中国城市偏向政策逐渐改变了城乡居民的收入结构，城乡居民收入分别向非劳动收入和劳动收入偏移，其结果造成城乡居民在非劳动收入上尤其是在转移性收入上的差距扩大趋势更为明显，并直接导致了21世纪以来中国城乡收入差距的明显扩大，而城镇化对于缩小城乡收入差距的作用减弱以及城乡经济悬殊造成的城乡收入差距的明显扩大，从侧面反映出政策偏向的弊端凸显⑥。

（3）城乡居民生产要素差异对城乡收入差距的影响。制度和政策因素对城乡收入差距的影响是外生的，但这种外生因素通过影响内生要素进而

---

① 成德宁：《论城市偏向与农村贫困》，载《武汉大学学报》（哲学社会科学版）2005年第2期。
② 曾国安：《论工业化过程中导致城乡居民收入差距扩大的自然因素与制度因素》，载《经济评论》2007年第3期。
③ 陆云航：《要素积累、政府政策与我国城乡收入差距》，载《当代财经》2006年第4期。
④ 程开明、李金昌：《城市偏向、城市化与城乡收入差距的作用机制及动态分析》，载《数量经济技术经济研究》2007年第7期。
⑤ 高彦彦：《城市偏向、城乡收入差距与中国农业增长》，载《中国农村观察》2010年第5期。
⑥ 周世军、周勤：《政策偏向、收入偏移与中国城乡收入差距扩大》，载《财贸经济》2011年第7期。

影响城乡居民的收入，国内学者对城乡居民生产要素差异对城乡收入差距的影响也进行了深入的研究，主要包括人力资本差异和金融发展差异两个角度。

国内部分学者从多角度阐述了农村劳动力流动对城乡收入差距的影响，主要有利用发展经济学理论、生命周期模型理论、城乡劳动分工等多维视角的理论和实证研究。李实[1]（1999）、韦伟和傅勇[2]（2004）、蔡昉（2005[3]，2009[4]）对中国农村流动劳动力的规模进行准确估计，并理论和实证分析了农村劳动力流动与城乡收入差距的关系，研究认为，劳动力流动和城乡收入差距同时扩大是一种制度现象，即由于户籍制度等对劳动力永久迁移的约束，目前的劳动力流动不能根本性地完成农村劳动者居住地和职业身份的改变，从而不能满足缩小城乡收入差距的条件。还有其他学者从不同角度进行了相关研究，如沈坤荣、余吉祥（2011）从城市化进程中城乡劳动力分工角度解释劳动力流动与城乡收入差距关系[5]；应瑞瑶、马少晔（2011）利用控制分组不变的测算数据对劳动力流动与城乡收入差距关系进行了实证研究[6]；李宾和马九杰（2013）则基于生命周期视角对劳动力流动与城乡收入差距关系进行了实证分析[7]，其研究结论都表明我国劳动力流动并没有导致城乡收入差距的缩小，这个原因正如蔡昉的研究得出的结论，可能存在一些制度性障碍。

国内学者研究以及中国现实都表明农村劳动力流动并没有真正缩小城乡收入差距，但如果从纯理论角度来说，劳动力流动有利于缩小区域之间以及劳动者之间的收入差距，但这需要建立在劳动者的人力资本没有过大差距的基础上。因此，国内学者对于农村劳动力流向城市为什么没有缩小城乡收入差距的原因寻求解释的过程中，普遍研究指出，中国城乡居民人力资本差异对城乡居民收入产生重要影响，进而影响城乡收入差距。如蔡

① 李实：《中国农村劳动力流动与收入增长和分配》，载《中国社会科学》1999 年第 2 期。

② 韦伟、傅勇：《城乡收入差距与人口流动模型》，载《中国人民大学学报》2004 年第 6 期。

③ 蔡昉：《农村剩余劳动力流动的制度性障碍分析——解释流动与差距同时扩大的悖论》，载《经济学动态》2005 年第 1 期。

④ 蔡昉：《为什么劳动力流动没有缩小城乡收入差距》，载《经济学动态》2009 年第 8 期。

⑤ 沈坤荣、余吉祥：《农村劳动力流动对中国城镇居民收入的影响——基于市场化进程中城乡劳动力分工视角的研究》，载《管理世界》2011 年第 3 期。

⑥ 应瑞瑶、马少晔：《劳动力流动、经济增长与城乡收入差距——基于 1993～2007 年重新估算的面板数据》，载《南京农业大学学报》（社会科学版）2011 年第 6 期。

⑦ 李宾、马九杰：《劳动力流动对城乡收入差距的影响：基于生命周期视角》，载《中国人口、资源与环境》2013 年第 11 期。

继明①（1998）、郭剑雄②（2005）、靳卫东（2007）③ 等学者研究认为，人力资本积累差异导致的城乡比较生产力差异，必然会引起城乡收入差距的扩大。还有学者从其他视角对此进行了研究，如张伟和陶士贵④（2014）基于消费者效用最大化基础并通过理论模型分析人力资本水平与城乡收入差距关系，孙宁华等（2009）⑤ 则从劳动力市场扭曲、部门效率差异与城乡收入差距之间关系角度进行分析。可见，国内学者研究表明，中国劳动力流动对城乡收入差距本应该有着缩小的作用，但是由于各方面外生制度因素导致其并没有缩小城乡收入差距，特别是城乡间基本公共服务供给差异的影响，国内学者也进行了深入研究，这也是本书研究的一个重要部分，相关文献综述将在下一个部分再详尽阐述。

金融发展对农村来说也是一个重要的要素，中国城市偏向的金融体系也严重地阻碍了农村资本生产要素的获得以及通过资本获得回报的能力。首先，国内学者针对金融发展与城乡收入差距的关系进行了相关研究，章奇等⑥（2004）、张中锦⑦（2011）等学者在对中国金融发展与城乡收入差距关系实证研究中，发现中国金融发展对农村和城镇居民收入增长分别是负效应和正效应，并且金融中介的发展显著拉大了城乡收入差距。也有学者从金融发展规模和效率等方面进行了细化的研究，得出的结论可能更为准确，姚耀军⑧（2005）、孙君和张前程（2012）等对金融发展与城乡收入差距的关系进行了经验分析，研究结论表明，中国金融发展与城乡收入之间存在长期均衡关系，其中金融规模和金融效率分别与城乡收入差距呈正相关和负相关。还有学者从区域金融发展、金融结构等视角对此问题进行了研究，如张立军等（2005）、曹广喜等（2007）、王征和鲁钊阳（2011）等人，不过大多认为金融发展不平衡与城乡收入差距之间存在正相关关系。其次，关于金融发展对农民收入增长的影响也是国内学者关注的一个

① 蔡继明：《中国城乡比较生产力与相对收入差别》，载《经济研究》1998 年第 1 期。
② 郭剑雄：《人力资本、生育率与城乡收入差距的收敛》，载《中国社会科学》2004 年第 3 期。
③ 靳卫东：《农民的收入差距与人力资本投资研究》，载《南开经济研究》2007 年第 1 期。
④ 张伟、陶士贵：《人力资本与城乡收入差距的实证分析与改善的路径选择》，载《中国经济问题》2014 年第 1 期。
⑤ 孙宁华、堵溢、洪永淼：《劳动力市场扭曲、效率差异与城乡收入差距》，载《管理世界》2009 年第 9 期。
⑥ 章奇、刘兴明、Vincent Yiupor Chen、陶然：《中国的金融中介增长与城乡收入差距》，载《中国金融学》2004 年第 1 期。
⑦ 张中锦：《金融发展效率、收入增长与城乡差距》，载《中国经济问题》2011 年第 4 期。
⑧ 姚耀军：《金融发展与城乡收入差距关系的经验分析》，载《财经研究》2005 年第 2 期。

方面，如温涛等①（2005）、王虎和范从来（2006）②、张中锦（2011）等对中国整体金融发展、农村金融发展与农民收入增长关系进行实证研究，认为中国整体金融发展对农民收入增长具有明显的负效应，而农村金融发展并没有促进农民收入增长。可见，目前中国城乡间金融发展不平衡，主要体现在规模和效率两个方面，这都将对城乡居民收入增长产生长期影响，城市偏向的金融政策扩大了城乡收入差距，城乡金融发展的平衡对于缩小城乡收入差距将随着中国经济发展对城乡居民收入特别是经营性收入产生重要影响。

（4）其他因素对城乡收入差距的影响。随着中国社会经济制度和现状的变迁，影响城乡收入差距的因素呈复杂化多元化，国内学者除了对主要因素进行深入分析之外，还对一些其他影响城乡收入差距的原因进行了研究，主要包括产业结构变迁、对外贸易和开放程度、城镇化、户籍制度改革以及腐败等方面因素。

随着中国经济改革的不断深化，对外贸易和经济开放程度不断扩大，从而对产业结构也产生深刻影响，国内有部分学者就对外贸易和产业结构变迁对城乡收入差距影响进行了研究。关于对外贸易与城乡收入差距的研究相对较少，并且结论不一致，如沈颖郁和张二震③（2011）、袁冬梅等（2011）、魏浩和耿园（2015）等研究了对外贸易与城乡收入差距的关系，研究认为，中国对外贸易总体来说是扩大了城乡收入差距，但是存在一定程度的区域差异性，其中主要是贸易商品结构会产生影响。

产业结构与城乡收入差距的关系也是影响城乡收入差距的因素，潘文轩④（2010）、陈晓毅（2010）⑤、高霞⑥（2011）、贺建清（2012）⑦等研究工业化发展对城乡收入差距的影响，研究表明，工业化发展有利于农民收入水平的提高，却扩大了城乡收入差距。也有学者对中国产业结构优化

---

① 温涛、冉光、熊德平：《中国金融发展与农民收入增长》，载《经济研究》2005 年第 9 期。
② 王虎、范从来：《金融发展与农民收入影响机制的研究》，载《经济科学》2006 年第 6 期。
③ 沈颖郁、张二震：《对外贸易、FDI 与中国城乡收入差距》，载《世界经济与政治论坛》2011 年第 11 期。
④ 潘文轩：《城市化与工业化对城乡居民收入差距的影响》，载《山西财经大学学报》2010 年第 12 期。
⑤ 陈晓毅：《城市化、工业化与城乡收入差距——基于 SVRA 模型的研究》，载《经济经纬》2010 年第 6 期。
⑥ 高霞：《产业结构变动与城乡收入差距关系的协整分析》，载《数学认识与实践》2011 年第 12 期。
⑦ 贺建清：《城镇化、工业化与城乡收入差距——基于时间序列数据的分析》，载《新疆社会科学》2012 年第 4 期。

与城乡收入差距关系进行了研究，如程莉①（2014）、王亚飞等②（2015）利用省级面板数据实证检验了产业结构对城乡收入差距的影响，研究结论认为产业结构变动是引起城乡收入差距扩大的主要原因，产业结构的合理化有利于城乡收入差距的缩小，产业结构的高级化却显著扩大了城乡收入差距。

近年来，我国推行城镇化战略，进行了户籍制度改革，这些都对城乡居民产生深刻影响，也必然会对城乡收入差距产生影响，对此国内学者也给予了关注。关于城镇化战略对城乡收入差距的影响，王肖斌和李郁芳③（2014）、赵焘④（2014）、欧阳金琼和王雅鹏⑤（2014）等利用省级面板数据对城镇化与城乡收入差距的关系从整体、地区和时间效应三个方面进行了实证研究，结果表明，城镇化对城乡收入差距影响的时间效应和地区效应较为明显，从时间进程来说，对城乡收入差距产生先缩小后扩大再缩小的变化规律，从地区差异来说，对发达地区具有缩小作用，而对欠发达地区则具有扩大作用。针对最近中央提出的新型城镇化战略和城乡经济一体化对城乡收入差距的影响，也有学者进行了研究，如赵永平和徐盈之⑥（2014）、欧阳志刚⑦（2014）等对此研究认为，新型城镇化对于缩小城乡收入差距具有显著的作用，认为积极稳妥推进新型城镇化和城乡经济一体化是缩小城乡收入差距的有效途径。

在城镇化过程中户籍制度改革也是一个非常重要的制度变革，有利于缩小城乡居民基本权利差异，也会对城乡收入差距产生影响，国内也有学者对此进行了相关研究。吕炜和高飞⑧（2013）、梁琦等⑨（2013）、刘志

---

① 程莉：《产业结构的合理化！高级化会否缩小城乡收入差距——基于1985～2011年中国省级面板数据的经验分析》，载《现代财经》2014年第11期。

② 王亚飞、杨寒冰、唐爽：《城镇化、产业结构调整对城乡收入差距的作用机理及动态分析》，载《当代经济管理》2015年第3期。

③ 王肖斌、李郁芳：《土地财政'城镇化与城乡收入差距——基于1999～2011年省级面板联立方程的实证研究》，载《产经评论》2014年第5期。

④ 赵焘：《西部地区城镇化与城乡收入差距关系实证研究》，载《统计与决策》2014年第16期。

⑤ 欧阳金琼、王雅鹏：《城镇化对缩小城乡收入差距的影响》，载《城市问题》2014年第6期。

⑥ 赵永平、徐盈之：《新型城镇化对缩小城乡收入差距的作用——基于城乡二元收入的理论模型与实证检验》，载《中南大学学报》（社会科学版）2014年第8期。

⑦ 欧阳志刚：《中国城乡经济一体化的推进是否阻滞了城乡收入差距的扩大》，载《世界经济》2014年第2期。

⑧ 吕炜、高飞：《城镇化、市民化与城乡收入差距——双重二元结构下市民化措施的比较与选择》，载《财贸经济》2013年第12期。

⑨ 梁琦、陈强远、王如玉：《户籍改革！劳动力流动与城市层级体系优化》，载《中国社会科学》2013年第12期。

强和谢家智[①]（2014）等对户籍制度改革以及农民工市民化与城乡收入差距关系进行了研究，认为户籍制度改革有助于优化我国城市层级体系，建议应该全面放开小城市和小城镇户籍，同时消除户籍制度所带来的基本权利差异，这对于缩小城乡收入差距以及实现城镇化具有重要的意义。

近期，还有学者从行政腐败、体制变革等视角进行研究。张璇和杨灿明[②]（2015）基于中国120个地级市的面板数据实证分析了行政腐败对城乡收入差距的影响，靳涛和李帅[③]（2015）针对众多学者认为的体制改革是影响城乡收入差距"内在元凶"的说法，实证检验了体制改革对城乡收入差距的影响，其研究发现体制改革无论是经济体制改革还是权利保障制度改革都对收入改善有促进作用，而不是城乡收入差距扩大的原因。除此之外，很多学者对影响城乡收入差距的各种因素进行了综合分析，如刘文勇（2004）、张克俊（2005）、王韧（2006）、张启良等（2010）、武小龙等（2014），由于篇幅以及与本书相关性的原因，在此不再赘述。

1.3.2.3 财政支出、基本公共服务供给与城乡收入差距关系的研究

中国城乡收入差距的形成并不完全是市场经济活动在初次分配中形成的，而是与地方政府行为分不开的，其中地方政府的财政支出行为对城乡收入差距产生重要的影响。改革开放以后，中国实行财政分权体制让地方政府有了更多的财政自主权，地方政府面临着政治和财政的双重激励，为促进经济增长而展开竞争，导致了地方政府财政支出结构失衡，影响了城乡收入差距。国内学者对财政支出与城乡收入差距关系也进行了广泛的研究，主要表现为财政支出对城乡收入差距影响的理论分析和实证研究，但从现有文献研究内容来看，更多的是理论和实证分析的结合，不过大多数更偏重于实证的检验。

① 刘志强、谢家智：《户籍制度改革与城乡收入差距缩小：来自重庆的经验证据》，载《农业技术经济》2014年第11期。
② 张璇、杨灿明：《行政腐败与城乡居民收入差距——来自中国120个地级市的证据》，载《财贸经济》2015年第1期。
③ 靳涛、李帅：《中国城乡收入差距扩大化是内殖于体制吗?》，载《经济学动态》2015年第2期。

目前，专门针对地方财政支出对城乡收入差距影响的理论研究的国内学者并不多，也不够深入，他们主要是从财政分权、地方政府行为和财政支出的城市偏向等角度进行的理论分析，有代表性的学者如蔡跃洲（2008）、陶然（2007）、曾国安（2009）、马万里（2013，2015）。蔡跃洲较为系统地理论分析了中国社会转型过程中财政对收入分配的影响，分别从赶超战略、脱贫战略以及和谐社会战略三个不同阶段构建理论模型分析财政如何通过初次分配和再分配环节对收入差距产生影响机制，为相关研究提供了理论基础①。曾国安和胡晶晶（2009）对城市偏向的财政制度与城乡收入差距的关系进行了理论分析，系统分析了城市偏向财政制度导致城乡收入差距扩大的机制，并提出了相应政策建议②。陶然和刘明兴理论分析地方政府财政支出及财政自主权对城乡收入差距的影响，并根据 1994～2003 年 270 个地级市的面板数据进行了实证分析，研究认为，地方政府财政体系存在严重的城市倾向，其对城乡收入差距的影响取决于地方财政的独立程度③。陈工和洪礼阳通过构建理论模型分析了中国式财政分权、地方政府财政支出行为与城乡收入差距关系，提出了财政分权对城乡收入差距影响的三条可能途径④。马万里（2013⑤，2015⑥）则较为系统地分析了中国财政分权、地方政府行为和城乡收入差距的关系，研究认为，中国式财政分权对地方政府产生激励，导致地方政府为了经济增长而扭曲了财政支出行为，最终扩大城乡收入差距。还有其他学者研究了财政支出对居民收入分配影响，在其中也对应分析了对城乡收入差距的影响，如靳卫东和高波⑦（2007）、程开明和李金昌⑧（2007）、冉和

①　蔡跃洲：《转型社会中财政对收入分配的影响——基于我国不同发展阶段的理论实证》，载《财经研究》2008 年第 11 期。

②　曾国安、胡晶晶：《论中国城市偏向的财政制度与城乡居民收入差距》，载《财政研究》2009 年第 2 期。

③　陶然、刘明兴：《中国城乡收入差距、地方政府开支及财政自主》，载《世界经济文汇》2007 年第 2 期。

④　陈工、洪礼阳：《财政分权对城乡收入差距的影响研究——基于省级面板数据的分析》，载《财政研究》2012 年第 8 期。

⑤　马万里、李齐云：《增长激励、中国式财政分权与收入差距》，载《当代财经》2013 年第 7 期。

⑥　迟诚、马万里：《财政分权对城乡收入差距的影响机理与传导机制》，载《经济与管理研究》2015 年第 9 期。

⑦　靳卫东、高波：《收入差距与公共财政政策：人力资本投资差异的形成与演变》，载《经济理论与经济管理》2007 年第 1 期。

⑧　程开明、李金昌：《城市偏向、城市化与城乡收入差距的作用机制及动态分析》，载《数量经济技术经济研究》2007 年第 7 期。

光和潘辉[①]（2009）、刘穷志[②]（2011）、贾俊雪和宁静[③]（2011）、莫亚琳和张志超[④]（2011）等学者。

国内学者关于财政支出对城乡收入差距影响的实证研究相对丰富，从研究视角来看，主要有以下三个方面：一是地方财政支出规模和结构与城乡收入差关系的研究；二是公共产品或公共服务与城乡收入差距关系的研究；三是财政支出对城乡收入差距影响的其他视角。首先，关于财政支出与城乡收入差距的实证研究主要是从财政支出结构的角度，只有少数学者涉及了财政支出规模，不过很多学者在实证研究中都将政府参与经济活动程度以财政支出占 GDP 比重来度量，实际上就是财政支出相对规模。财政支出规模或者结构的变化会通过不同途径影响社会公平以及居民收入分配，进而会影响到城乡收入差距。寇铁军和金双华[⑤]（2002）、刘成奎和王朝才[⑥]（2008）就财政支出与社会公平关系进行研究，认为财政支出规模的增长对社会公平有重要影响，而财政支出结构中福利性支出对基尼系数影响较大。针对财政支出对城乡收入差距的影响，国内学者研究的视角和实证方法也比较多元化，如陈安平和杜金沛[⑦]（2010）、王艺明和蔡翔[⑧]（2010）、邓旋[⑨]（2011）、雷根强和蔡翔[⑩]（2012）、钱争鸣和方丽婷[⑪]（2012）孙宁华

---

①　冉光和、潘辉：《政府公共支出的收入分配效应研究——基于 VAR 模型的检验》，载《重庆大学学报》（社会科学版）2009 年第 5 期。

②　刘穷志：《收入不平等、政策偏向与最优财政再分配政策》，载《中南财经政法大学学报》2011 年第 2 期。

③　贾俊雪、宁静：《地方政府支出规模与结构的居民收入分配效应及制度根源》，载《经济理论与经济管理》2011 年第 8 期。

④　莫亚琳、张志超：《城市化进程、公共财政支出与社会收入分配——基于城乡二元结构模型与面板数据计量的分析》，载《数量经济技术经济研究》2011 年第 3 期。

⑤　寇铁军、金双华：《财政支出规模、结构与社会公平关系的研究》，载《上海财经大学学报》2002 年第 12 期。

⑥　刘成奎、王朝才：《财政支出结构与社会公平的实证分析》，载《财政研究》2008 年第 2 期。

⑦　陈安平、杜金沛：《中国的财政支出与城乡收入差距》，载《统计研究》2010 年第 11 期。

⑧　王艺明、蔡翔：《财政支出结构与城乡收入差距——基于东、中、西部地区省级面板数据的经验分析》，载《财经科学》2010 年第 8 期。

⑨　邓旋：《财政支出规模、结构与城乡收入不平等——基于中国省级面板数据的实证分析》，载《经济评论》2011 年第 4 期。

⑩　雷根强、蔡翔：《初次分配扭曲、财政支出城市偏向与城乡收入差距——来自中国省级面板数据的经验证据》，载《数量经济技术经济研究》2012 年第 3 期。

⑪　钱争鸣、方丽婷：《我国财政支出结构对城乡居民收入差距的影响——基于非参数可加模型的分析》，载《厦门大学学报》（哲学社会科学版）2012 年第 5 期。

和姚燕①（2013）、赵霞和刘萌②（2014）、朱德云和董迎迎③（2015）等学者的研究，都是基于我国省级面板数据为基础构建静态或动态计量模型进行实证研究，更多的是基于财政支出结构的实证分析，财政支出结构一般以各类财政支出占总财政支出比重来衡量。这些学者研究得出的结论大体相似，表明我国财政支出规模增加扩大了城乡收入差距，而且大多数财政支出项目由于存在城市偏向，扩大了城乡收入差距。但在财政支出对城乡收入差距影响程度以及区域间存在结论的差异性，这可能是由于财政支出项目选取以及数据时间选取以及计量方法选取有所差异导致。

　　还有部分学者从财政支出与农民收入、贫困关系以及农村公共支出绩效角度研究了财政支出与城乡收入差距关系，李永友、沈坤荣（2007）就财政支出与相对贫困进行了实证研究，他们认为，中国城乡之间相对贫困不断扩大，其产生的原因主要来自财富初始分配环节中劳动力要素价格在不同行业之间存在较大差异，而财政在缓解初始分配造成的相对贫困方面作用非常有限，而其中财政支出结构的经济领域以及城市倾向导致了其调节收入差距以及城乡收入差距作用非常有限④。沈坤荣、张璟（2007）运用1978～2004年的数据，采用多变量回归和 Granger 因果检验方法对农村公共支出与城乡收入支出之间的关系进行了实证研究，结果显示，国家对农村公共支出对农民收入增长有一定促进作用，但是不明显，但从农村公共支出结构看，与农业生产直接相关的生产性支出占比过高而农业科研和社会福利等方面支出过低，但是农村公共支出对缩小城乡收入差距的作用不明显⑤。赵佳佳⑥（2007）将农村公共支出分为投资性和服务性支出，并实证分析了农村公共支出在两个类别支出配置的失衡与城乡收入差距的关系。

　　① 孙宁华、姚燕：《财政支出倾向、金融市场失衡与城乡收入差距》，载《财经问题研究》2013年第8期。
　　② 赵霞、刘萌：《财政支出结构对城乡收入差距影响的趋势分析——基于2007～2011年省级面板数据》，载《福建论坛·人文社会科学版》2014年第2期。
　　③ 朱德云、董迎迎：《财政支出结构对城乡居民收入差距影响的效应分析——基于包含虚拟变量的省级面板数据的实证分析》，载《经济与管理评论》2015年第3期。
　　④ 李永友、沈坤荣：《财政支出结构、相对贫困与经济增长》，载《管理世界》2007年第11期。
　　⑤ 沈坤荣、张璟：《中国农村公共支及其绩效分析——基于农民收入增长和城乡收入差距的经验研究》，载《管理世界》2007年第1期。
　　⑥ 赵佳佳：《农村公共支出结构对城乡收入差距的影响》，载《广东商学院学报》2007年第4期。

　　有很多学者注意到中国城乡收入差距的形成与城乡公共品供给差异有着重要关系，他们从公共产品供给的角度分析城乡收入差距。一方面，部分学者综合多种公共产品供给研究其与城乡收入差距的关系，如刘乐山和何练成①（2005）、解垩②（2007）、金双华③（2008）、余长林④（2011）等，他们主要以基础设施建设、教育、医疗卫生和社会保障等基本公共产品为基础，其研究认为基本公共产品供给城乡二元结构是城乡收入差距扩大的重要原因，增加对农村基本公共品供给有利于缩小城乡收入差距。另一方面，也有学者从某一项公共产品供给对城乡收入差距的影响进行研究，主要是以教育、社会保障和医疗卫生支出三方面对城乡居民收入影响最大的基本公共产品为例进行的研究。陈斌开等⑤（2010）、王朝明和马文武⑥（2014）、吕炜⑦（2015）等学者就城乡教育不平等、人力资本差异与城乡收入差距的关系进行了深入的理论和实证分析，一方面，解释了教育支出对城乡收入的作用机制；另一方面，实证检验了城乡教育不平等对城乡收入差距现实影响，研究认为，城乡教育资源分配的不公平加剧了城乡收入差距，城乡收入差距也会促使城乡教育的不平等，较少农村居民对人力资本的投资，最终扩大了城乡收入差距。还有其他学者也对教育支出与城乡收入差距关系进行了多维度研究，如杨俊等（2008）、李湘君等（2012）、邢春冰（2013）、吴愈晓（2013）等，基本结论也大体相似，即教育支出总体上来说扩大了城乡收入差距，不过在影响程度以及区域性上存在一定结论的差异。

　　社会保障具有再分配功能，社会保障支出可以增加居民转移性收入，也是对城乡收入差距产生重要影响的一类支出，国内部分学者对此进行了一定程度的研究。胡宝娣等（2011）、李倩和李放（2012）、王珺红等（2014）、余菊和刘新（2014）等学者运用中国省级数据实证分析社会保

---

　　① 刘乐山、何练成：《公共产品供给的差异：城乡居民收入差距扩大的一个原因解析》，载《人文杂志》2005 年第 1 期。

　　② 解垩：《财政分权、公共品供给与城乡收入差距》，载《经济经纬》2007 年第 1 期。

　　③ 金双华：《公共产品供给与城乡收入差距》，载《东北财经大学学报》2008 年第 9 期。

　　④ 余长林：《财政分权、公共品供给与中国城乡收入差距》，载《中国经济问题》2011 年第 9 期。

　　⑤ 陈斌开、张鹏飞、杨汝岱：《政府教育投入、人力资本积累与中国城乡收入差距》，载《管理世界》2010 年第 1 期。

　　⑥ 王朝明、马文武：《城乡教育均衡发展、城乡收入差距与新型城镇化的关系》，载《财经科学》2014 年第 8 期。

　　⑦ 吕炜、杨沫、王岩：《城乡收入差距、城乡教育不平等与政府教育投入》，载《经济社会体制比较》2015 年第 5 期。

障支出对城乡收入差距的影响，研究认为，无论是人均社会保障支出还是社会保障支出占比都存在严重的城市偏向，社会保障支出显著地扩大了城乡收入差距，并且初次分配的扭曲在一定程度上导致社会保障再分配功能也存在一定的偏差，并提出应该加快农村社会保障体系建设，缩小城乡社会保障差异，对于缩小城乡收入差距具有重要的意义。目前关于医疗卫生支出对城乡收入差距的研究相对较少，如刘吕吉和李桥[1]（2015）运用动态面板数据模型实证分析了政府卫生支出及其城市偏向与城乡收入差距的关系，研究认为，政府卫生支出城市偏向性导致了城乡收入差距扩大，并且经济越落后对城乡收入差距影响越大。更多的是从健康的角度来研究医疗卫生支出与城乡收入差距的关系，如魏众（2004）、王海弟（2012）、程名等（2014）、钱小静和沈坤荣（2014）等，他们研究认为，医疗卫生支出影响城乡居民健康人力资本，健康水平直接决定着农村居民非农就业机会和收入水平，进而影响城乡居民收入差距。也有学者对多项基本公共产品对城乡收入差距的联合影响进行了研究，如任重[2]（2009）就教育和医疗卫生对城乡收入差距的关系进行了研究，研究认为，教育和医疗卫生支出城市偏向性，导致了城乡居民人力资本积累差异扩大，最终影响城乡居民收入差距。刘渝琳和陈玲[3]（2012）则对教育投入和社会保障对城乡收入差距的联合影响进行了实证研究，研究认为，公共教育和社会保障共同影响城乡居民人力资本积累，从而影响城乡收入差距，缩小我国城乡人均教育投资和社会保障差距对缩小城乡收入差距具有重要现实意义。

还有学者从其他视角对财政支出与城乡收入差距关系进行了研究，有利于从多维度揭示财政支出与城乡收入差距的关系，在研究方法上具有一定的创新性。孙勇和李慧中[4]（2014）则具体探讨了政府生产型支出与城乡收入均等化关系，采用误差修正模型与 Granger 因果检验方法进行实证估计，研究认为，城镇过程中政府生产性支出城市偏向扩大了城乡收入

① 刘吕吉、李桥：《政府卫生支出城市偏向与中国城乡收入差距——理论分析与实证检验》，载《贵州财经大学学报》2015 年第 1 期。

② 任重：《教育、医疗公共品供给与城乡收入差距的关系研究》，南开大学博士论文，2009 年。

③ 刘渝琳、陈玲：《教育投入与社会保障对城乡收入差距的联合影响》，载《人口学刊》2012 年第 2 期。

④ 孙勇、李慧中：《城市化、政府生产性支出与城乡收入均等化》，载《经济社会体制比较》2014 年第 5 期。

差距，对农村生产性支出的增加有利于缩小城乡收入差距。余菊和邓昂[①]（2014）基于制度变迁对政府财政支出行为的影响视角分析其与城乡收入差距关系，利用省级面板数据实证研究认为，制度变迁导致地方政府财政支出结构演变，从而对城乡收入差距产生不同阶段的影响，建议在推进市场化进程中政府应该优化财政支出结构，加强对收入不平等的调节作用。张志超等[②]（2014）的理论分析了逆向财政机制对城乡收入差距的影响机制，并基于动态面板和门限面板模型进行实证检验，研究认为，我国财政收支存在明显的逆向性，逆向财政机制增加了农村居民负担，影响了农村居民收入增长，进而扩大了城乡收入差距。洪源等[③]（2014）分析了民生财政对城乡居民收入差距的影响机制，并综合运用动态面板、空间面板和面板向量自回归模型等多种实证方法，系统检验了民生财政收支活动影响城乡居民收入差距的方向、路径以及实际效果，研究表明，民生财政支出的增长及其向农村倾斜特征，将会缩小城乡收入差距。徐振宇等[④]（2015）从城乡居民基本权利差异角度研究了财政支出与城乡收入差距的关系，实证结果表明，财政支出的城市偏向性导致了城乡居民基本权利差异，城乡居民基本权利差异对城乡收入差距产生显著影响，研究认为，促进城乡居民基本权利平等化是缩小城乡收入差距的关键。吕炜和许宏伟[⑤]（2015）运用面板数据自向量回归模型实证研究了土地财政规模增长以及城市偏向与城乡收入差距的关系，研究认为，土地财政规模增长对城乡收入差距的影响存在区域异质性，对中部地区影响程度更高，对东部地区影响持续时间更长。

1.3.3　文献述评

关于城乡收入差距现有文献无论是规范分析还是实证分析都较为丰富，有的学者基于经济学各学科从理论角度对城乡收入差距进行了理论

---

① 余菊、邓昂：《制度变迁、地方政府行为与城乡收入差距——来自中国省级面板数据的经验证据》，载《经济理论与经济管理》2014 年第 6 期。

② 张志超、吴晓忠、陈晓声：《区域差异、逆向财政机制与城乡收入差距——基于动态面板和门限面板模型的研究》，载《山西财经大学学报》2014 年第 8 期。

③ 洪源、杨司键、秦玉奇：《民生财政能够有效缩小城乡居民收入差距?》，载《数量经济技术经济研究》2014 年第 7 期。

④ 徐振宇、赵天宇、朱鹤：《居民基本权利差异对城乡差距的影响——来自中国省级面板数据的实证证据》，载《财贸经济》2015 年第 1 期。

⑤ 吕炜、许宏伟：《土地财政、城市偏向与中国城乡收入差距》，载《财贸经济》2015 年第 6 期。

分析，有的学者从现实制度角度对城乡收入差距进行分析，也有学者利用各种数据和模型进行实证研究，其研究视角、方法以及结论对中国城乡收入差距的研究具有重要的借鉴意义。根据前面综述，就目前国内学者对城乡收入差距的研究，主要有关于城乡收入差距现状测度、城乡收入差距产生的影响因素分析以及缩小城乡收入差距的建议等方面。在关于中国城乡收入差距产生的原因研究中，无论是理论和制度分析，还是实证分析，都表明中国城乡收入差距产生的原因主要在于城市化偏向的社会经济政策，但是对于具体的城乡有别的政策认为主要有户籍制度、财政政策以及金融政策等，而其中财政政策的影响最为重要，其实户籍制度主要影响了城乡之间劳动力有效流动导致的收入差异以及不同的教育、医疗、社会保障等政策，而这些最终都是由于财政支出政策的差异带来的。

本书主要从基本公共服务供给与城乡收入差距关系的视角来进行理论和实证研究，国内学者也对此进行了相关研究，但就现有研究还存在一定的缺陷，关于基本公共服务供给对城乡收入差距影响机理的理论研究和影响城乡收入差距传导机制的实证研究都不够深入，在以下三个方面还有待深入。

一是缺乏对基本公共服务供给影响城乡收入差距内在机理的系统研究。国内学者对基本公共服务供给与城乡收入差距的关系也进行了一定程度的理论分析，但总体上来还不够深入，并没有深刻解释中国基本公共服务对城乡收入差距影响的内在机理。首先，应该明确基本公共服务供给对城乡收入差距的影响路径，从理论角度来说，基本公共服务供给对城乡居民收入影响有两个层面：一方面，体现在对城乡居民生产要素积累影响，另一方面，体现在初次分配、再次分配两个环节对城乡居民不同收入来源产生影响，进而影响到城乡居民收入水平。其次，很多国内学者利用中国省级数据采用不同计量方法实证研究了基本公共服务供给对城乡收入差距的影响，大多认为城乡基本公共服务供给差异扩大了城乡收入差距，但关于基本公共服务供给对城乡收入差距影响的内在机理关注较少，对中国基本公共服务供给对城乡收入差距影响的制度背景以及现实路径，并没有一个系统的研究。一方面，中国目前基本公共服务供给存在什么样的特征以及背后原因；另一方面，中国基本公共服务供给如何影响城乡居民收入差距，这些问题都有待进一步深入研究。通过对中国城乡基本公共服务供给差异形成内在原因进行剖析，并深入分析其对城乡收入差距的现实作用机制，才能更深刻理解中国基本公共服务供给对城乡收入差距形成的外在动因和内在机理。

二是关于中国基本公共服务供给对城乡收入差距影响实证研究中，缺乏对其传导机制的探索。根据国内学者的实证研究，发现大多数都是对财政支出规模或结构与城乡收入差距关系进行实证检验，得出相应结论。由于不同学者实证研究中选择的财政支出项目存在差异、数据时间以及处理方式不同、计量模型以及方法不同等因素影响，最后结论存在一定的差异，但都存在一个同样的问题，并没有对财政支出影响城乡收入差距的传导机制进行探索。在实证研究中，明确财政支出对城乡收入差距产生什么样的影响具有重要的意义，但这并不能完全反映其对城乡收入差距影响是怎么传导的，需要根据城乡居民不同收入来源为基础进行进一步的深入研究。由于不同的财政支出项目对城乡居民不同类型收入产生影响方向和程度不一样，需要对财政支出与城乡居民不同来源收入差距的关系进行实证分析，以发现不同财政支出项目对不同收入来源产生什么样的影响，从而明确财政支出对城乡收入差距影响的传导机制。

三是关于如何调整财政支出政策来缩小城乡收入差距的研究不够深入。中国地方财政支出的调整需要从两个层面去化解：第一个层面要从财政体制变革角度，改变对地方政府行为的激励；第二个层面才是具体对各类项目应该如何安排。中国财政分权体制下的地方政府有更多的财政自主权，地方财政支出结构主要是受到地方政府行为的影响，中国地方财政支出结构的失衡无法缩小城乡收入差距，需要通过体制变革来完善对地方政府行为的有效激励，并优化财政支出结构，进而缩小城乡收入差距。

1.4 研究思路及逻辑体系

本书研究遵循"提出问题—现状描述—理论分析—实证研究—对策建议"的思路，采用现实分析与理论分析、规范分析与实证分析相结合的方法，研究基本公共服务供给对城乡收入差距的影响，为创新基本公共服务供给制度以及缩小城乡收入差距提供理论支撑和实证依据。本书研究的逻辑体系如图1-1所示。

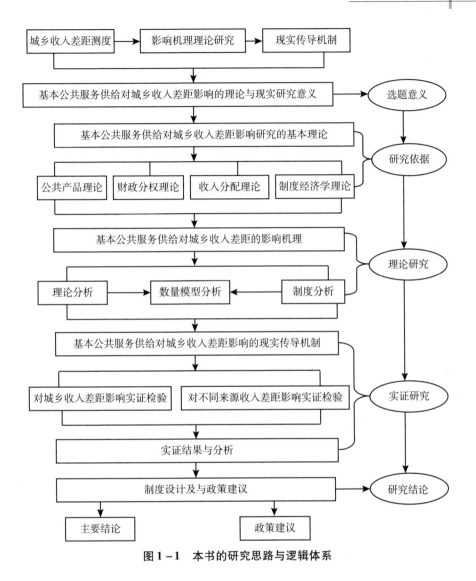

图 1-1 本书的研究思路与逻辑体系

1.5 研究主要内容

本书研究的核心问题为"影响机理——基本公共服务供给如何影响城乡收入差距""影响程度和途径——基本公共服务供给通过什么途径对城乡收入差距产生影响及影响程度""如何优化改进——如何创新基本公共

服务供给制度并缩小城乡收入差距"三个主要方面。围绕这三个主要问题，本书的研究内容分为 7 章。

第 1 章为导论。首先，对本书选题的背景缘由、研究的理论意义和现实意义进行阐释；其次，对与本书相关的国内外研究文献进行系统梳理，对已有研究进行总结分析，找出现有研究存在的不足并作简单地述评，作为本书研究的切入点；再其次，阐述本书研究的基本思路和逻辑体系，并介绍本书研究的主要内容、研究方法和技术路线；最后，阐明本书研究可能的创新之处，并对本书研究存在的不足进行分析，明确后续研究的方向。

第 2 章为中国城乡收入差距测度与成因分析。本章是本书研究的现实基础。首先，从全国和地区层面对中国整体城乡收入差距进行测度，并分析其变动趋势以及区域差异性；其次，从全国层面和分地区对中国城乡居民收入四大来源及其变动进行测度和分析；最后，对中国城乡收入差距形成及其变动的成因进行归纳总结和延伸分析。

第 3 章为基本公共服务供给对城乡收入差距的影响机理，这是本书研究的理论基础。首先，从生产偏向性和城市偏向性两个角度，具体分析中国基本公共服务供给现状；其次，基于中国分权改革的现实背景，具体分析中国基本公共服务供给偏向性产生的原因，并给出了财政分权—地方政府财政支出行为—基本公共服务城市偏向形成机制的基本逻辑框架；最后，从初次分配和再分配两个环节分析基本公共服务供给对城乡收入差距产生的影响，并构建了基本公共服务供给影响城乡收入差距的基本路径框架体系。

第 4 章为基本公共服务供给对城乡收入差距影响的实证分析。首先，本章先分别就政府教育支出、政府医疗卫生支出和社会保障支出对城乡收入差距的影响进行简单的理论模型分析；其次，从全国和分地区两个层面实证检验基本公共服务供给对城乡收入差距的现实影响，并对实证结果进行分析；最后，根据本部分实证检验结果得出基本结论。

第 5 章为基本公共服务供给对城乡居民不同来源收入差距影响的实证分析。主要是通过实证分析发现基本公共服务供给对城乡收入差距影响的途径。首先，实证检验城乡居民不同来源收入差距对城乡整体收入差距的影响，以发现城乡整体收入差距形成中不同来源收入差距的贡献率；其次，从全国层面和分地区实证检验教育支出、医疗卫生支出和社会保障支出三类基本公共服务对城乡居民不同收入来源差距的现实影响，以发现不同类型基本公共服务对城乡收入差距影响的途径；最后，对本部分实证研究结果进行总结归纳并得出基本结论。

第 6 章为基本公共服务缩小城乡收入差距的效率评估。是对基本公共服务供给与城乡收入差距之间关系的进一步实证测度。在前面章节从理论、现实以及实证角度对基本公共服务供给与城乡收入差距之间关系进行分析的基础上，本章以基于 DEA 的 Malmquist 指数法和空间计量方法测度基本公共服务供给对缩小城乡收入差距的效率数值，并分析不同地区之间效率的空间异质性，主要是对教育支出、卫生支出和社会保障支出等基本公共服务支出进行具体测度和区域比较。

第 7 章为研究结论与对策建议。首先，对本书现实、理论和实证研究主要结果进行系统总结分析，得出本书的基本观点和结论；其次，从改进地方政府财政支出激励机制、优化地方财政支出结构两个层面，对如何激励地方政府将财政资金在城市和农村之间进行合理配置，从而改善城乡间基本公共服务供给结构并缩小城乡收入差距，提出了系统性建议。

1.6　研究方法及技术路线

1.6.1　研究方法

1.6.1.1　文献研究方法

本书对国内外相关文献进行系统搜集和梳理，以全面准确地把握与本书研究相关的历史文献和研究动态，并对与本书相关的财政分权、公共产品理论、收入分配、财政激励等基本理论进行吸纳总结，作为本书的理论支撑。

1.6.1.2　规范分析

本书主要运用宏观经济学、收入分配、财政分权、财政支出、财政激励等多学科基本理论，以基本公共服务供给与城乡收入差距的关系作为研究对象，探讨基本公共服务影响城乡收入差距的内在机理，并构建理论模型和基本逻辑体系为本书研究提供一个基本分析框架。

1.6.1.3　实证研究

本书使用省级数据对我国城乡收入差距进行测度，并利用计量模型实证检验基本公共服务供给对城乡收入差距的现实影响，通过实证研究为本书提供一个现实基础和经验证据。

1.6.2　技术路线

本书综合运用文献数据收集、统计分析、计量分析等技术手段研究基本公共服务供给对城乡收入差距的影响。首先，对国内外相关文献进行梳理和理论分析，为本书研究提供理论基础和分析框架；其次，通过各种途径搜集与本书相关的数据，并利用统计软件进行数据处理；再其次，结合计量模型和计量方法进行实证研究，检验基本公共服务供给对城乡收入差距的影响程度；最后，在现实、理论和实证研究的基础上，从体制变革与基本公共服务供给制度创新两个层面提出对策建议。本书的技术路线如图 1 - 2 所示。

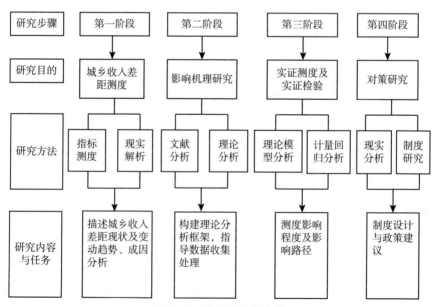

图 1 - 2　本书的技术路线

1.7　本书可能创新之处

1.7.1　关于基本公共服务供给对城乡收入差距影响内在机理的理论与现实探索

在系统测度中国城乡收入差距及其变动趋势的基础上，本书深入解析了中国城乡收入差距形成的根源，特别强调了基本公共服务供给对城乡收入差距产生的深刻影响，并从理论角度分析基本公共服务供给在初次分配和再分配两个环节对城乡收入差距产生影响的路径。通过理论、现实和制度分析，构建了一个基本公共服务供给对城乡收入差距影响机理的基本逻辑框架，这是本书可能的一个理论创新点。

1.7.2　实证检验了基本公共服务供给对城乡收入差距现实影响及传导机制

首先，本书使用省级面板据和计量模型，先从全国层面和分地区实证检验了基本公共服务供给对城乡整体收入差距的现实影响，以发现基本公共服务供给影响城乡收入差距的空间异质性和时间性差异；其次，实证分析城乡居民不同来源收入差距对城乡整体收入差距的贡献率，并就不同基本公共服务项目对城乡居民不同收入来源差距影响进行实证检验；最后，通过基本公共服务供给对城乡整体收入差距影响、城乡居民不同来源收入差距对城乡整体收入差距影响、基本公共服务供给对城乡居民不同来源收入差距影响三个方面实证研究，探索基本公共服务供给对城乡收入差距影响的现实传导机制。这也可能是本书研究的一个创新点。

1.7.3　重构地方政府行为的激励机制与基本公共服务供给制度创新的对策建议

首先，本书从体制层面分析如何重构财政分权对地方政府财政行为的激励机制，主要从政治治理模式变革、财政分权体制变革、财政监督约束机制改革三个方面来对制度变革提出建议；其次，对地方财政支出结构如何进行优化调整提出具体对策建议，主要是地方财政支出如何在经济性领域与民生领域、城市和农村之间的合理分配以及如何实现城乡居民之间基本公共服务均等化等多方面提出对策建议和制度创新。这也是本书的一个创新点。

1.8　本书存在的不足

受限于本书作者理论水平、研究技术手段和数据可获得性等因素，本书的研究存在一定的不足有待进一步完善，主要有以下三个方面。

1.8.1　本书理论研究深度不够，有待进一步深入

本书希望对财政分权体制下基本公共服务对城乡收入差距影响的内在机理进行深入的理论分析，但由于受自身研究能力限制，理论模型分析较为简单，从纯理论角度可能并没有清晰简明地呈现出两者之间的内在联系，而更多的是以中国现实为基础的理论逻辑推断和分析。

1.8.2　实证研究中的数据选择与处理和研究方法还不够精细化

在数据选择与处理环节，本书是基于省级面板数据实证分析基本公共服务供给对城乡收入差距的现实影响，基本公共服务类别选择了对城乡收入差距影响较大的一些支出项目，数据处理上采取相对比例。在数据选择过程中，一是没有涉及县级数据，而县级数据进行实证分析的结论可能更加接近现实，其结论可能会更可靠；二是由于2007年政府财政收支科目重新分类，导致一些财政支出项目以及统计口径发生变化，受数据可得性限制，本书在基本公共服务支出项目数据衔接处理上可能还不够精细，对实证分析结果可能会产生一定影响。在后续研究中，本书作者将致力于对数据获得性与有效处理和精准化的计量分析方法进行深入学习和运用，并利用县级数据进行深入研究，以获得更有效的研究成果。

1.8.3 本书的对策建议更多是从制度和政策层面的分析，具体操作性建议还不够深入和细化，存在一定的局限性

本书对策建议主要从体制变革重构地方财政行为激励和地方财政支出结构调整优化两个方面进行分析，更多的是从制度和政策两个方面提出了改进思路，尽管也提出了基本公共服务供给应该如何在不同领域和城乡之间有效配置的建议，但具体建议的操作性可能还不强。

总之，本书希望从基本公共服务供给的视角来研究中国城乡收入差距问题，探索基本公共服务供给对城乡收入差距的影响机理和现实传导机制，但由于受到各种因素的影响，本书无论是理论研究还是实证研究都存在一些不足和缺陷，而这正是本书作者未来研究中有待改进的方面。

第 2 章

中国城乡收入差距测度与成因分析

2.1 引　　言

　　世界各国在工业化过程中普遍存在城乡收入差距，无论是欧美发达国家还是处于转型或者发展中的国家，只是由于发展阶段不同而城乡收入差距程度及表现形式存在一定差异。著名的古典经济学家大卫·李嘉图（David Ricardo，1817）在其《政治经济学及赋税原理》一书中就曾指出，工业部门和农业部门的生产方式不同使得城市和农村的生产效率不同，并且城市和农村存在不同的产品需求方式，这些是导致城乡收入差距的根源①。柯林·克拉克在《经济进步的条件》一书中则用三次产业的概念和理论说明城乡收入差距存在的必然性，他指出由于工业化过程中农业部门（第一产业）相对于其他产业的地位下降，产值的下降带来就业的下降，但由于下降比例不同导致了城乡劳动生产率和工资水平差异，进而导致城乡收入差距的形成②。尽管从理论上来说，任何国家在工业化进程中都会经历城乡收入差距，但是由于不同国家社会经济制度以及自然因素的不同，城乡收入差距程度、变动趋势以及形成机制都存在一定差异。某一个国家或者地区城乡收入差距的研究要以城乡收入差距的度量为前提和基础，一方面，要明确该国家或者地区是否存在城乡收入差距；另一方面，正确度量城乡收入差距的程度以及变动趋势。通过对城乡收入差距度量的

---

　　① ［英］大卫·李嘉图：《政治经济学及税赋原理》，商务印书馆 1962 年版。
　　② 张红宇：《城乡居民收入差距的平抑机制：工业化中期阶段的经济增长与政府行为选择》，载《管理世界》2004 年第 4 期。

深入研究，可以进一步明确城乡收入差距的本质、演变特征及其存在的多面性，更有利于深入揭示城乡收入差距形成的机制和影响因素。

根据国内学者研究以及中国城乡收入差距的现实演变来看，中国城乡收入差距需要从多个层面来度量，主要从时间、空间和来源结构三个层面进行系统度量。为了更全面准确地揭示中国城乡收入差距的发展趋势、演变特征以及结构变化，本章从三个层面来度量中国城乡收入差距：一是从时间维度测度中国城乡收入差距的演变；二是从空间的维度测度中国城乡收入差距的演变；三是从收入来源结构的角度测度中国城乡收入差距的结构特征。

首先，基于国内外学者关于城乡收入差距的测度指标，主要有城乡收入比、基尼系数和泰尔指数，其中城乡收入比是国内学者最初普遍采用的测度指标，这种指标具有直观和便于价值判断等优点。基尼系数需要依据收入分布将其从高到低排列并且要求有混合的城乡收入差距调查数据，但由于我国统计部门并没有对城乡混合的收入进行调查，在计算基尼系数时只能采用城乡分离的调查数据，而且基尼系数度量的是总收入差距且城乡收入差距难以从总收入差距中分离出来，采用这类指标度量的学者并不多。不过有学者通过修正城乡加权法来对城乡收入差距基尼系数进行推算，如董静、李子奈（2004）在考虑了城镇和农村居民收入的重叠基础上，对"分组加权法"进行了修正，并提出了"修正城乡加权法"，对我国居民收入分配基尼系数作出了实际推算[1]。泰尔指数采用的是熵值数计算收入不平等，并且多用于衡量分组数据对于总体差距的贡献[2]，在对城乡收入差距测度时，可以分解城镇内部、农村内部以及城乡之间差距对城乡收入差距的贡献率变动情况，近年来，不少学者采用这一指标测度，如王少平（2007）、曹裕等（2010）。每个指标都有自身的优点和不足，国内学者利用三个指标测度结果并没有非常明显的差异，得出基本结论是一致的，只是具体数量关系上存在差异，这个既有各类指标自身特点也有数据口径等因素影响。但在城乡收入差距统计过程中有一个值得注意的问题，即城镇居民的统计口径差异所带来的影响。由于户籍制度的存在，农民工进城务工却没有城镇户籍，导致了常住人口与户籍人口城镇化率的明显差异，李爱民（2013）[3] 研究表明，全国 80% 以上的地级以上城市存在

① 董静、李子奈：《修正城乡加权法及其应用——由农村和城镇基尼系数推算全国基尼系数》，载《数量经济技术经济研究》2004 年第 5 期。
② 万广华：《不平等的度量与分解》，载《经济学》（季刊）2008 年第 3 期。
③ 李爱民：《中国半城镇化研究》，载《人口研究》2013 年第 7 期。

不同程度的"半城镇化"现象，费舒澜等（2014）[1] 认为，这种城镇居民统计口径差异会高估或者低估城乡收入差距。本部分对中国城乡收入差距的测度将采用国内使用更为广泛的城乡收入比作为中国城乡收入差距测度的指标，从时间和空间两个维度测度中国城乡收入差距。

其次，中国城乡收入差距是由城乡居民收入结构以及收入增长决定的，对中国城乡居民收入来源及各类收入增长变化的测度，有利于更深刻理解中国城乡收入差距。近年来，国内有部分学者从城乡居民收入来源结构以及农民工收入归属等视角对中国城乡收入差距演变进行了实证研究，如杨灿明等（2007）、温涛等（2012）、孙华臣等（2014）、殷金朋等（2015）。在城乡居民收入来源结构研究中，国内学者主要是根据国家统计部门界定的城乡居民收入来源构成，将城乡居民收入来源分为工资性收入、经营性净收入、财产性收入和转移性收入四类，分项测度城乡居民各类收入的差距及其对城乡收入差距的贡献程度。另外，对中国城乡居民收入来源结构与城乡收入差距之间的相互影响进行实证研究，可以进一步辨识城乡居民收入来源结构与城乡收入差距之间的关联关系和影响机制。目前关于这方面的研究相对较少，如白素霞等（2013）[2] 运用基尼系数及其分解方法对不同收入来源对城乡收入差距的影响进行了分析，殷金朋等（2015）[3] 基于省级数据的面板向量自回归模型实证分析了农民收入来源结构与城乡收入差距的动态关系及影响机制。为了更全面反映中国城乡居民收入来源结构的变化，本部分从时间和空间两个角度测度城乡居民收入来源结构及其变动趋势。

2.2　中国城乡收入差距测度及变动趋势分析

2.2.1　全国城乡收入差距测度及变化趋势

城乡收入比是依据中国城镇居民人均可支配收入与农村居民人均纯收

---

① 费舒澜、郭继强：《农民工统计归属对城乡收入差距的影响》，载《统计研究》2014 年第 6 期。

② 白素霞、陈井安：《收入来源视角下我国城乡收入差距研究》，载《社会科学研究》2013 年第 1 期。

③ 殷金朋、倪志良、邹洋：《农民收入来源结构与中国城乡收入差距——基于 PVAR 模型的经验分析》，载《财经论丛》2015 年第 6 期。

入之比作为衡量城乡收入差距的指标，基本计算公式为：城乡收入差距
比＝城镇居民人均可支配收入/农村居民人均纯收入①。本部分根据历年
《中国统计年鉴》的数据资料，对 1978～2017 年的城乡收入差距进行测
度，得到如表 2－1 所示的结果。根据表 2－1 数据可以看出，改革开放 40
年来，随着中国持续快速的增长，中国城乡居民收入在不断提升，1978 年
中国城镇居民人均可支配收入为 343.4 元，2017 年达到了 36396 元，增长
了 106 倍，农村人均纯收入则由 1978 年的 133.6 元增加到 2017 年的
13432 元，增长了 100.5 倍，无论从绝对数额还是从增长速度来看，城镇
居民收入增长明显快于农村居民。如果从城乡收入比来看城乡收入差距，
我们发现 1978 年城乡收入比为 2.57，2013 年则增加到 3.03，到 2013 年
一直维持在 3.0 以上，此后城乡收入差距开始逐步缩小到 2017 年的 2.71，
而最大值在 2009 年为 3.33。

表 2－1　　　　　　　　　中国城乡居民收入及差距测算

年份	城镇人均可支配收入		农村居民人均纯收入		城乡收入比
	绝对数（元）	指数（1978＝100）	绝对数（元）	指数（1978＝100）	绝对数
1978	343.4	100	133.6	100	2.57
1979	405.0	115.7	160.2	119.2	2.52
1980	477.6	127.0	191.3	139.0	2.49
1981	500.4	129.9	223.4	160.4	2.23
1982	535.3	136.3	270.1	192.3	1.98
1983	564.6	141.5	309.8	219.6	1.82
1984	652.1	158.7	355.3	249.5	1.83
1985	739.1	160.4	397.6	268.9	1.86
1986	900.9	182.7	423.8	277.6	2.13
1987	1002.1	186.8	462.6	292.0	2.17
1988	1180.2	182.3	544.9	310.7	2.17

————————————

①　有学者认为，城乡居民收入为基础测算城乡收入差距也存在一定问题，认为城乡居民消费支出为基础测算城乡收入差距将更准确一些，鉴于数据的可获得性的因素以及研究普遍性，本书还是采用城乡收入比测度中国城乡收入差距。

续表

年份	城镇人均可支配收入		农村居民人均纯收入		城乡收入比
	绝对数（元）	指数（1978＝100）	绝对数（元）	指数（1978＝100）	绝对数
1989	1373.9	182.5	601.5	305.7	2.28
1990	1510.2	198.1	686.3	311.2	2.20
1991	1700.6	212.4	708.6	317.4	2.39
1992	2026.6	232.9	784.0	336.2	2.58
1993	2577.4	255.1	921.6	346.9	2.80
1994	3496.2	276.8	1221.0	364.3	2.86
1995	4283.0	290.3	1577.7	383.6	2.71
1996	4838.9	301.6	1926.1	418.1	2.51
1997	5160.3	311.9	2090.1	437.3	2.47
1998	5425.1	329.9	2162.0	456.1	2.51
1999	5854.0	360.6	2210.3	473.5	2.65
2000	6280.0	383.7	2253.4	483.4	2.79
2001	6859.6	416.3	2366.4	503.7	2.90
2002	7702.8	472.1	2476.6	527.9	3.11
2003	8472.2	514.6	2622.2	550.6	3.23
2004	9421.6	554.2	2936.4	588.0	3.21
2005	10493.0	607.4	3254.9	624.5	3.22
2006	11759.5	670.7	3587.0	670.7	3.28
2007	13785.8	752.5	4140.4	734.4	3.30
2008	15780.8	815.7	4760.6	793.2	3.31
2009	17174.7	895.4	5153.2	860.6	3.33
2010	19109.45	965.2	5919.0	954.4	3.23
2011	21809.8	1046.3	6977.3	1063.2	3.13
2012	24564.7	1146.7	7916.6	1176.9	3.10
2013	26955.1	1227.0	8895.9	1286.4	3.03

年份	城镇人均可支配收入		农村居民人均纯收入		城乡收入比
	绝对数（元）	指数（1978 = 100）	绝对数（元）	指数（1978 = 100）	绝对数
2014	29381.0	1310.5	9892.0	1404.7	2.97
2015	31195	1392.3	11422	1527.5	2.73
2016	33616	1497.4	12363	1656.4	2.72
2017	36396	1502.7	13432	1768.7	2.71

资料来源：根据历年《中国统计年鉴》整理计算得来。

根据表 2 - 1 可以发现，改革开放以来全国城乡收入差距变动趋势，经历了下降—上升—下降—上升—下降的过程，可以分为五个阶段。

第一阶段为 1978 ~ 1984 年，城乡收入差距在明显缩小，主要是由于中国改革开放始于农村家庭联产承包责任制，这种制度变迁使得农村生产力极大释放，国家提高农副产品收购价格，农民收入迅速增长且超过了城市居民收入增长，从而导致这一期间城乡收入差距缩小，城乡收入比由 1978 年的 2.57 下降到 1984 年的 1.83。

第二阶段为 1985 ~ 1994 年，城乡收入差距出现逐渐扩大，城乡收入比由 1985 年的 1.86 上升到 1994 年的 2.86，主要是由于中国开始进行城市改革，中国经济改革重心转移到城市，特别是国有企业改革的开始，而大多数城市居民就业于国有企业，城镇居民工资性收入不断增加，再加上财政金融、收入分配等各类政策向城市居民倾斜，城市居民收入迅速增长，导致城乡收入差距扩大。

第三阶段为 1995 ~ 1997 年，在此期间城乡收入差距有一个短暂小幅的缩小，城乡收入比由 1995 年的 2.71 下降到 1997 年的 2.47，主要是由于这一期间私营经济特别是乡镇企业快速发展，吸纳了大量农村劳动力，再加上政府提高农产品价格，国有企业改革导致大量工人下岗，农村居民收入增长快于城市居民，城乡收入差距有所缩小。

第四阶段为 1998 ~ 2009 年，尽管这一阶段城乡居民收入在加速扩大，城乡收入差距由 1998 年的 2.51 上升到 2009 年的 3.33，城市居民收入年平均增长速度为 5.3%，农村居民收入年平均增长速度为 2.7%，主要影响因素在于粮食价格增长缓慢，乡镇企业发展遇到瓶颈使得吸纳农村劳动力能力明显减弱，农村居民的经营性和工资性收入增长缓慢，与此同时，国有企业改革渡过难关，城镇居民社会保障制度逐渐完善，职工工资水平不断提升，并且从事经营活动的城市居民越来越多，城市居民的收入来源增加，收入增长速度加快。

第五阶段为 2010～2017 年，城乡收入差距又出现了下降趋势，城乡收入比由 2009 年的最高值 3.33 下降到 2013 年的 3.03，截至 2017 年，中国城乡收入比持续下降到 2.71，这可能与近年来中央和各级政府越来越注重对农村的发展和投入以及中国城镇化建设带来的城乡基本结构变化对城乡收入差距的影响有关，还有一个因素就是近两年农村居民外出打工的劳动收入增长较快导致农村居民收入增长较快，从而使得城乡收入差距在缩小。

2.2.2　分地区城乡收入差距测度及变化趋势

从全国层面对城乡收入差距的测度不能全面反映中国城乡收入差距的真实现状，由于中国区域经济发展不均衡，区域间收入差异也是中国收入差距的一个重要表现，这必然也会反映在区域间城乡收入差距上，对中国城乡收入差距进行分地区测度则能够更好地把握中国城乡收入差距的区域差异。本部分对各省并且分东、中、西部地区来对中国城乡收入差距进行测度，以发现中国城乡收入差距的地区差异以及相应变动趋势，如表 2－2 所示。本书选择时间段为 1999～2017 年，基于两个方面的考虑；一是重庆自 1998 年从四川分离出来成为直辖市；二是 1998 年我国确立财政体制改革方向为公共财政制度并开始建立社会保障制度，随后逐步加大了对民生领域以及农业的投入，这些都会影响到城乡居民收入，对城乡收入差距将产生一定程度的影响。

根据表 2－2 可以看出，中国城乡收入差距存在明显的区域差异，东部和中部地区各省份城乡收入差距比西部地区各省份城乡收入差距总体来说要低。从东部地区各省份城乡收入差距来看，本书测算的 1999～2013 年期间都低于全国水平，但值得注意的是，广东省是所有东部地区省份中历年来城乡收入差距最大的，广东省在东部地区属于经济较为发达地区，本书认为，这可能和广东省城镇化率高，大量的农村高收入人口转化为城镇人口，再加上广东省内部区域经济发展的不均衡程度较高，在一定程度上拉高了城乡收入差距。可以看出，城乡收入差距的统计和测算确实会受到城镇化中人口统计因素、农民工收入归属因素以及经济发展均衡性等的

表2-2 东中西部地区以及各城乡收入差距

省份		1999年	2000年	2001年	2002年	2003年	2004年	2005年	2006年	2007年	2008年	2009年	2010年	2011年	2012年	2013年	2014年	2015年	2016年	2017年
东部地区	北京	2.17	2.2	2.3	2.31	2.48	2.77	2.4	2.4	2.33	2.32	2.29	2.19	2.23	2.2	2.21	2.57	2.57	2.57	2.57
	天津	2.24	2.2	2.3	2.18	2.26	2.45	2.27	2.3	2.33	2.46	2.46	2.41	2.18	2.04	2.11	1.85	1.85	1.85	1.85
	河北	2.2	2.3	2.3	2.49	2.54	2.64	2.62	2.7	2.72	2.8	2.86	2.73	2.57	2.48	2.54	2.37	2.37	2.37	2.37
	辽宁	1.96	2.3	2.3	2.37	2.47	2.63	2.47	2.5	2.58	2.58	2.65	2.56	2.47	2.43	2.47	2.60	2.58	2.55	2.55
	福建	2.22	2.3	2.5	2.6	2.68	2.96	2.77	2.8	2.84	2.9	2.93	2.93	2.84	2.76	2.81	2.43	2.41	2.40	2.39
	山东	2.28	2.4	2.5	2.58	2.67	2.9	2.73	2.8	2.86	2.89	2.91	2.85	2.73	2.66	2.73	2.46	2.44	2.44	2.43
	上海	2.02	2.1	2.2	2.13	2.23	2.62	2.26	2.3	2.33	2.33	2.31	2.28	2.26	2.24	2.26	2.30	2.28	2.26	2.25
	江苏	1.87	1.9	1.9	2.05	2.18	2.36	2.33	2.4	2.5	2.54	2.57	2.52	2.44	2.39	2.43	2.30	2.29	2.28	2.28
	浙江	2.13	2.2	2.3	2.37	2.45	2.67	2.45	2.5	2.49	2.45	2.46	2.42	2.37	2.35	2.37	2.08	2.07	2.07	2.05
	广东	2.51	2.7	2.8	2.85	3.05	3.43	3.15	3.2	3.15	3.08	3.12	3.03	2.87	2.84	2.87	2.63	2.60	2.60	2.60
	海南	2.56	2.5	2.6	2.82	2.8	2.88	2.7	2.9	2.9	2.87	2.9	2.95	2.85	2.75	2.82	2.47	2.43	2.40	2.39
	地区总体差距	—	—	—	—	—	—	2.83	2.88	2.90	2.91	2.93	2.86	2.75	2.69	2.74	2.58	2.57	2.56	2.56
中部地区	安徽	2.67	2.7	2.8	2.85	3.19	3.2	3.21	3.3	3.23	3.09	3.13	2.99	2.99	2.85	2.94	2.50	2.49	2.49	2.48
	吉林	1.98	2.4	2.4	2.72	2.77	2.74	2.66	2.7	2.69	2.6	2.66	2.47	2.37	2.32	2.35	2.15	2.20	2.19	2.18
	江西	2.22	2.4	2.5	2.75	2.81	2.83	2.75	2.8	2.83	2.74	2.76	2.67	2.54	2.49	2.54	2.40	2.40	2.36	2.36
	黑龙江	2.12	2.3	2.4	2.54	2.66	2.6	2.57	2.6	2.48	2.39	2.41	2.23	2.07	2.03	2.06	2.16	2.18	2.18	2.17
	河南	2.33	2.4	2.5	2.82	3.1	3.16	3.02	3	2.98	2.97	2.99	2.88	2.76	2.64	2.72	2.38	2.36	2.33	2.32
	湖北	2.35	2.4	2.5	2.78	2.85	2.95	2.83	2.9	2.87	2.82	2.85	2.75	2.66	2.58	2.65	2.29	2.28	2.31	2.31
	湖南	2.73	2.8	2.9	2.9	3.03	3.24	3.05	3.1	3.15	3.06	3.07	2.95	2.87	2.8	2.87	2.64	2.62	2.62	2.62

续表

	省份	1999年	2000年	2001年	2002年	2003年	2004年	2005年	2006年	2007年	2008年	2009年	2010年	2011年	2012年	2013年	2014年	2015年	2016年	2017年
中部地区	陕西	3.2	3.5	3.7	3.97	4.06	4.31	4.03	4.1	4.07	4.1	4.11	3.32	3.63	3.52	3.6	3.07	3.04	3.03	3.00
	内蒙古	2.38	2.5	2.8	2.9	3.09	3.26	3.06	3.1	3.13	3.1	3.21	3.2	3.07	2.97	3.04	2.84	2.84	2.84	2.83
	地区总体差距	—	—	—	—	—	—	2.98	3.02	3.03	2.97	3.00	2.90	2.81	2.71	2.78	2.47	2.46	2.45	2.44
西部地区	广西	2.74	3.1	3.4	3.63	3.72	4.04	3.72	3.6	3.78	3.83	3.88	3.76	3.6	3.43	3.54	2.84	2.79	2.73	2.69
	重庆	3.4	3.3	3.4	3.45	3.65	3.95	3.65	4	3.59	3.48	3.52	3.32	3.12	3.03	3.11	2.65	2.59	2.56	2.55
	四川	2.97	3.1	3.2	3.14	3.16	3.28	2.99	3.1	3.13	3.07	3.1	3.04	2.92	2.83	2.9	2.59	2.56	2.53	2.51
	贵州	3.62	3.7	3.9	3.99	4.2	4.37	4.34	4.6	4.5	4.2	4.28	4.07	3.98	3.8	3.93	3.38	3.33	3.31	3.28
	云南	4.3	4.3	4.4	4.5	4.5	5.12	4.54	4.5	4.36	4.27	4.28	4.06	3.93	3.78	3.89	3.26	3.20	3.17	3.14
	西藏	5.3	5.6	5.6	5.53	5.61	5.59	4.54	3.7	3.99	3.93	3.84	3.62	3.3	3.04	3.15	2.99	3.09	3.06	2.95
	甘肃	3.3	3.4	3.6	3.87	3.98	4.31	4.08	4.2	4.3	4.03	4	3.85	3.83	3.71	3.81	3.47	3.43	3.45	3.44
	青海	3.2	3.5	3.8	3.7	3.76	3.98	3.75	3.8	3.83	3.8	3.79	3.59	3.39	3.15	3.27	3.06	3.09	3.09	3.08
	宁夏	2.55	2.8	3	3.16	3.2	3.34	3.23	3.3	3.41	3.51	3.46	3.28	3.25	3.15	3.21	2.77	2.76	2.76	2.74
	新疆	3.61	3.5	3.7	3.7	3.41	3.65	3.22	3.2	3.24	3.26	3.16	2.94	2.85	2.72	2.8	2.66	2.79	2.80	2.79
	山西	2.45	2.5	2.8	2.9	3.05	3.25	3.08	3.2	3.15	3.2	3.3	3.3	3.24	3.14	3.21	2.73	2.73	2.71	2.70
	地区总体差距	—	—	—	—	—	—	3.69	3.76	3.73	3.69	3.72	3.58	3.46	3.32	3.42	2.94	2.91	2.88	2.86
全国		2.65	2.79	2.90	3.11	3.23	3.21	3.22	3.28	3.30	3.31	3.33	3.23	3.13	3.10	3.03	2.97	2.73	2.72	2.71

注：本书数据来源于历年《中国统计年鉴》，由于分东中西部地区城镇人均可支配收入和农村居民人均纯收入只有2005年开始才有相关数据，2014年开始农村居民人均纯收入变为农村居民人均可支配收入，所以本书测算了2005～2017年期间东中西部地区总体地区的城乡收入差距测算到2017年。

资料来源：根据历年《中国统计年鉴》及各省统计年鉴整理计算而来。

影响，如孙华臣等（2014）[①] 基于"半城镇化"对中国城乡收入差距的泰尔指数进行测算，分别采用常住人口城镇化率、户籍人口城镇化率、户籍人口城镇化率等非农业居民收入三个维度对城乡收入差距的演变特征进行了研究，研究认为，制度变迁的需求和供给因素共同决定了城乡收入差距的演变方向。另外，费舒澜等（2014）[②] 研究认为，农民工收入归属对城乡收入差距的统计也有着一定程度影响，他们对这个问题进行了数理分析和实证测算，发现以地区发展为视角并以常住人口为基本口径来度量城乡收入差距更为准确，王德文（2005）早期对城乡差距的本质、多面性进行了研究，就关注到这个问题[③]。在中国城乡收入差距测度中，这些统计上存在的差异因素不是本书的研究重点，在此不作过多的分析。

从中部地区城乡收入差距来看，大多数省份的城乡收入差距比全国水平要低，由于农业大省大多都属于中部地区，如吉林、黑龙江、河南、湖北和江西的城乡收入差距都比全国水平要低，其中粮食主产区的吉林、黑龙江和河南的城乡收入差距最低，这说明城乡收入差距还受到不同地区的产业结构影响，农业大省和粮食主产区第一产业所占比重较高，农民从事农业生产经营获得的收入更高，由于第二产业、第三产业相对于东部发达地区要落后，城市居民的收入水平相对也低一些，这些都在一定程度上影响了城乡收入差距。安徽、湖南两个省份的城乡收入差距比其他几个省份要高，而且并不是一直都低于全国水平，且出现一定程度的波动，这可能与其产业结构变化、经济发展战略等各方面因素有关，无法做出具体的判断。但值得注意的是，陕西省的城乡收入差距在观察期内一直都比全国水平高，2003～2009 年，城乡收入差距一直都在 4.0 以上，2004 年最高值达到了 4.31，随后逐年下降到 2013 年的 3.52，2017 年则下降到 3.00。我们从数据上无法具体判断什么原因导致了安徽省出现这个相对异常的情况，这可能要进一步对安徽省城乡居民特别是农民收入来源结构分析，以及当地产业结构、城镇化等多方面因素进行考量。

西部地区相对东部和中部地区而言，则是一路红灯，只有少数省份在少数年份城乡收入差低于全国水平，其余则都比全国水平高，广西、重

① 孙臣华、卢华、毕军：《城乡收入差距演变特征：基于"半城镇化"现象的解释》，载《财政研究》2014 年第 11 期。

② 费舒澜、郭继强：《农民工收入统计归属对城乡收入差距的影响》，载《统计研究》2014 年第 6 期。

③ 王德文、何宇鹏：《城乡差距的本质、多面性与政策含义》，载《中国农村观察》2005 年第 3 期。

庆、贵州、云南、西藏、甘肃和青海都远比全国水平高。这可能与这些地区农业基础薄弱，少数民族聚集地区农牧业发展水平低，农牧民人力资本相对其他地区更低，农村劳动力迁移程度没有中东部地区高，农牧民获取收入能力极为有限，并且这些地区还存在严重的省内经济发展的不平衡，城镇居民收入水平比农村居民差距更大，省内区域之间和城乡之间内部差异很大，这些都是导致城乡收入差距较高的原因。王洪亮和徐翔（2006）[①]基于泰尔指数对中国的收入不平等进行了地区与城乡间的分解测度，研究认为，城乡收入差距受到地区内部之间经济发展差异和地区内部之间城乡居民收入水平差异等因素影响，并且指出，城乡间人口流动倾向于推动收入不平等的上升，地区间人口流动有助于收入不平等的缩小。孙华臣和卢华[②]（2014）基于劳动力迁移的视角对城乡收入差距的演变进行了实证检验，研究表明，动力的迁移形式对城乡居民收入差距产生不同程度的影响，其中劳动力在地级市内部迁移有利于缩小城乡收入差距，省内其他地市迁移和外省迁移则不利于缩小城乡收入差距。但值得注意的是山西省城乡收入差距要小于西部地区的其他省份，不过近年来山西省的城乡收入差距呈现不断扩大的趋势，并且与西部地区其他省份城乡收入差距水平越来越接近，我们的解释是山西省是一个煤炭资源丰富的资源大省，由于煤炭的开采吸纳了大量的省内农村劳动力，这些农村劳动力在从事煤炭开采工作中获得较多的就业机会和相对较高的收入水平，而且城镇居民参与这种高风险高劳动强度的工作的劳动者很少，这在一定程度上有利于缩小山西省城乡收入差距。不过随着近年来山西省煤炭资源过度开发，该行业逐渐萎缩，对吸纳农村劳动力有限，山西省农村居民的收入受到一定程度的影响，而城镇居民收入水平在不断增长，在一定程度上导致了山西省近年来城乡收入水平的扩大。

　　从东、中、西部地区总体城乡收入差距来看，在2005～2017年，东部地区和中部地区总体城乡收入差距低于全国城乡收入差距，西部地区则远高于全国水平。从各地区变动趋势来看，2005～2009年，各地区城乡收入差距都是小幅增加，2009年以后则出现了逐渐下降的趋势，与全国城乡收入差距总体变动趋势是相似的。可见，1999～2017年，各地区城乡收入

<hr />

① 王洪亮、徐翔：《收入不平等孰甚：地区间抑或城乡间》，载《管理世界》2006年第11期。

② 孙臣华、卢华：《城乡收入差距演变：劳动力迁移到贡献》，载《财经问题研究》2014年第8期。

差距变动趋势普遍出现了先扩大然后缩小的趋势，其中重要的时间转折点在于2004年，这与中国自2004年开始进行针对农村和农业方面的改革有着直接关系，2004年开始的农业税改革以及中央对"三农"问题的重视而不断加大对农村的财政投入，对农村发展和农民收入增长有积极作用。2004～2009年，各地区各省的城乡收入差距变化存在区域差异，部分省份开始出现了下降的趋势，部分省份则还是在增长，但增长幅度在减缓，2009年以来，各地区省份的城乡收入差距出现逐年下降趋势，这和全国城乡收入差距变动趋势存在一定的契合。东部地区各省份基本上都是在2004年城乡收入差距达到了最大值，其中部分省份2004年开始城乡收入差距逐渐大幅度下降，如北京、天津、上海、广东等地区，也有一些省份2004～2009年出现小幅度增长，2009年以后，开始逐年下降，这可能和各地区经济发展、农业政策推行等方面存在差异有关。中部地区各省份的城乡收入差距变化和东部地区相似，部分省份2004年开始下降，部分省份还在小幅度增长，2009年以后，普遍出现了下降的趋势，只是不同省份下降幅度存在差异。西部地区与东中部地区有所差异，除了贵州、宁夏和山西省外，其他省份在2004年都达到了最大值，随后开始短暂下降后又上升，一直到2009年开始各省份城乡收入差距才逐年下降。

　　总体上来说，城乡收入差距变动趋势无论是全国还是分地区大体相似，只是部分年份部分地区存在一定差异，2004年以来，中央和各省对"三农"问题的关注度大幅度增加，出台了很多惠农的政策，导致了2004年以后城乡收入差距出现了下降或者增长幅度下降的趋势，2009年至今，则是普遍出现了逐年下降的趋势。我们认为主要原因是，2004年以来的各种农业政策的制定、实施以及产生效果的时间在各省份存在差异，才会出现2004年以后变动趋势的差异，但2009年以后各类农业政策更加稳定，效果也凸显，这使得城乡收入差距变动趋势趋同。通过对东、中和西部地区各省份城乡收入差距的测算，可以发现，中国城乡收入差距的区域特点，一方面，三大地区之间省份城乡收入差距存在较大差异；另一方面，也可以看出，同一地区内部省份之间城乡收入差距也存在一定的差异。可见，城乡收入差距受到不同地区经济发展水平、城镇化水平、劳动力迁移等多方面因素的影响，同时还受到不同地区差异性"三农"政策影响。这些因素对城乡居民收入水平的影响具体体现在什么样的收入来源上，仅仅通过城乡居民收入总体水平差异分析无法获得相关信息，就需要通过对城乡居民收入结构及其变动进行分析，本章将在下面部分进行深入分析。

2.3　城乡居民收入结构及其变动分析

2.3.1　全国城乡居民收入结构及变动

从中国城乡居民人均收入总量来看，城乡之间收入差距变化趋势呈现波浪式的变化，但是无法具体反映城乡居民收入差距扩大的结构性因素，需要通过对中国城镇和农村居民收入来源构成及比重进行测度才能更深入发现影响城乡收入差距变动的原因，表2-3和表2-4分别给出了1994～2017年全国城镇居民和农村居民收入来源结构和比重。

表 2 - 3　　　　　中国城镇居民人均可支配收入结构及比重①

年份	城镇家庭人均可支配收入（元）	工资性收入		经营性收入		财产性收入		转移性收入	
		绝对数（元）	比重（%）	绝对数（元）	比重（%）	绝对数（元）	比重（%）	绝对数（元）	比重（%）
1994	3496.2	2853.4	81.6	65.5	1.9	73.3	2.1	504.0	14.4
1995	4282.5	3394.2	79.2	72.6	1.7	90.4	2.1	725.8	16.9
1996	4838.9	3859.6	80.5	123.3	2.5	119.0	2.5	701.0	14.5
1997	5160.3	4042.7	78.3	179.2	3.5	132.5	2.6	805.9	15.6
1998	5425.1	4143.7	76.4	199.3	3.7	142.1	2.6	940.0	17.3
1999	5854.0	4206.0	71.8	221.2	3.8	133.6	2.3	1293.2	22.1
2000	6295.9	4480.5	71.2	246.2	3.9	128.4	2.0	1440.8	22.9
2001	6907.1	4829.1	69.9	274.1	4.0	134.6	1.9	1668.6	24.2
2002	8177.4	5740.0	70.2	332.2	4.1	102.1	1.2	2003.2	24.5
2003	9061.2	6410.2	70.7	403.8	4.5	135.0	1.5	2112.2	23.3
2004	10128.5	7152.8	70.6	493.9	4.9	161.2	1.6	2320.7	22.9
2005	11320.8	7797.5	68.9	679.6	6.0	192.9	1.7	2650.7	23.4

---

①　由于国家统计局公布的数据中关于城乡居民收入的统计口径发生变化，导致2014年以后各项数据与2013年差别较大。

续表

年份	城镇家庭人均可支配收入（元）	工资性收入		经营性收入		财产性收入		转移性收入	
		绝对数（元）	比重（%）	绝对数（元）	比重（%）	绝对数（元）	比重（%）	绝对数（元）	比重（%）
2006	12719.2	8767.0	68.9	809.6	6.4	244.0	1.9	2898.7	22.8
2007	14908.6	10234.8	68.7	940.7	6.3	348.5	2.3	3384.6	22.7
2008	17067.8	11299.0	66.2	1453.6	8.5	387.0	2.3	3928.2	23.0
2009	18858.1	12382.1	65.7	1528.7	8.1	431.8	2.3	4515.5	23.9
2010	21033.4	13707.7	65.2	1713.9	8.1	520.3	2.5	5091.9	24.2
2011	23979.2	15411.9	64.3	2209.7	9.2	649.0	2.7	5708.6	23.8
2012	26959.0	17335.6	64.3	2548.3	9.5	707.0	2.6	6368.1	23.6
2013	29547.1	18929.8	64.1	2797.1	9.5	809.9	2.7	7010.3	23.7
2014	28843.9	17936.8	62.2	3279.0	11.4	2812.1	9.7	4815.9	16.7
2015	31194.8	19337.1	62.0	3476.1	11.1	3041.9	9.8	5339.7	17.1
2016	33616.2	20665.0	61.5	3770.6	11.2	3271.5	9.7	5909.8	17.6
2017	36396.2	22200.9	61.0	4064.7	11.2	3606.9	9.9	6523.6	17.9

资料来源：根据历年《中国统计年鉴》整理计算得来。

表 2-4　　　　　　　　中国农村居民人均纯收入结构及比重①

年份	农村居民家庭人均纯收入（元）	工资收入		经营性收入		财产性收入		转移性收入	
		绝对数（元）	比重（%）	绝对数（元）	比重（%）	绝对数（元）	比重（%）	绝对数（元）	比重（%）
1994	1221.0	263.0	22	881.9	72	28.6	2	47.6	4
1995	1577.7	353.7	22	1125.8	71	41.0	3	57.3	4
1996	1926.1	450.8	23	1362.5	71	42.6	2	70.2	4
1997	2090.1	514.6	25	1472.7	70	23.6	1	79.3	4
1998	2162.0	573.6	27	1466.0	68	30.4	1	92.0	4
1999	2210.3	630.3	29	1448.4	66	31.6	1	100.2	5

---

①　由于国家统计局公布的数据中关于城乡居民收入的统计口径发生变化，导致 2014 年以后各项数据与 2013 年差别较大。

续表

年份	农村居民家庭人均纯收入（元）	工资收入		经营性收入		财产性收入		转移性收入	
		绝对数（元）	比重（%）	绝对数（元）	比重（%）	绝对数（元）	比重（%）	绝对数（元）	比重（%）
2000	2253.4	702.3	31.0	1427.3	63	45.0	2.0	78.8	3.0
2001	2366.4	771.9	33.0	1459.6	62	47.0	2.0	87.9	4.0
2002	2475.6	840.2	34.0	1486.5	60	50.7	2.0	98.2	4.0
2003	2622.2	918.4	35.0	1541.3	59	65.8	3.0	96.8	4.0
2004	2936.4	998.5	34.0	1745.8	59	76.6	3.0	115.5	4.0
2005	3254.9	1174.5	36.0	1844.5	57	88.5	3.0	147.4	5.0
2006	3587.0	1374.8	38.0	1931.0	54	100.5	3.0	180.8	5.0
2007	4140.4	1596.2	39.0	2193.7	53	128.2	3.0	222.3	5.0
2008	4760.6	1853.7	39.0	2435.6	51	148.1	3.0	323.2	7.0
2009	5153.2	2061.3	40.0	2526.8	49	167.2	3.0	398.0	8.0
2010	5919.0	2431.1	41.0	2832.8	48	202.3	3.0	452.9	8.0
2011	6977.3	2963.4	42.0	3222.0	46.0	228.6	3.0	563.3	8.0
2012	7916.6	3447.5	44.0	3533.4	45.0	249.1	3.0	686.7	9.0
2013	8895.9	4025.4	45.0	3793.2	43.0	293.0	3.0	784.3	9.0
2014	10488.99	4152.2	39.5	4237.4	40.4	222.1	2.1	1877.2	17.9
2015	11421.7	4600.3	40.3	4503.6	39.4	251.5	2.2	2066.3	18.1
2016	12363.4	5021.8	40.6	4741.9	38.3	272.1	2.2	2328.2	18.8
2017	13432.4	5498.4	40.9	5027.8	37.4	303.0	2.3	2603.2	19.4

资料来源：根据历年《中国统计年鉴》数据整理计算得来。

　　根据表2-3的数据，中国城镇居民人均可支配收入中工资性收入和转移性收入是主要来源，所占比重最高，经营性收入和财产性收入比重远低于前两者，这和中国现实基本相符。首先，中国城镇居民主要是在企业和行政事业单位就业，从事经营活动的居民比重较低，工资收入是其主要的收入来源，经营性收入比重较低；其次，由于中国处于经济改革的初级阶段，居民收入水平不高，导致资本集中度较低，居民财产性收入相对较少；最后，自新中国成立以来就建立了倾向于城镇居民的福利体系，城镇居民从政府获得的各种转移性收入所占比重自然较高①。

　　根据表 2 - 3 可以发现，我国城镇居民收入来源的变动趋势，尽管工资收入一直是城镇居民收入中比重最高的，但是其比重由 1994 年的 81.6% 下降到 2017 年的 61%，经营性收入的比重由 1994 年的 1.9% 增加到 2017 年的 11.2%。可见，随着中国社会经济发展，私营经济在中国社会经济中的地位在不断提升，城镇居民从事各类经营活动的比重在不断增加，这将在未来改变中国城镇居民收入来源，同样也会对中国城乡收入差距产生一定影响。财产性收入在城镇居民收入中所占比重基本变化不大，1994 ~ 2000 年在 2% ~ 3% 之间，2001 ~ 2006 年则下降到 2% 以下，2007 ~ 2013 年又在不断增长，最高达到 2.7%，2014 年则发生了跳跃性增长，增长到 9.7，并且直到 2017 年，在这个水平徘徊。这种变化表明尽管中国改革开放经济取得持续快速增长，但中国城镇居民的财产规模增长相对缓慢，其财产性收入比重仍然较低，这可能与中国收入分配差距过大、资本过度集中有直接关系。但是值得注意的是，城镇居民转移性收入的比重在不断增加，占其收入的比重由 1994 年的 14.4% 增加到 2013 年的 23.7%，但 2014 年发生了较大幅度下滑，下降到 16.7%，直到 2017 年在 17% 上下徘徊。一方面，反映了政府财政支出中关于民生的支出在不断增加，城镇居民从政府获得的转移性收入占其收入比重超过了 20%，已经成为重要的收入来源；另一方面，如果城乡之间转移性收入差距过大的话，将会直接影响中国城乡居民收入水平，导致城乡收入差距进一步扩大。

　　对于农村居民来说，在工资性收入、经营性收入、财产性收入和转移性收入四类收入构成中，如表 2 - 4 数据所示，经营性收入和工资性收入所占比重较高，其中经营性收入所占比重最高，工资性收入次之，这也是和中国农村居民收入来源基本相符的。因为农村居民不像城镇居民可以在城市中就业，农村居民绝大部分是以土地耕种为主，也有一部分从事相关的经营活动，只有少部分农村居民在城市中就业或者在城市中就业的时间较短，这就导致了农村居民的收入来源中经营性收入占了绝对比重，工资性收入比重相比经营性收入较低。中国农村居民的财产性收入和转移性收入比重均较低，一直都在 10% 以下，其中农村居民财产性收入比重过低说明中国农村居民的财产数量较少，通过财产获得的收入比重远低于城市居

---

　　①　这种转移性收入包括直接的和间接的，直接的转移性收入如低保等，间接性的转移性收入如物价补贴、教育医疗卫生等方面的补贴，尽管没有直接增加居民收入，但是减少了居民消费成本。

民。转移性收入比重较低导致针对农村居民的各类转移性支出远低于城市，其比重自然占农村居民收入比重较低，正如前面分析所说，这种城乡的转移性支出政策将会导致中国城乡收入差距扩大。

另外，从农村居民收入来源结构变化趋势看，根据表 2 - 4 数据可知，中国农村居民的经营性收入比重大幅度下降而工资性收入比重大幅度增加，其中经营性收入比重由 1994 年的 72% 大幅下降到 2017 年的 37.4%，工资性收入则由 1994 年的 22% 增加至 2017 年的 40.9%，已经与农村居民的经营性收入相当甚至超过了经营性收入。这主要是由于中国经济改革以及中国城市化发展不断增加对劳动力需求，改革开放以来对农村剩余劳动力流向城市的限制逐渐消除，大量的农村剩余劳动力转移到城市就业，再加上乡镇以及私营企业的发展，吸纳了大量的农村劳动力，农村居民通过进城务工等形式取得工资性收入，工资性收入在农村居民中的比重大幅度提高。另外，近年来中国劳动力成本大幅度上升，农民工的工资水平也大幅度提高，原来在农村从事经营性活动的农民很多也放弃了经营性活动而进入城市就业，这又使得经营性收入减少。随着城镇化的推进，农村居民的收入来源中工资性收入可能将进一步增加，这种变化将对中国城乡居民收入差距变化产生深刻的影响。对于农村居民的财产性收入和转移性收入而言，其变化则没有前两者那么大，其中财产性收入随着农村收入水平的提高有所增加，但是幅度非常小，这说明中国农村居民的收入水平相对还是较低，积累的财产规模较小并且通过财产获得收入的途径非常有限，导致农村居民持有财产获取收入的能力远不如城市居民，这也是一个重要因素。不过转移性收入在农村居民收入中所占比重则由 1994 年的 4% 增加到 2013 年的 9%，2014 年则大幅增加到 17.9%，2017 年则增加到 19.4%，也成为农村居民收入中重要的来源，这与政府对农村的福利体系建设有直接关系，如新农村建设以及农村社会保障体系的建立等，随着对农村公共财政支出的加大，将会进一步提高转移性收入在农村居民中的比重，而这将有利于缩小城乡收入差距。

如果将城乡居民各类收入来源差距进行比较的话，根据表 2 - 5 可知，城乡居民工资性收入和转移性收入差距最大，是引起城乡收入差距的最主要因素。这两者中又以转移性收入对城乡居民收入影响最大，城乡居民转移性收入比一直处于最高。根据表 2 - 5 数据可以看出，1994 年为 10.59 一直增加到 2003 年的 21.82，随后开始下降至 2013 年的 8.94，这主要是因为 20 世纪 90 年代中后期至 21 世纪初，我国政府财政对城乡居民的各类补贴仍偏向于城市居民。随着近年来政府对"三农问题"的重视，不断加大了对农村居民的各类福利制度和政策建设，对农村居民的转移性支出增长超过了对城市居民的增长，导致城乡居民转移性收入比大幅度下降，有助于缩小城乡收入差距。另外，城乡居民工资性收入比也在不断下降，由1994年的10.85下降到2013年的4.70，主要是由于农村居民到城市就业的比重不断增加，2亿多农民工到城市打工，再加上我国劳动力工资水平的不断提升，农村居民的工资性收入大幅度增加，并一度成为其主要收入来源，这必然导致城乡居民工资性收入比的下降，这在一定程度上有利于缩小城乡收入差距。经营性收入方面，根据表2-5可知，城乡居民经营性收入比在逐渐增加，这可能是由于农村居民进城打工导致大量农民放弃了或者减少了经营性活动，其经营性收入相对减少，城市居民从事经营性活动的比重则在不断增加，其经营性收入的比重也逐渐增加，原来农村居民相对城市居民经营性收入的优势在逐渐消失。财产性收入比则基本上变化不大，表明中国城镇居民在财产规模和获得收益能力方面高于农村居民，对中国城乡收入差距的影响较为稳定。

表2-5　　　　　　　　城乡居民分项收入差距测算①　　　　　单位：%

年份	城乡居民工资性收入比	城乡居民家庭经营性收入比	城乡居民财产性收入比	城乡居民转移性收入比
1994	10.85	0.07	2.56	10.59
1995	9.6	0.06	2.2	12.67
1996	8.64	0.09	2.79	9.99
1997	7.86	0.12	5.61	10.16
1998	7.22	0.14	4.67	10.22
1999	6.67	0.15	4.23	12.91
2000	6.38	0.17	2.85	18.28
2001	6.26	0.19	2.86	18.98
2002	6.83	0.22	2.01	20.40

① 由于国家统计局公布的数据中关于城乡居民收入的统计口径发生变化，导致2014年以后各项数据与2013年差别较大。

年份	城乡居民 工资性收入比	城乡居民家庭 经营性收入比	城乡居民 财产性收入比	城乡居民 转移性收入比
2003	6.98	0.26	2.05	21.82
2004	7.16	0.28	2.10	20.09
2005	6.64	0.37	2.18	17.98
2006	6.38	0.42	2.43	16.03
2007	6.41	0.43	2.72	15.23
2008	6.10	0.60	2.61	12.15
2009	6.01	0.60	2.58	11.35
2010	5.64	0.60	2.57	11.24
2011	5.20	0.69	2.84	10.13
2012	5.03	0.72	2.84	9.27
2013	4.70	0.74	2.76	8.94
2014	4.32	0.77	12.66	2.57
2015	4.20	0.77	12.10	2.58
2016	4.12	0.80	12.02	2.54
2017	4.04	0.81	11.90	2.51

资料来源：根据历年《中国统计年鉴》整理计算得来。

根据对中国城镇居民收入差距分项的测算，我们可以看出，中国城乡收入差距总体来说是在不断扩大的，但是收入来源构成的变化导致各项目对城乡收入差距影响的贡献程度不一样。就目前中国城乡收入差距测算结果看，中国城乡收入差距基本特征及变化趋势如下：第一，改革开放40年来，中国城乡收入差距水平一直较高，并且随着中国居民收入水平的提高在不断扩大；第二，中国城乡收入差距自改革开放以来总体上呈现一种波浪式的扩大；第三，影响中国城乡居民收入差距主要构成项目中，工资性收入和转移性收入成为最为主要的影响因素，农村居民进城工作导致了城乡之间居民的工资性收入差距在逐渐缩小，而转移性收入所带来的差距却在不断扩大；第四，近年来，政府对农村财政投入的增加，导致了中国农村居民转移性收入增长迅速，近年来中国城乡收入差距有所缩小。

2.3.2 分地区城乡居民收入结构及变动

由于中国区域经济发展不均衡，不同地区城乡居民各项收入来源的比重和增长变化趋势存在一定的差异，为了更全面深入反映中国城乡居民收入差距存在的区域差异性，本部分对东、中、西部地区各省的城乡居民各项收入差距进行了测算，如表2-6、表2-7、表2-8、表2-9所示。

2.3.2.1 分地区城乡居民工资性收入差距及变动趋势分析

如前所述，工资性收入一直以来是城镇居民最为重要的收入来源，而随着农村劳动力大量流动到城市务工，农村劳动力来源于工资的收入也在快速增长，成为农村居民非常重要的收入来源，在有的地区甚至超过了农民的经营性收入。表2-6①对东、中、西部地区各省城乡居民工资性收入差距进行了测算，数据表明三大地区的城乡居民工资性收入差距存在较大的差异性，并且在东、中、西部地区内部各省之间也存在较大差异。从各地区城乡居民工资性收入差距变动趋势看，东、中、西部地区变化趋势大体相似，2002~2006年或2007年，大多数省份是小幅度上升，部分省份出现了下降。自2007年以后，所有省份都出现了不同幅度下降的趋势，其中西部地区下降幅度大于中部东部地区，东部地区由于本来城乡居民工资性收入差距就比较小，下降的幅度也比较小。从各地区变动趋势可以发现，中国城镇化率不断提升，户籍制度等对农村劳动力流动限制逐渐消除，农村进入城市工作取得工资性收入的劳动力越来越多，再加上农村劳动力工资水平的上涨，这些因素都使得农村居民工资性收入大幅度增加，导致了中国城乡居民工资性收入差距的缩小。可以预见，随着中国新型城镇化战略、城乡一体化等制度的推行，就业保障制度不断完善，农村居民获得工作机会和工资水平都会增加，将缩小城乡居民工资性收入差距。

---

① 由于《中国统计年鉴》关于城乡居民工资性收入和经营性收入只有2002年开始才有统计数据，所以本部分测算了2002~2017年的各省城乡居民工资性收入差距和城乡居民经营性收入差距。

表2-6　各省份城乡居民工资性收入差距

省份		2002年	2003年	2004年	2005年	2006年	2007年	2008年	2009年	2010年	2011年	2012年	2013年	2014年	2015年	2016年	2017年
东部地区	北京	2.62	2.92	3.13	3.02	3.23	3.09	2.93	2.88	2.81	2.63	2.58	2.52	2.08	2.10	2.15	2.08
	天津	2.94	3.10	3.18	3.00	2.85	3.04	3.16	3.26	3.19	2.75	2.72	2.56	1.89	1.91	1.93	1.93
	河北	4.31	4.59	5.03	4.91	4.66	4.75	4.49	4.37	3.98	3.41	3.28	2.79	2.98	2.87	2.88	2.85
	辽宁	4.60	4.93	5.40	5.04	4.41	4.78	4.66	4.65	4.42	4.12	4.09	3.77	3.73	3.62	3.61	3.55
	上海	1.82	2.19	2.41	2.32	2.40	2.58	2.69	2.67	2.65	2.72	2.71	2.72	1.88	1.83	1.81	1.77
	江苏	2.76	2.78	2.81	3.01	3.06	3.13	3.16	3.18	3.03	2.98	2.97	2.88	2.89	2.80	2.77	2.76
	浙江	3.50	3.76	3.77	3.69	3.64	3.62	3.39	3.28	3.15	3.03	2.92	2.66	1.98	1.90	1.88	1.86
	山东	6.34	6.77	7.07	6.28	6.25	6.06	5.72	5.60	5.32	4.75	4.53	4.21	4.00	3.97	3.92	3.86
	福建	5.51	5.54	5.37	5.33	5.48	5.32	5.23	5.31	5.07	4.48	4.46	4.13	3.39	3.35	3.27	3.22
	广东	5.42	5.30	5.36	4.79	4.48	4.58	4.12	4.13	3.94	3.60	3.47	3.58	3.91	3.89	3.85	3.83
	海南	16.18	15.22	14.09	12.83	12.51	12.20	11.13	9.95	8.68	6.42	5.93	5.25	4.35	4.05	3.96	3.95
中部地区	吉林	11.04	11.35	11.90	11.56	10.87	10.74	10.71	10.91	9.91	8.32	7.55	7.94	7.05	7.05	6.70	5.60
	黑龙江	10.50	11.39	12.18	11.80	9.21	8.98	8.06	8.20	7.32	6.84	6.44	6.29	6.28	6.40	6.18	5.56
	江西	4.96	5.00	5.45	5.07	4.79	5.22	4.94	4.85	4.43	3.89	3.78	3.34	3.97	3.83	3.66	3.53
	内蒙古	14.22	15.19	14.93	13.22	12.79	12.97	12.75	12.51	12.17	11.27	11.56	10.84	8.41	8.44	8.31	8.19
	安徽	6.27	5.96	6.31	6.36	6.28	5.91	5.35	5.50	5.19	4.74	4.57	4.16	4.36	4.25	4.26	4.27
	陕西	8.51	8.39	8.29	8.39	8.20	8.00	7.88	7.54	6.96	5.87	5.70	5.22	4.64	4.44	4.31	4.24

续表

省份		2002年	2003年	2004年	2005年	2006年	2007年	2008年	2009年	2010年	2011年	2012年	2013年	2014年	2015年	2016年	2017年
中部地区	河南	7.56	7.49	7.06	7.14	6.71	6.36	6.03	6.11	5.56	4.77	4.57	4.11	4.45	4.19	3.74	3.53
	湖北	7.97	8.27	8.46	6.98	6.32	6.06	5.44	5.44	5.24	4.67	4.45	4.03	4.31	4.23	4.10	4.08
	湖南	5.92	6.06	6.30	5.54	5.11	5.03	4.56	4.41	4.06	3.56	3.44	3.04	3.59	3.52	3.49	3.51
	山西	5.43	6.16	6.42	6.03	5.73	5.96	5.26	5.44	5.11	4.90	4.72	4.01	3.42	3.36	3.26	3.26
西部地区	广西	8.50	7.84	7.86	7.69	7.61	8.04	8.04	7.64	7.07	7.44	6.54	5.77	5.95	5.95	5.79	5.53
	重庆	6.63	7.33	7.69	7.21	7.07	6.23	6.21	6.16	5.45	4.78	4.53	4.07	4.70	4.45	4.30	4.17
	四川	6.40	6.41	6.59	6.11	5.47	5.66	5.63	5.56	5.03	4.78	4.61	4.23	4.52	4.40	4.34	4.31
	贵州	10.36	10.17	10.16	9.46	9.09	9.15	7.79	8.38	7.38	6.28	6.22	5.30	5.21	4.89	4.78	4.55
	云南	19.03	18.40	18.84	17.72	15.58	15.37	13.92	14.08	11.66	10.91	10.03	8.76	6.85	6.33	6.09	6.06
	西藏	40.37	—	19.24	18.40	13.22	16.33	16.21	14.58	13.26	15.73	14.70	13.29	11.08	10.98	10.16	9.84
	甘肃	10.88	10.78	11.54	11.06	11.00	11.36	9.63	9.23	8.24	7.17	7.00	6.05	7.97	7.69	7.88	8.11
	青海	10.15	9.90	10.90	10.02	9.67	9.92	8.74	8.64	7.92	6.42	6.34	5.97	7.49	7.56	7.60	7.61
	宁夏	8.29	7.89	8.35	8.22	7.84	7.51	6.98	6.32	6.05	5.73	5.56	5.34	4.64	4.67	4.62	4.63
	新疆	39.87	44.34	46.26	33.52	29.48	27.25	22.28	22.17	20.36	15.72	14.32	11.88	8.34	8.42	7.59	7.41

资料来源：根据历年《中国统计年鉴》整理计算得来。

从东部地区各省城乡居民工资性收入差距来看，除了海南以外的其他省份都比全国水平低，但存在地区内部差异性。北京、天津、上海、江苏和浙江相对于其他省份小且远低于全国水平，主要因素在于这些地区经济发展水平高、省内经济发展相对均衡以及城镇化率更高，农村居民很多已经转变为城镇居民，或者农村居民大量已经放弃了农业生产而从事与工业和服务相关的工作，其工资性收入成为其重要的收入来源有关。海南在东部地区各省份中城乡居民工资性收入差距最大，不但远高于东部地区其他省份，而且也比中部和西部很多省份都高，原因可能在于海南尽管属于东部地区，但还是一个以农业为主的省份且其经济发展水平和城镇化率远低于其他省份，大部分农民主要是从事农业相关的工作，工资性收入非常有限。但数据显示，海南城乡居民工资性收入差距随着时间的推移，在大幅度下降并且与其他省份差距越来越接近，这可能和海南的旅游业的发展有着很重要的关系，旅游业带动了相关产业特别是服务业发展，吸纳了大量的农村劳动力，大大增加了当地居民工资性收入。

从中部地区各省城乡居民工资性收入差距来看，内部差异性比较大，除了江西和湖南以外的省份都比全国水平高，其中吉林、黑龙江和内蒙古三个省份远高于其他地区和全国水平，其他省份则处于中间水平。由于吉林、黑龙江和内蒙古是粮食主产区和牧业主产区，大部分农牧民主要是以农业或牧业为主，进城务工的比重远低于其他地区，来源于工资性收入的比重则相对较低，导致其城乡居民工资性收入远高于其他省份。陕西、河南和湖北三省处于中间水平，江西、安徽和湖南三省则是中部地区城乡居民工资性收入差距最低省份，这可能在一定程度上说明，尽管都是中部地区但农业发展、城镇化率以及劳动力流动的情况存在一定差异，导致了这些省份城乡居民获得工资性收入不同，进而影响了工资性收入差距。

从西部地区各省城乡居民工资性收入差距来看，各省份基本上都高于全国水平，并且内部差异更为显著，其中山西、重庆、四川城乡居民工资性收入差距最低，云南、西藏和新疆则远高于其他地区，其他省份处于中间水平。山西、重庆和四川三省的城乡居民工资性收入差距相对于西部地区其他省份更低，其中山西由于煤炭资源丰富，如本书前面分析所述，煤炭开采吸纳了大量农村劳动力，其工资性收入相对更高，重庆和四川则是全国有名的农民工大省，大部分农民都外出打工，工资性收入也相对于其他地区更高，数据结果与这些省份的实际情况是相符的。云南、西藏和新疆主要是民族地区，大部分农村居民主要从事的是农牧业，城镇化率较低且外出打工的农牧民比重相对较低，主要的收入还是来源于农牧业，工资性收入非常少，所以其城乡居民工资性收入差距非常大。不过，我们也看到西部地区城乡居民工资性收入差距在不断缩小，与东中部地区省份差距也越来越小，这与这些地区经济发展水平提升、城镇化率增加以及外出务工人员比重增加等各种因素有关。

2.3.2.2　分地区城乡居民工资性收入差距及变动趋势分析

一方面，尽管经营性收入一直以来是农村居民主要的收入来源，但随着大量的农村劳动力进城务工，很多地区农民放弃了从事农业以及非农业相关的经营活动，导致了农村居民经营性收入比重逐渐降低，甚至有的地区已经低于工资性收入比重。另一方面，由于私营经济发展以及国有企业改革等因素影响，从事各类经营活动的城镇居民比重越来越大，城镇居民经营性收入比重快速增长，最终导致了城乡居民经营性收入差距发生了较大变化。为了更详尽地反映城乡居民经营性收入地区差异及变动趋势，表2-7对东、中、西部地区各省城乡居民经营性收入差距进行了测算，数据表明，三大地区及各地区内部各省份存在一定程度的差异，但是差异相对于工资性收入差距并不是很明显。从各地区城乡居民经营性收入差距变动趋势看，自2002年以来都呈现不断增加的趋势，只是不同地区不同省份增长幅度有所差异，其中东部地区增长速度远高于中西部地区，中部和西部地区则并没有明显差异。可见，随着城镇化和经济的发展，农村居民进城打工和城镇居民从事经营活动比重的增加，对城乡居民经营性收入都产生了扩大的效应，但由于东部地区经济更发达，特别是第三产业快速发展，导致东部地区各省份的城镇居民从事经营活动以及来源于经营性收入比重越来越高，其增长的速度更快。

从东部地区各省城乡居民工资性收入差距来看，上海、广东、浙江和福建城乡居民经营性收入差距最高，河北、辽宁和海南最低，其他省份处于中间水平，地区内部差异较大并且增长速度快，截至2013年，已经有四个省份超过了1。上海、广东、浙江和福建都是私营经济非常活跃的地区，城市居民从事各种经营活动的居民比重非常高，来源于经营性收入比重也比其他省份更高，城乡居民经营性收入差距高是符合当地现实情况的。河北、辽宁和海南则是东部地区中农业比重较高的地区，经济发展水平和私营经济发展相对落后一些，城市居民从事经营活动的比重较低，城乡居民经营性收入差距低也是符合实际情况的。从中部地区各省城乡居民

表 2－7　各省份城乡居民经营性收入差距

省份		2002年	2003年	2004年	2005年	2006年	2007年	2008年	2009年	2010年	2011年	2012年	2013年	2014年	2015年	2016年	2017年
东部地区	北京	0.25	0.22	0.11	0.12	0.12	0.13	0.38	0.71	0.64	0.87	1.09	1.78	0.75	0.68	0.63	0.60
	天津	0.23	0.22	0.25	0.25	0.27	0.27	0.28	0.24	0.24	0.27	0.29	0.28	0.51	0.50	0.50	0.50
	河北	0.15	0.17	0.18	0.32	0.38	0.29	0.45	0.40	0.38	0.61	0.69	0.76	0.53	0.50	0.50	0.51
	辽宁	0.18	0.18	0.17	0.22	0.31	0.30	0.51	0.51	0.52	0.54	0.57	0.58	0.65	0.65	0.70	0.76
	上海	0.57	0.46	0.59	1.03	1.25	1.54	1.97	2.43	2.76	2.27	2.51	2.18	0.95	0.89	1.01	1.13
	江苏	0.17	0.36	0.37	0.48	0.55	0.59	0.71	0.73	0.78	0.87	0.88	0.84	0.81	0.82	0.83	0.83
	浙江	0.37	0.50	0.53	0.69	0.70	0.75	0.84	0.85	0.85	0.88	0.89	1.08	1.22	1.13	1.27	1.25
	山东	0.09	0.12	0.14	0.22	0.23	0.27	0.40	0.44	0.49	0.58	0.62	0.66	0.74	0.75	0.76	0.77
	福建	0.27	0.27	0.33	0.35	0.39	0.43	0.69	0.62	0.60	0.73	0.73	0.71	0.83	0.84	0.85	0.82
	广东	0.30	0.35	0.41	0.60	0.79	0.72	1.20	1.22	1.21	1.22	1.40	1.46	1.08	1.06	1.08	1.11
	海南	0.13	0.11	0.12	0.28	0.29	0.24	0.41	0.45	0.48	0.56	0.57	0.66	0.67	0.58	0.55	0.57
中部地区	吉林	0.26	0.29	0.35	0.30	0.31	0.26	0.35	0.38	0.33	0.38	0.39	0.36	0.35	0.34	0.33	0.34
	黑龙江	0.22	0.26	0.26	0.36	0.41	0.32	0.39	0.37	0.32	0.32	0.32	0.35	0.37	0.3	0.42	0.43
	江西	0.23	0.27	0.26	0.30	0.35	0.30	0.43	0.43	0.43	0.50	0.52	0.67	0.48	0.8	0.51	0.54
	内蒙古	0.31	0.34	0.37	0.39	0.40	0.37	0.48	0.53	0.55	0.55	0.58	0.68	0.77	0.78	0.88	0.99
	安徽	0.19	0.31	0.34	0.41	0.42	0.38	0.45	0.46	0.45	0.63	0.66	0.70	0.97	1.08	0.96	0.94
	陕西	0.16	0.15	0.20	0.16	0.25	0.21	0.37	0.35	0.30	0.38	0.38	0.40	0.74	0.74	0.66	0.63

续表

省份		2002年	2003年	2004年	2005年	2006年	2007年	2008年	2009年	2010年	2011年	2012年	2013年	2014年	2015年	2016年	2017年
中部地区	河南	0.19	0.24	0.25	0.35	0.37	0.34	0.43	0.42	0.46	0.63	0.64	0.63	0.76	0.79	0.81	0.92
	湖北	0.11	0.13	0.14	0.20	0.23	0.25	0.41	0.44	0.43	0.51	0.52	0.53	0.70	0.72	0.75	0.75
	湖南	0.17	0.25	0.31	0.51	0.53	0.50	0.72	0.77	0.76	0.98	1.04	1.09	0.98	1.02	1.05	1.05
	山西	0.20	0.23	0.22	0.22	0.23	0.23	0.49	0.49	0.52	0.41	0.45	0.54	1.09	1.06	0.97	0.87
西部地区	广西	0.29	0.33	0.25	0.34	0.52	0.45	0.60	0.62	0.59	0.57	0.66	0.68	0.85	0.84	1.01	0.96
	重庆	0.16	0.10	0.16	0.32	0.39	0.40	0.39	0.48	0.54	0.65	0.73	0.74	0.78	0.79	0.81	0.82
	四川	0.26	0.26	0.28	0.31	0.41	0.41	0.50	0.55	0.53	0.60	0.67	0.69	0.75	0.73	0.74	0.74
	贵州	0.34	0.38	0.52	0.69	0.80	0.58	0.51	0.74	0.69	0.82	0.88	1.38	1.20	1.30	1.37	1.44
	云南	0.23	0.23	0.37	0.39	0.33	0.36	0.54	0.48	0.45	0.60	0.73	0.70	0.69	0.70	0.69	0.70
	西藏	0.01	—	0.04	0.04	0.28	0.17	0.16	0.19	0.17	0.15	0.16	0.17	0.14	0.15	0.14	0.13
	甘肃	0.20	0.24	0.27	0.30	0.31	0.35	0.41	0.44	0.37	0.49	0.53	0.58	0.74	0.60	0.60	0.60
	青海	0.21	0.23	0.22	0.38	0.41	0.37	0.48	0.50	0.48	0.50	0.54	0.66	0.60	0.58	0.63	0.50
	宁夏	0.32	0.35	0.33	0.61	0.59	0.64	0.91	0.96	0.92	0.87	0.82	0.81	0.74	0.70	0.72	0.72
	新疆	0.15	0.16	0.19	0.24	0.26	0.23	0.34	0.32	0.31	0.36	0.39	0.39	0.48	0.50	0.52	0.53

资料来源：根据历年《中国统计年鉴》整理计算得来。

经营性收入差距来看，其内部存在差异但没有东部地区那么大，并且低于东部地区，与西部地区差异不是很大。从变动趋势来看，中部各省城乡居民经营性收入差距数值增加，江西、内蒙古、河南、湖南、湖北变动幅度较大，其他省份变动幅度较小，其中吉林和黑龙江变动幅度最小，湖南变动幅度非常大，2012年和2013年已经超过了1。由于吉林和黑龙江是粮食主产区，在农村从事农业和非农业经营活动的比重非常高，城市居民从事经营活动的比重增长缓慢，导致了其变动幅度较小；而湖南由于离广东较近，再加上近年来中部地区经济快速增长，农村居民进城打工和城镇居民从事经营活动比重都大幅增加，导致了其变动幅度很大。从西部地区各省城乡居民经营性收入差距来看，期初差异不大，但近期差异较大，反映了各省份变动差异大。从变动趋势来看，广西、重庆、四川、贵州、云南、宁夏变动幅度较大，其他省份变动幅度较小。具体来说，变动幅度较大的省份原因存在一定的差异，其中重庆、四川、贵州和云南四个省份由于外出打工的农村居民比重越来越大，并且受到西部大开发的影响，这些地区经济快速增长，城市居民从事各种经营活动的比重大大增加，导致了城乡居民经营性收入差距大大缩小；广西则可能是由于东盟自由贸易区对其经济发展产生影响；而宁夏可能是由于资源因素的影响。

2.3.2.3 分地区城乡居民财产性收入差距及变动趋势分析

财产性收入占到城乡居民收入的比重一直较低，其对城乡收入差距总体贡献率也较小，但随着中国居民拥有的财产数量的增加，其影响程度在逐渐增加，并且各地区之间以及地区内部各省份之间存在较大的差异性。表2-8对东、中、西部地区各省城乡居民财产性收入差距进行了测算，东、中、西部地区城乡居民财产性收入差距地区差异较大，地区内部各省份也存在较大差异，变动趋势也存在较大差异。具体来说，总体上东部地区城乡居民财产性收入差距小于中部地区，中部小于西部地区，不过东部地区有一些省份高于中西部地区，中西部地区也有一些省份低于中部地区。

从东部地区各省来看，北京、天津和上海三个直辖市城乡居民财产性收入差距最小，大多数年份低于1，主要原因可能是直辖市的城市化水平比其他地区更高，城乡居民财产差异以及通过财产获得的收入机会和能力差异相对较小。东部地区其他各省的城乡居民财产性收入差距相对三个直辖市高一些，但大多低于全国水平，只有福建和海南相对更高一些，而且

表 2 - 8 各省份城乡居民财产性收入差距

省份		1999年	2000年	2001年	2002年	2003年	2004年	2005年	2006年	2007年	2008年	2009年	2010年	2011年	2012年	2013年	2014年	2015年	2016年	2017年
东部地区	北京	0.87	0.71	0.63	0.24	0.57	0.35	0.32	0.40	0.66	0.40	0.46	0.49	0.45	0.42	0.28	9.75	7.05	6.90	6.70
	天津	2.79	2.61	1.69	1.71	0.69	1.32	0.97	1.31	1.44	0.55	1.14	0.90	0.62	0.56	0.52	4.04	4.39	4.16	4.01
	河北	2.50	2.33	1.76	1.27	1.58	1.38	1.25	1.05	1.41	1.90	1.56	1.78	1.54	1.55	2.31	10.89	9.85	9.76	9.93
	辽宁	1.87	0.86	1.28	1.36	0.95	0.79	0.84	1.03	1.47	1.23	1.17	1.07	1.36	2.00	2.38	9.15	9.28	7.11	6.31
	上海	0.54	0.45	0.24	0.46	0.55	0.71	0.64	0.54	0.53	0.43	0.51	0.53	0.51	0.42	0.54	10.46	10.21	9.87	11.57
	江苏	2.38	1.82	1.74	1.62	1.60	1.83	1.60	1.45	1.78	1.21	1.17	1.18	1.61	1.50	1.34	7.15	6.75	6.84	6.80
	浙江	1.90	0.86	0.95	1.05	1.49	1.30	1.98	2.85	2.98	3.03	2.90	2.80	2.83	2.49	2.04	9.87	9.95	9.64	9.63
	山东	1.57	1.95	4.44	1.72	1.72	1.80	1.48	1.73	2.11	2.12	2.10	2.06	2.50	2.74	2.75	7.91	7.59	7.64	7.76
	福建	4.25	2.02	2.19	1.85	3.65	4.35	4.54	4.48	5.04	5.32	5.87	5.80	6.01	5.61	5.85	18.13	16.44	16.42	15.79
	广东	7.34	5.84	4.36	1.64	1.67	1.50	2.49	2.56	2.08	2.07	2.06	2.38	2.53	2.64	1.55	11.43	11.27	11.96	12.24
	海南	1.96	2.64	2.15	7.38	5.41	4.42	3.56	4.68	4.28	7.41	7.57	5.19	8.34	4.14	2.39	12.75	11.29	15.60	12.78
中部地区	吉林	3.06	0.91	0.46	175.69	1.52	0.86	0.54	0.62	0.47	0.53	0.50	0.43	0.59	0.82	1.89	6.81	6.89	5.99	4.85
	黑龙江	2.16	0.54	0.31	0.24	0.27	0.34	0.32	0.68	0.50	0.50	0.37	0.30	0.26	0.32	0.61	2.57	2.55	2.28	2.38
	江西	10.23	7.15	4.01	3.32	2.20	3.62	3.15	3.04	2.78	3.99	2.98	3.44	4.23	4.36	5.59	16.24	14.04	12.81	12.28
	内蒙古	6.01	1.67	3.22	2.48	1.62	1.76	2.21	2.47	2.60	2.83	2.65	2.63	1.52	1.75	1.37	4.64	4.40	3.83	3.54
	安徽	3.97	2.96	3.43	3.40	3.16	2.56	2.77	2.81	2.45	2.47	2.33	3.01	5.38	4.92	7.33	8.88	11.63	11.14	10.56
	陕西	8.20	3.25	1.42	1.53	2.81	2.74	2.37	3.34	1.65	1.76	1.64	1.93	1.30	1.35	1.52	16.81	14.92	12.93	11.65

续表

省份		1999年	2000年	2001年	2002年	2003年	2004年	2005年	2006年	2007年	2008年	2009年	2010年	2011年	2012年	2013年	2014年	2015年	2016年	2017年
中部地区	河南	7.75	10.29	14.42	2.31	2.19	4.47	2.67	3.21	3.03	2.95	2.94	3.75	2.64	2.46	3.07	12.74	12.68	14.36	12.76
	湖北	8.37	6.97	9.06	6.81	5.40	7.58	6.68	4.74	5.78	5.98	5.08	3.54	4.23	7.23	5.40	15.33	12.35	14.50	15.65
	湖南	14.58	7.66	10.31	3.82	3.11	2.22	4.65	6.76	9.73	5.55	5.16	5.33	6.87	7.69	7.42	15.87	16.09	21.03	21.62
	山西	4.82	2.59	1.68	5.94	3.61	3.97	2.18	2.14	1.38	1.32	1.23	0.93	1.61	2.14	3.85	14.02	12.61	13.45	13.36
西部地区	广西	22.99	40.94	31.16	15.60	10.09	9.95	9.63	8.45	15.43	10.56	11.89	17.08	20.50	16.40	14.17	29.72	19.90	14.94	12.91
	重庆	9.34	14.34	11.69	2.61	2.36	3.32	6.13	7.07	5.27	4.05	3.75	3.45	3.11	3.07	2.88	8.03	7.82	7.51	7.71
	四川	7.73	6.12	5.35	4.83	5.87	7.30	5.08	4.92	4.87	3.68	3.22	2.63	3.73	3.81	3.88	10.24	9.70	8.80	8.15
	贵州	7.71	5.74	1.49	1.79	1.50	2.92	2.54	3.27	3.45	1.73	1.64	1.82	5.99	4.97	7.35	24.6	22.32	28.92	23.75
	云南	4.33	3.72	3.43	1.17	1.29	4.66	5.67	5.68	5.52	7.73	8.19	6.57	5.82	4.27	6.35	27.04	27.29	26.42	24.62
	西藏	18.94	0.04	0.15	0.59	—	0.01	0.05	1.40	1.47	0.74	1.47	1.38	3.15	3.27	4.77	11.85	11.28	11.47	14.11
	甘肃	4.84	1.08	2.00	3.06	2.44	2.07	1.92	0.61	3.08	3.35	1.75	1.81	1.96	2.32	2.75	18.78	17.92	18.35	16.72
	青海	4.78	1.19	0.38	0.63	0.99	1.27	1.00	0.63	0.52	0.34	0.39	0.61	0.84	0.98	1.77	4.03	4.09	4.46	4.94
	宁夏	5.43	0.51	0.64	0.72	1.20	1.15	1.33	1.67	2.54	2.78	4.46	1.92	1.70	1.58	1.47	6.88	5.70	4.30	3.92
	新疆	1.30	0.94	2.71	1.68	1.29	0.78	1.61	0.99	0.58	1.17	0.95	1.20	1.01	0.85	0.66	5.42	6.05	5.74	5.80

资料来源：根据历年《中国统计年鉴》整理计算得来。

波动性比较大。从变动趋势来看，东部地区各省份并没有明确的变动规律，这可能与很多因素有关，如城市化水平、城乡居民收入水平、资产回报率等。从中部地区各省来看，有三个层次的差异，吉林和黑龙江城乡居民财产性收入差距最小，并且低于全国水平，江西、内蒙古、安徽和陕西略高于全国水平，其他省份则远高于全国水平。从变动趋势来看，中部地区各省总体水平在下降，并且下降的幅度较大，随着中部地区经济发展以及城镇化水平的提高，农村居民财产积累以及通过财产取得收入的途径和回报率在提高，并且相对于城市居民增长更快，有利于缩小城乡居民财产性收入差距。从西部地区各省来看，其中广西、重庆、四川和云南城乡居民财产性收入差距最大，远高于全国水平，但呈下降的趋势。中部地区的其他省份总体上差距不是很大，很多省份在有一些年份低于全国水平，不过有部分省份在部分年份出现了非常高数值的现象，这可能与数据统计有一些相关性。

2.3.2.4　分地区城乡居民转移性收入差距及变动趋势分析

转移支付支出是政府再分配的重要手段，中国城乡二元的社会福利体系导致了城乡居民转移性收入差距非常大，是城乡居民四类收入差距中最大的，对城乡总体收入差距也产生了重要的影响。表 2 - 9 对东、中、西部地区各省城乡转移性收入差距进行了测算，数据表明，东中西部地区之间以及地区内部各省份之间的城乡居民转移性收入差距存在较大的差异性，变动趋势总体上是下降的，但并没有完全一致的规律，差异也较大，这可能和各地区城乡社会保障一体化或均等化推行力度、地区因素以及城乡居民转移性收入增长率差异等因素有关。

从东部地区各省来看，山东、福建、广东和海南城乡居民转移性收入差距较小，其他省份则远高于它们，可能是不同省份的城乡社会保障覆盖率和覆盖水平差异等因素的影响。从变动趋势来看，在 2005 年之前大多数省份差距还是在不断增加的，之后则出现了持续下降，这应该是和 2004 年以来中央逐渐加大对农村保障体系建设有直接关系，并且东部地区各省份近期的城乡居民转移性收入差距的差异逐渐缩小。从中部地区各省来看，城乡居民转移性收入差距都高于全国水平，其中江西和湖北相对较小外，其他省份都非常高，中部地区很多省份受到东部发达地区影响，在经济发展过程中过度关注城市而忽略了农村，农村居民获得的转移性收入大大低于城市居民。从变动趋势来看，中部地区大多数省份 2003 年以后城乡

表 2 – 9　　各省份城乡居民转移性收入差距

省份		1999年	2000年	2001年	2002年	2003年	2004年	2005年	2006年	2007年	2008年	2009年	2010年	2011年	2012年	2013年	2014年	2015年	2016年	2017年
东部地区	北京	11.78	15.10	13.06	14.95	11.85	11.48	11.99	9.50	8.84	7.20	5.14	4.50	4.46	4.23	3.76	4.92	5.46	4.86	5.51
	天津	26.16	30.62	26.19	21.97	34.07	28.98	57.42	36.29	19.19	25.25	17.44	16.20	11.41	9.19	10.00	4.75	4.16	4.12	3.99
	河北	17.12	26.40	34.04	37.88	37.74	25.14	23.71	20.96	18.41	14.04	13.98	13.77	11.90	10.19	13.90	3.42	4.01	4.01	4.02
	辽宁	18.44	24.78	27.85	27.39	22.17	17.80	15.66	15.88	14.88	11.29	11.19	11.63	11.92	10.87	9.59	5.42	5.41	4.58	4.28
	上海	14.62	17.82	18.73	14.75	12.31	10.51	6.11	4.91	4.14	3.50	3.20	2.90	2.72	2.67	2.59	3.49	3.37	3.11	2.84
	江苏	14.04	16.32	16.23	19.84	18.75	18.79	17.06	16.35	15.37	14.03	12.97	12.02	8.07	7.59	7.69	2.14	2.60	2.47	2.40
	浙江	7.96	14.61	14.24	13.53	13.20	13.16	9.81	10.66	10.60	10.54	10.20	10.36	9.82	9.51	7.19	2.93	2.33	2.97	2.95
	山东	7.37	10.47	9.16	10.50	11.16	12.37	14.66	12.56	13.27	12.22	11.99	11.31	9.77	8.44	7.73	2.79	2.70	2.66	2.66
	福建	5.08	5.80	6.17	8.12	8.67	9.70	9.91	9.04	9.48	8.63	9.02	9.29	10.33	9.58	8.58	2.14	2.17	2.19	2.29
	广东	5.49	6.77	10.16	10.01	14.70	15.69	11.03	10.76	11.00	9.04	9.09	9.00	9.17	8.67	6.06	0.37	0.37	0.38	0.37
	海南	8.53	10.86	5.32	12.97	24.81	19.50	13.40	13.27	14.23	9.88	11.32	10.79	8.22	8.71	6.67	2.46	2.87	2.76	2.47
中部地区	吉林	33.04	32.26	24.80	38.33	38.17	11.44	11.59	9.48	8.97	6.18	6.31	6.62	7.05	7.08	8.26	4.69	5.28	3.45	3.35
	黑龙江	21.27	27.63	34.64	26.91	75.76	16.84	14.24	11.12	9.31	6.60	6.49	6.79	6.82	7.44	7.22	4.44	4.68	2.81	2.89
	江西	8.38	19.72	21.13	27.80	32.90	24.30	24.86	19.71	16.78	12.67	13.31	11.58	13.20	12.29	9.61	2.21	2.33	2.42	2.42
	内蒙古	22.80	45.16	33.87	23.76	26.94	14.76	9.98	8.05	7.01	5.87	5.76	6.00	5.51	4.08	3.79	2.80	2.58	2.18	1.91
	安徽	10.42	20.18	19.42	20.81	24.75	22.40	23.21	20.23	17.61	15.58	15.15	14.65	12.93	11.13	10.68	1.64	1.61	1.65	1.68
	陕西	18.55	30.09	20.23	20.44	20.54	20.35	18.65	17.82	14.76	10.11	11.09	10.80	11.18	10.94	9.92	2.92	3.01	3.31	3.32

续表

省份		1999年	2000年	2001年	2002年	2003年	2004年	2005年	2006年	2007年	2008年	2009年	2010年	2011年	2012年	2013年	2014年	2015年	2016年	2017年
中部地区	河南	15.61	21.81	23.90	27.44	27.68	40.50	34.17	28.75	22.90	17.55	17.31	16.55	13.31	12.54	12.91	1.77	1.76	1.97	1.94
	湖北	8.53	12.72	13.55	21.65	26.71	25.64	24.93	23.71	21.94	18.31	15.49	14.27	14.00	12.86	13.00	2.15	2.10	2.13	2.09
	湖南	15.62	17.51	19.28	20.77	20.05	17.94	16.72	16.40	16.06	13.47	12.07	11.11	10.41	9.87	9.57	2.64	2.57	2.46	2.40
	山西	19.48	27.76	24.20	25.81	25.09	23.26	22.52	21.79	18.80	14.96	12.28	12.64	8.87	8.19	8.34	2.46	2.65	2.87	2.85
西部地区	广西	7.39	13.50	13.10	17.66	24.86	31.94	44.65	30.36	29.83	19.00	16.13	15.84	13.13	11.62	10.30	2.30	2.16	1.84	1.88
	重庆	6.09	12.03	11.47	16.90	16.00	19.00	17.19	13.71	10.65	11.11	10.27	8.87	8.24	8.02	8.25	2.06	2.15	2.23	2.26
	四川	8.33	20.16	26.40	26.99	23.83	22.90	19.56	17.68	15.30	8.88	7.94	9.83	8.37	7.32	7.05	2.43	2.43	2.41	2.35
	贵州	13.09	18.98	17.04	20.24	20.39	21.41	18.96	16.12	14.90	16.03	11.29	11.97	12.43	11.87	9.28	3.12	3.15	3.05	3.03
	云南	12.68	19.70	27.86	27.53	28.60	31.96	31.88	31.24	26.87	16.04	14.04	12.98	12.00	12.35	10.45	3.82	3.82	4.37	4.00
	西藏	6.73	5.73	3.88	2.11	—	1.31	1.88	4.73	3.41	2.31	2.06	2.18	2.21	2.20	2.12	1.88	1.95	1.98	1.78
	甘肃	9.66	19.20	15.87	20.31	26.40	21.74	16.83	14.07	13.26	8.91	8.12	11.13	10.04	9.34	9.53	2.44	2.48	2.38	2.28
	青海	24.94	41.34	37.17	32.38	26.45	21.71	15.21	12.43	10.32	10.58	8.16	8.82	8.08	5.53	5.50	2.16	1.96	1.70	1.91
	宁夏	19.67	29.98	24.13	23.46	14.16	14.14	9.95	11.20	11.68	10.15	10.25	11.70	11.76	10.58	8.34	3.13	3.06	2.94	2.87
	新疆	39.45	59.11	59.87	58.67	40.00	24.84	13.96	15.22	14.69	11.03	9.88	9.07	5.66	4.08	4.41	2.78	2.59	2.83	2.79

资料来源：根据历年《中国统计年鉴》整理计算得来。

居民转移性收入差距在不断缩小，也有部分省份出现了上升和下降的波动变化。从西部地区各省来看，城乡居民转移性收入差距除了部分省份外，很多省份并没有中部地区高，但地区内各省存在较大差异。山西、贵州、云南、青海、宁夏和新疆城乡居民转移性收入差距较大，西藏则最小并且低于全国水平。

2.4 中国城乡收入差距形成及变动的成因分析

2.4.1 中国城乡收入差距形成及变动成因的现有解释

中国城乡收入差距及其变动的原因及影响因素有哪些，是研究城乡收入差距问题必须要关注的重要问题。根据国内外学者对城乡收入差距及其变动成因的研究，主要遵循两种分析范式，一是生产要素差异和生产要素市场扭曲角度进行分析；二是从制度和政策层面进行解释。

首先，国内外学者从要素市场的角度进行分析，认为城乡居民生产要素差异以及生产要素市场扭曲等因素是城乡收入差距扩大的主要原因。大卫·李嘉图（David Ricardo，1817）指出，工业部门和农业部门的生产方式不同使得城市和农村的生产效率不同，并且城市和农村存在不同的产品需求方式，这些是导致城乡收入差距的根源[1]。发展经济学家刘易斯（Lewis，1954）提出了二元经济结构理论，他认为，在经济发展初级阶段，由于农村有大量劳动力剩余，城市工资提高不会导致农村收入水平变化，但是会带来城乡收入差距扩大，城市和农村工资差异会导致农村剩余劳动力转移到城市，最终导致城乡收入差距缩小[2]。兰尼斯和费（Ranis and Fei，1961）的研究也认为，伴随着二元经济转换为一元经济，劳动力逐步稀缺其工资将不断上升，资本所有者的收入相对下降，会促使城乡收入差距缩小[3]。

国内学者对此也进行了广泛的研究，主要是从农村劳动力流动、人力资

---

① ［英］大卫·李嘉图：《政治经济学及税赋原理》，商务印书馆1962年版。

② Lewis, W. A, Economie Development with Unlimited Supply of Labor. The Manchester School of Economic and Social Studies, Vol. 22, No. 2, February 1954, pp. 139 – 191.

③ Ranis, G., Fei, J. C, A., Theory of Economic Development. American Economic Review, Vol. 51, No. 4, August 1961, pp. 533 – 565.

本积累差异、劳动力市场扭曲等方面，如林光彬（2004）、郭剑雄（2005）、蔡昉（2005，2009）、孙宁华等（2009）、宁光杰（2014）等的研究认为，一方面，由于户籍制度、劳动力市场和价格市场扭曲等因素导致了农村劳动力流动制度性障碍；另一方面城乡居民生产要素差异导致了资本回报率和工资水平差异，最终促使城乡收入差距的扩大。但随着户籍制度的放开以及劳动力市场的逐渐规范，制度因素的影响逐渐减弱和消除，从理论角度来说，劳动力流动有利于缩小城乡收入差距，但中国城乡居民收入差距并没有因为劳动力流动缩小而且在一定程度上还呈现扩大的趋势，其原因何在？蔡昉和王美艳（2009）的研究认为，原因在于现行的调查制度不能覆盖"常住流动人口"，从而在统计中低估了这个群体的收入，造成城市收入水平的夸大和农村收入水平的低估[1]。这种统计因素确实存在，中国目前大量农民工是城市常住人口，但由于没有城市户籍，中国的这种"半城镇化"现象普遍存在，在统计上存在一定程度的误差，但我们认为，这种统计误差并不是城乡收入差距扩大的主要原因。孙宁华等（2009）认为，劳动力和价格市场扭曲以及城乡两部门之间效率差异是中国城乡收入差距的主要原因，其研究表明城乡收入差与农业部门与非农业部门的效率差异、劳动力市场和价格市场扭曲正相关，消除这些因素是缩小城乡收入差距的关键[2]。郭剑雄（2005）研究则认为，中国城乡收入差距扩大与人力资本积累有着重要关系，农村地区的高生育率和低人力资本积累所致的马尔萨斯稳态，是农民收入增长困难的根本原因，城乡收入差距调节的主要着眼点，应该是提高农村居民人力资本水平和降低生育率[3]。可见，中国城乡收入差距的形成与城乡居民生产要素积累差异、劳动和价格市场扭曲、户籍制度等限制生产要素流动的制度障碍密切相关。

其次，从制度和政策层面进行解释，认为在工业化和城市化过程中制定的各类城市偏向的政策和制度是导致城乡收入差距产生的根源。国内外学者分别从"发展战略"（Krueger，1992）和"利益集团"（Lipton，1977；Bates，1981；Knight and Song，1999）两个角度研究了城市偏向制度形成的内在原因，城市偏向理论认为，一国社会经济发展过程中偏向于城市的

---

①　蔡昉、王美艳：《为什么劳动力流动没有缩小城乡收入差距》，载《经济学动态》2009年第8期。

②　孙宁华、堵溢、洪永淼：《劳动力市场扭曲、效率差异与城乡收入差距》，载《管理世界》2009年第9期。

③　郭剑雄：《人力资本、生育率与城乡收入差距的收敛》，载《中国社会科学》2005年第3期。

政策，使得城市受益远多于农村，将会使得城乡差距越来越大，城乡矛盾将日益突出。从各国城市偏向政策的经验看，贝克尔、莫里森（2003）认为，城市偏向政策主要有三个方面①：一是政府制定的宏观经济政策扭曲了市场经济信号，即通过经济政策导致了农业附加值的减少，转移到工业，如通过工农业产品价格的"剪刀差"将农业附加值转移到工业；二是政府将更多的社会资源投入到城市，特别是城市基础设施建设上，而对农村的投入减少，但可能农村投资回报率更高，从而导致资源配置的低效率；三是在城市的公共部门就业达到一种严重的低效率标准。现实中，大多数发展中国家在经济发展或者工业发展过程中都采用了城市偏向的社会经济政策，这种城市偏向的政策导致社会经济制度的扭曲，使得社会资源大规模从农村向城市转移，最终使农业发展以及农民收入增长受到阻碍，最后必然导致城乡差距的不断扩大，这也是一些发展中国家深陷贫困的重要原因之一。

对于中国而言，中国在工业化过程中的制度安排上存在明显的城市偏向特征，无论是价格或是非价格政策方面都存在明显的城乡有别的政策安排。改革开放前，为了重工业的发展，通过制定城市偏向的价格和非价格两个层面的制度来限定农村的发展和汲取农村剩余，这是最初中国城市偏向政策或制度形成的主要原因。改革开放以后，中国开始实行分权改革，经济的分权在一定程度上改变了中国经济结构和市场结构，在价格和市场方面的限定制度逐渐消除或者减弱，但我们也发现，非价格方面的城市偏向制度不但没有消除，甚至在某些领域城市偏向更为严重，从而导致了城乡收入差距进一步的扩大。国内学者对改革开放以后城乡收入差距扩大的原因从不同视角进行了分析，其中代表性的学者，如蔡继明（1998）通过研究认为城乡比较生产力的差别是城乡收入差距的重要原因②；李实（1999，2003）则认为，政府对农副产品价格的控制、农村不合理的税费、城乡劳动力市场的分割、财政支出的城市偏向等都是城乡收入差距扩大的原因③；陆铭和陈钊（2004）也指出，政府对农副产品价格的控制、政府在经济中的作用、城市偏向财政支出结构等是城乡收入差距的重要原因④。

从国内学者研究中可以看出，他们都将城市偏向的经济政策作为城乡

①　贝克尔、莫里森：《转轨经济中的城市化》，经济科学出版社2003年版。

②　蔡继明：《中国城乡比较生产力与相对收入差别》，载《经济研究》1998年第1期。

③　李实：《中国个人收入分配研究回顾与展望》，载《经济学》（季刊）2003年第2期。

④　陆铭、陈钊：《城市化、城市倾向的经济政策与城乡收入差距》，载《经济研究》2004年第6期。

收入差距扩大的一个重要原因，但这种城市偏向的经济政策与计划经济体制下有所不同，主要原因在于中国分权改革对城乡收入差距产生的影响与以往有别。一方面，中国经济分权改革使得原来的农产品统购统销制度和人民公社制度逐渐退出历史舞台，极大地激发了经济活力，特别是农村家庭联产承包责任制的改革以及农产品价格的提高，使得农民实际收入大幅度增加，在一定程度上缩小了城乡收入差距。另一方面，户籍制度的逐渐放开，农村劳动力向城市的转移，也在一定程度上增加了农民收入，对城乡收入差距的缩小具有一定作用①。尽管农村改革使得农民收入大幅增长，但随后的城市化改革和政府再分配政策的推行，使得城市居民收入增长速度快速增加并且快于农村，无论是国有企业改革、信贷改革还是地区发展战略都是城市偏向的，城乡收入差距在这种情况下又进一步扩大。蔡昉（2003）对改革开放以后城乡有别制度进行了制度经济学分析，他认为，尽管中国改革开放以后进行的经济分权改革打破了城乡关系政策赖以存在的制度均衡，在一定程度上对缩小城乡收入差距有贡献，但城市化改革的推行以及城市居民运用其特有的"投票"和"呼声"机制影响着城乡关系政策，从而继续维系着城市偏向政策②。但本书作者认为，城市居民在政治权力上的优势固然是影响政府制定城市偏向政策的原因之一，但中国分权改革中，在地方政府官员自主权增加和以经济增长为核心的考核机制的双重作用下，地方政府官员更多的是以经济增长作为工作重点，在政策制定上主要考虑对经济增长有贡献的政策，在当前中国城乡二元结构的现实下，城市偏向政策是地方政府官员的必然选择，这可能是中国改革开放以后城市偏向政策形成的更重要的原因。

2.4.2 中国城乡收入差距形成及扩大的重要影响因素：城乡基本公共服务供给的不平衡

目前，国内外学者从两个视角对城乡收入差距形成及变动原因的解释对于理解城乡收入差距及其变动有着重要的启发。基于要素市场角度对城乡收入差距解释的学者主要是从经济角度进行的，基本忽视了非经济因

---

① 正如陆铭等学者研究认为，户籍制度逐渐放开后，农村劳动力可以通过户籍买卖、城市化过程中征地农民转为城镇居民、农村小孩通过上学转移到城市、通过与城镇居民结婚转为城镇居民身份等方式流入城市，在一定程度上对城乡收入差距产生影响。

② 蔡昉：《城乡收入差距与制度变革的临界点》，载《中国社会科学》2003年第5期。

素，基于制度和政策视角分析的学者，虽涉及了非经济因素，但未切中根本原因。对于中国而言，在计划经济时期所形成的城乡有别的制度体系，导致了农村在劳动力流动、就业、教育医疗、社会保障等诸多方面的基本公共服务远不如城市居民。实际上，在中国市场经济改革过程中，尽管有一些政策制度发生了很大变化，如前所述，价格因素逐渐消除，但大量体制遗留的影响仍然存在，并且有一些方面的影响却在加深，导致了城乡基本格局并未发生变化。因此，正如阿马蒂亚·森（2001）所言，研究贫困和贫富差距问题，对"权利"的分析是不可回避的①。

我国《宪法》对居民基本权利作出了界定，主要是指公民在政治、经济、文化、人身等方面享有的基本权利，但我们这里的居民基本权利主要是居民基本的社会经济权利，包括经济性基本权利和非经济性基本权利两个方面。具体而言，居民基本权利包括居民基本生存权和基本发展权，其中基本生存权包括日常生活和健康等方面，基本发展权包括接受教育、就业等方面，当然这些需求也是有层次性的，基本公共服务均等化的目标也是为了保障居民这些基本权利的均等，从而实现社会福利最大化。由于中国城乡二元社会经济结构，城乡居民享受的基本公共服务存在巨大差异，导致了城乡居民基本生存能力和发展能力的差异，最终必然会影响到城乡居民收入水平。一方面，中国社会福利体系的城乡差距巨大，城市居民有基本社会保障和社会保险，如生病了有医疗保险、失业了有最低生活保障，对城乡居民基本生存权利产生影响，城乡居民生活质量更高、健康水平更好，会间接影响到城乡居民收入水平。另一方面，工农业产品差异的价格机制、城乡教育差距、政府对城市和农村发展财政支持差距、户籍制度对农村劳动力流动的限制等诸多因素，都导致了城乡居民基本发展权利的差异，生产出来的农产品价格过低、受教育程度低导致人力资本差异、农村劳动力流动限制和就业歧视带来的就业机会差异等方面，最终都会对城乡居民获取收入的机会和能力产生影响，导致城乡收入差距扩大。不过，随着中国社会经济的不断发展，社会经济制度在不断变革，如果政府逐渐取消了户籍制度限制、加大对农村和民生领域的财政投入等方面，会逐渐减弱或者消除城乡居民在基本公共服务方面的差异，有利于城乡收入差距的缓和。

不同的社会经济政策通过不同途径影响着居民基本社会经济权利，如

---

① ［印度］阿马蒂亚·森：《贫苦与饥荒》，王宇、王文玉译，商务印书馆2001年版。

改革开放之前的户籍制度限制农村劳动力向城市流动，改革开放以后的户籍制度对这一限制已经放开，但与户籍制度相伴随的其他方面的制度规定还是影响着农村居民，如以户籍为基础的高考制度以及依附于户籍制度的社会福利制度等。在诸多影响城乡居民基本权利的政策中，财政政策在多个层面通过多种途径对城乡居民基本社会经济权利产生影响，而且在改革开放以后中国式分权体制下，这种影响显得越来越直接和重要，成为中国当前城乡收入差距最为重要的影响因素之一。实际上，政府对教育、医疗卫生、社会保障的基本公共服务的财政投入和政府对农业支持、固定资产投入、基本建设投资等经济方面的财政投入的城乡差异，都会直接或间接对城乡居民基本权利产生影响。

第 3 章

基本公共服务供给对城乡
收入差距的影响机理

3.1 中国基本公共品供给的偏向性分析

中国自改革开放以来实行财政分权改革，一方面，随着中国社会经济的快速发展，政府职能在演变；另一方面，财政分权体制的不断调整也会对地方政府支出责任产生深刻影响，这些都会最终改变地方政府财政支出规模和结构。由于地方财政支出规模随着中国经济持续增长也会不断增加，而在既定财政支出规模下，地方财政支出结构如何演变将会对中国社会经济产生深刻影响。根据中国地方政府财政资金使用的现实来看，中国地方财政支出存在一定程度上的偏向性，最终导致了中国基本公共品供给的偏向性。国内学者对此也进行了一定程度的研究，如乔宝云[①]（2005）、平新乔[②]（2006）、付勇[③]（2007）、张军和方红生[④]（2009）、尹恒[⑤]（2011）等，研究发现，中国基本公共品供给无论是预算内还是预算外资金都存在偏向性，主要表现为经济性偏向和城市偏向两个方面。

---

① 乔宝云、范剑勇、冯兴元：《中国的财政分权与小学义务教育》，载《中国社会科学》2005 年第 6 期。
② 平新乔、白洁：《中国财政分权与地方公共品的供给》，载《财贸经济》2006 年第 2 期。
③ 傅勇、张晏：《中国式分权与财政支出结构偏向：为增长而竞争的代价》，载《管理世界》2007 年第 3 期。
④ 方红生、张军：《中国地方政府竞争、预算软约束与扩张偏向的财政行为》，载《经济研究》2009 年第 12 期。
⑤ 尹恒、朱虹：《县级财政生产性支出偏向研究》，载《中国社会科学》2011 年第 1 期。

3.1.1　中国基本公共品供给的生产性偏向

改革开放以来，中国基本公共品供给规模快速增长，但其结构却存在严重的经济性偏向。在财政分权体制下，中国基本公共品①供给出现了经济性偏向，即在基础设施上热情高涨甚至过度供给，在人力资本和公共服务上则缺乏动力、供给不足②。尽管总体上来说，中国基本公共品普遍存在经济性偏向，但其经济性偏向程度是否相同，不同的经济发展水平、社会和自然环境等因素是否会影响这种支出偏向，即基本公共品经济性偏向是否存在区域差异？管永彬（2012）对此的实证研究发现，财政分权下地方政府支出偏离于当地居民对公共服务需求，而且财政支出经济性偏向存在明显的空间异质性，从而内生出基本公共服务供给水平的区域差异③。

实际上，中国改革开放是一种区域优先发展战略，导致了区域经济发展严重的不均衡，经济发展水平的差异导致了地区间财政能力差异，衍生出了区域间公共服务支出水平差异，但不同区域地方政府财政支出偏向差异也在一定程度上影响了地区间公共服务水平。对于经济发达地区而言，一方面，经济发达地区具有较强的财政能力，而随着当地经济的不断发展，居民收入水平的提高，其对公共服务需求逐渐增加，再加上反映当地居民对公共服务需求机制的完善，地方政府在加强基础设施等经济建设领域投资的同时，也在不断加强公共服务支出。另一方面，为了更好地吸引经济发展所需要的高层次人才，地方政府需要通过不断完善基本公共服务体系，以满足外来人才以及企业的需求，发达地区政府开始逐渐向"公共服务型政府"转变，这样会进一步加大对基本公共服务的投入，但总体上财政支出还是更偏重于短期增长效应明显的经济性公共物品支出。欠发达地区由于经济发展水平落后，在中国式财政分权的双重激励下，地方政府有发展本地经济的强烈动机，由于其财政能力有限，在进行大规模经济建设的财政投入同时必然挤占与民生相关的公共服务支出。另外，经济欠发达地区由于经济发展受限，其对人才吸引能力有限，地方政府在公共服务

---

① 公共品包括经济性公共品和非经济性公共品，经济性公共品主要是基础设施建设等方面，非经济新公共品主要是指教育、医疗、社会保障等民生领域。

② 傅勇、张晏：《中国式分权与财政支出结构偏向：为增长而竞争的代价》，载《管理世界》2007 年第 3 期。

③ 管永彬：《财政分权、双重激励与地方政府供给偏好的异质性》，载《重庆师范大学学报》（哲学社会科学版）2012 年第 1 期。

上的改善还是难以留住高素质人才流向经济发达地区，再加上当地居民对公共服务诉求机制远不如经济发达地区完善，这进一步导致了经济欠发达地区政府忽视公共服务的供给。

3.1.2　中国基本公共品供给的城市偏向性

新中国成立以来形成的城市偏向政策也体现在基本公共品供给上，即城乡基本公共品的二元供给制度，基本公共品供给更偏向于城市，城乡居民获得的基本公共品差距较大。中国改革开放之前的城市偏向政策主要源于"优先发展重工业"战略所致，改革开放以后城市偏向的经济政策与计划经济体制下有所不同，主要原因在于中国分权改革对城乡收入差距产生的影响与以往有别。改革开放后，中国高度城市偏向的基本公共品供给实际上是由一系列经济因素和政治因素驱动所致，政府在财政资源使用中更多地注重投资回报率而忽视财政资金使用的公平性现实下，这就必然导致政府将更多的财政资金投向投资回报率更高的城市地区。

中国基本公共品供给的城市偏向实际上也存在地区差异，其中一个重要的原因是地方政府在财政分权下的财政自主权，而不同地区经济发展水平存在差异，其自主权也不一样。在经济发达地区，基本公共品更多地由当地税收收入提供，不仅有更大的动力来加快经济增长，而且他们有能力更好地帮助本地区相对贫困人口，在财政资金保证城市需求的情况下，将会导致更有效的偏向农村的开支，从而减轻城乡收入差距。可见，中国财政分权下地方政府行为对城乡收入差距的影响是相当重要的，这种影响主要是通过地方政府财政支出来实现。

3.2　中国基本公共服务供给城乡
差异形成的原因分析

中国当前基本公共服务供给城乡差异的形成，一部分源于计划经济体制下的历史因素影响，一部分受到了改革开放以后中国式分权体制下现实制度的影响，但历史因素的影响在逐渐地消除或减弱，而当前中国分权体制下的制度演变对中国基本公共服务供给城乡差异产生更直接和更主要的影响。鉴于此，本部分基于中国财政分权的现实背景，分析改革开放以来中国基本公共服务供给城乡差异产生的原因。

根据本书前面的分析，新中国自成立以来就存在较为严重的城市偏向的社会经济制度，这种城市偏向的社会经济制度导致了中国城乡二元经济结构，与此同时，中国的基本公共服务供给也是城乡二元供给制度，存在严重的城市偏向性，最终必然导致中国基本公共服务供给的城乡差异。城市偏向是指政府在制定社会经济发展政策时偏向于城市，其政策效应有利于城市居民而不利于农村居民（Lipton，1977）[1]，城市偏向理论认为，一国社会经济发展过程中偏向于城市的政策，使得城市受益远多于农村，将会使得城乡差距越来越大，城乡矛盾将日益突出。从各国城市偏向政策的经验看，贝克尔、莫里森（2003）认为，城市偏向政策主要有以下三个方面[2]：一是政府制定的宏观经济政策扭曲了市场经济信号，即通过经济政策导致了农业附加值减少转移到工业，如通过工农业产品价格的"剪刀差"将农业附加值转移到工业；二是政府将更多的社会资源投入到城市，特别是城市基础设施建设上，对农村的投入减少，但可能农村投资回报率更高，从而导致资源配置的低效率；三是在城市的公共部门就业达到一种严重的低效率标准。

关于为什么要推行城市偏向的政策，国内学者根据中国现实情况从不同视角进行了分析。林毅夫等（1994[3]，2003[4]）的研究发现，政府优先发展重工业战略是中国众多城市偏向社会经济政策形成的根本原因，并对重工业优先发展战略与收入分配的关系进行了实证研究。陈斌开和林毅夫（2013）[5]对发展战略对影响收入差距的机制进行了理论和实证研究，认为中国优先发展重工业是城市偏向政策产生的历史原因。蔡昉（2003）[6]、陆铭和陈钊（2008）[7]从政治经济学角度分析了中国城市偏向性政策持续存在的原因，研究认为，中国改革开放以后城市化发展战略是重要原因。

---

① Lipton M.，Why Poor People Stay Poor：Urban Bias in World Development. MA：Harvard University Press，1977，P. 102.
② 贝克尔、莫里森：《转轨经济中的城市化》，经济科学出版社 2003 年版。
③ 林毅夫、蔡昉、李周：《中国的奇迹：发展战略与经济改革》，上海三联书店、上海人民出版社 1994 年版。
④ 林毅夫、刘培林：《经济发展战略与公平、效率的关系》，载《经济学季刊》2003 年第 2 期。
⑤ 陈斌开、林毅夫：《发展战略、城市化与中国城乡收入差距》，载《中国社会科学》2013 年第 4 期。
⑥ 蔡昉：《城乡收入差距与制度变革的临界点》，载《中国社会科学》2003 年第 5 期。
⑦ 陆铭、陈钊：《从分割到融合：城乡经济增长与社会和谐的政治经济学》，载《经济研究》2008 年第 6 期。

国内学者对偏向性政策对城乡收入差距的影响进行了广泛深入的研究，基本上认为政策偏向是收入差距以及城乡收入差距的主要原因。李实（1999，2003）则认为，政府对农副产品价格的控制、农村不合理的税费、城乡劳动力市场的分割、财政支出的城市偏向等都是城乡收入差距扩大的原因[①]。陆铭和陈钊（2004）[②] 研究认为，城市偏向性社会经济政策和城乡分割的行政管理制度是引起中国城乡收入差距扩大的主要原因。程开明和李金昌（2007）[③]、周世军和周勤（2011）[④]、刘穷志（2011）[⑤] 等学者对政策偏向与城乡收入差距或者收入不平等的关系进行了理论和实证研究，结论认为，政策偏向对收入不平等和城乡收入差距有着正向冲击，政策偏向是收入不平等以及再分配恶化循环的决定因素，并且城市偏向政策逐渐改变了城乡居民收入结构，城乡居民收入分别向非劳动收入和劳动收入偏移，收入的偏移进一步扩大了城乡收入差距。

从国内学者研究中可以看出，他们都将城市偏向的经济政策作为城乡收入差距扩大的一个重要原因，但这种城市偏向的经济政策与计划经济体制下有所不同，主要原因在于中国分权改革对城乡收入差距产生的影响与以往有别。一方面，中国经济分权改革使得原来的农产品统购统销制度和人民公社制度逐渐退出历史舞台，极大地激发了经济活力，特别是农村家庭联产承包责任制的改革以及农产品价格的提高，使得农民实际收入大幅度增加，在一定程度上缩小了城乡收入差距。另一方面，户籍制度的逐渐放开，农村劳动力向城市的转移，也在一定程度上增加了农民收入，对城乡收入差距的缩小具有一定作用[⑥]。尽管农村改革使得农民收入大幅增长，但随后的城市化改革和政府再分配政策的推行，使得城市居民收入增长速度快速增加并且快于农村，无论是国有企业改革、信贷改革还是地区发展战略都是城市偏向的，城乡收入差距在这种情况下又进一步扩大。蔡昉

① 李实：《中国个人收入分配研究回顾与展望》，载《经济学季刊》2003 年第 2 期。

② 陆铭、陈钊：《城市化、城市倾向的经济政策与城乡收入差距》，载《经济研究》2004 年第 6 期。

③ 程开明、李金昌：《城市偏向、城市化与城乡收入差距的作用机制及动态分析》，载《数量经济与技术经济研究》2007 年第 7 期。

④ 周世军、周勤：《政策偏向、收入偏移与中国城乡收入差距扩大》，载《财贸经济》2011 年第 7 期。

⑤ 刘穷志：《收入不平等、政策偏向于最优财政再分配政策》，载《中南财经政法大学学报》2011 年第 2 期。

⑥ 正如陆铭等学者研究认为，户籍制度逐渐放开后，农村劳动力可以通过户籍买卖、城市化过程中征地农民转为城镇居民、农村小孩通过上学转移到城市、通过与城镇居民结婚转为城镇居民身份等方式流入城市，在一定程度上对城乡收入差距产生影响。

（2003）对改革开放以后城乡有别制度进行了制度经济学分析，他认为尽管中国改革开放以后进行的经济分权改革打破了城乡关系政策赖以存在的制度均衡，在一定程度上对缩小城乡收入差距有贡献，但城市化改革的推行以及城市居民运用其特有的"投票"和"呼声"机制影响着城乡关系政策，从而继续维系着城市偏向政策[①]。本书作者认为，城市居民在政治权力上的优势固然是影响政府制定城市偏向政策的原因之一，但中国分权改革中，在地方政府官员自主权增加和以经济增长为核心的考核机制的双重作用下，地方政府官员更多的是以经济增长作为工作重点，在政策制定上主要考虑对经济增长有贡献的政策，在当前中国城乡二元结构的现实下，城市偏向政策是地方政府官员的必然选择，这可能是中国改革开放以后城市偏向政策形成的更重要的原因。

在中国城市偏向政策中财政政策的城市偏向最为突出，主要表现在城乡有别的税收政策和财政支出政策，中国高度偏向的财政政策部分原因可能是城市投资的高回报率，其中政府对国有企业的投入占据了大量的财政资源，尤其是 20 世纪 90 年代后期以来政府通过银行和证券市场等方式来加强对财政体系的干预，使得更多的财政资源流向业绩较差的国有企业，试图努力把国有企业从破产的困境中拯救出来，进一步推动了城乡差距的扩大[②]。尽管随着中国社会主义市场经济体制改革的不断深入，政府对国有企业的财政扶持逐渐下降，但这并不一定意味着中国财政政策将变得较少偏向于城市，因为对于政府来说城市投资的回报率仍然高于农村，并且城市投资对经济增长和地方政府官员的晋升具有重要影响，这就导致了财政资源高度偏向于城市，只是在不同时期表现形式有所不同而已。可见，中国高度城市偏向的财政政策实际上是由一系列经济因素和政治因素驱动所致，政府在财政资源使用中更多地注重投资回报率而忽视财政资金使用的公平性现实下，这就必然导致政府将更多的财政资金投向投资回报率更高的城市地区。

中国城市偏向的财政政策对中国城乡收入差距的影响越来越直接和显著，主要来自财政收入和财政支出两个方面，特别是其中的财政支出政策。在财政支出政策方面，主要表现为财政支出规模和结构在城乡之间的差异，特别是地方政府在公共产品供给上严重偏向于城市，这将直接或者

---

① 蔡昉：《城乡收入差距与制度变革的临界点》，载《中国社会科学》2003 年第 5 期。
② Knight, J. LinaSong, The Rura-urban Divide, Economic Disparities and Iteraction in China. Oxford：Universty Press, 1999, P. 114.

间接地影响城乡收入差距。其中城乡有别的社会保障支出以及医疗卫生等基本公共服务严重偏向于城市，直接影响了城乡居民的收入分配；而政府教育支出高度偏向城市尽管对城乡居民收入是间接的影响，但其对城乡收入差距扩大起到的作用却更大，因为教育的差异直接影响到人力资本差异，随着中国劳动力市场变得更加市场化，会导致教育回报增加①，而政府城市偏向的教育支出会使得农村居民人力资本远低于城市居民，教育产生的收入也会偏向于城市，从而导致城乡收入差距的不断扩大。

3.3 基本公共服务供给对城乡收入差距的影响机理

3.3.1 中国的分权改革对城乡居民收入差距的影响路径

3.3.1.1 中国的分权改革对初次和再次分配的影响

财政作为国家或政府参与分配的一种行为，其对居民收入分配产生直接影响，但国内外学者研究财政与收入分配关系时，更多强调的是财政的再分配功能，实际上财政对收入分配的影响不仅局限于再分配环节，财政收入对初次分配也产生重要的影响。蔡跃洲（2008）利用数理模型分析了我国不同阶段财政对收入分配的作用机制，研究认为，财政对居民收入分配状况的影响体现在初次分配和再分配两个环节，财政通过参与初次分配影响居民收入分配状况，初次分配及要素资源配置环节存在的制度性扭曲使得居民分配失去了公平基础，导致了财政再分配政策也失去了有效调节收入差距的前提，这正是我国收入差距不断扩大的根本原因②。一方面，财政可以通过制度安排改变要素在政府和企业居民等微观主体间分布结构和状况；另一方面，还可以影响要素参与分配的规则，并且在长期内财政还可以影响要素禀赋结构，如居民自身人力资本和物质资本等要素禀赋来

---

① Hannum, Emily and Meiyan Wang, Geography and Edueational Inequality in China. Forthcoming in China Economic Review, Vol10, No. 2, April 2005, pp. 42 – 55.

② 蔡跃洲：《转型社会中财政对收入分配的影响——基于我国不同发展阶段的理论实证》，载《财经研究》2008 年第 11 期。

影响和决定初次分配。

在分权体制下，地方政府为了实现财政收入和财政自主权的最大化，通过税收和增加预算外收入方式参与到初次分配，在资本相对稀缺地区，地方政府会以牺牲财政收入为基础展开财税竞争，同时配以土地优惠政策和放松环境管制等政策，通过招商引资吸引外来资本进入本地区，促进经济增长。首先，地方政府通过税收参与初次分配，我国目前地方税收收入主要来源于增值税、营业税、企业所得税和城市维护建设税等生产性税收，其规模直接受到地区经济增长的影响，为了获得更多的税收收入，地方政府通过增加这类税收比重，对初次分配产生重要影响。其次，我国有大量非税收入和预算外收入，在现行分权体制下地方政府预算内收入相对萎缩，地方政府在预算软约束和增加财政收入自主权需求下，不断"化预算内收入为预算外，化预算外收入为制度外"，土地财政问题就是我国地方政府预算外收入的集中体现，这些收入大多来源于初次收入分配。另外，地方政府为了吸引企业进入辖区，会利用各种财税、土地优惠和放松环境管制等政策过度保护投资者，同时压低受雇劳动者工资，人为提高资本回报率，导致了初次分配扭曲。这些因素最终导致了初次分配扭曲，居民间收入分配差距过大，最终直接导致了中国收入差距过大，李稻葵等（2009）研究认为，在一个经济体制中如果大部分收入由资本所有者获得，难免会导致初次分配的不均，而初次分配在很大程度上决定了一个社会最终收入分配的格局，再次分配对收入分配调节在现实中困难重重[1]。

初次分配决定了国民收入分配基本格局，政府可以通过再分配手段来调节初次分配的扭曲，其中主要是通过财政再分配手段，包括税收（个人所得税、财产遗产税等）、转移性支出（社会福利、社会保障等）以及基本公共服务（教育支出、医疗卫生支出等）来实现调节功能。从税收对收入再分配的调节来看，税收调节收入分配在我国目前阶段作用非常有限，有的学者认为由于个人所得税的缺陷不但没有调节收入分配，反而还不利于收入分配的公平[2]，我国目前也没有开展真正意义上的财产税，所以，税收对收入再分配调节功能非常有限。从财政支出角度来看，我国目前

---

[1]　李稻葵、刘霖林、王红领：《GDP 中劳动份额演变的 U 型规律》，载《经济研究》2009年第 1 期。

[2]　有学者研究认为，我国目前个人所得税制度存在诸多缺陷，已经沦为工薪税，不但没有调节收入分配，反而不利于收入公平分配，个人所得税改革也是近年来税收改革的热点问题，关于税收对收入再分配的调节不是本书的研究重点，在此不作过多阐述。

财政支出的再分配功能也非常有限，分权体制下地方政府通过改变财政支出结构促进经济增长，产生了财政支出的偏向，即财政支出偏向于经济建设和偏向于城市两个方面。一方面，中国式分权是一种财政支出分权收入集权，地方政府财政支出责任过大，为了促进经济增长，地方政府往往会将有限的财政资金投入到经济建设领域而忽视民生领域，导致了政府再分配性支出严重不足①，对收入分配差距调节作用有限。另一方面，财政支出还存在严重的城市偏向，城市偏向的财政支出，城乡居民在基本公共服务方面存在巨大差异，农村居民在人力资本积累、配置和占有方面处于明显弱势地位②，扩大了城乡居民间收入差距，不利于收入再分配调节。

3.3.1.2　中国的财政分权对城乡收入差距的影响路径

前面分析表明，中国式财政分权下地方政府为了经济增长的行为选择会对初次分配和再分配产生影响，扩大了收入差距，这同样也对城乡收入差距产生重要的影响。从非财政角度来看，地方政府为了促进城市经济发展，制定了有利于城市居民的社会经济政策，如户籍制度、劳动力市场扭曲的就业制度、工资制度等，使得农村居民的物质资本、就业机会、工资水平等远低于城市居民，导致了城乡收入差距的扩大③。

从财政角度来看，财政分权下我国财政和税收制度都是城市偏向性的，不利于农村居民，扩大了城乡收入差距。从财政收入角度，农村居民承担了比城市居民更重的税费④，自 20 世纪 90 年代以来，中国农村居民缴纳的各种税费名目繁多负担沉重，致使农民收入增速减缓⑤，扩大了城乡收入差距。但财政分权下演化出来的地方政府"土地财政"造成了城乡收入差距的扩大，地方政府以较低价格从农村居民手中获得土地，通过拍卖方式获得高额的土地收入，为了促进房地产发展和经济增长，这些收

---

　　① 政府财政支出再分配有两种途径，短期内，可以通过增加社会福利和社会保障转移性支出来增加低收入群体收入，调节收入差距；长期内，可以通过增加教育医疗等基本公共服务支出，通过增加低收入群体的人力资本积累，增加低收入群体获得收入能力，从而调节收入差距。

　　② 雷根强、蔡翔：《初次分配扭曲、财政支出城市偏向与城乡收入差距——来自中国省级面板数据的经验证据》，载《数量经济技术经济研究》2012 年第 3 期。

　　③ 城乡之间的金融政策、就业政策、户籍制度对教育等产生影响，都不同程度对城乡收入差距产生影响，这不是本书研究的重点，不作过多阐述。

　　④ 聂海峰等的研究表明，中国农村居民税费远高于城市居民，对城乡收入差距扩大有着直接影响，不过农村税费改革以后，这种影响在逐渐缩小。

　　⑤ 张红宇：《城乡居民收入差距的平抑机制：工业化中期阶段的经济增长与政府行为选择》，载《管理世界》2004 年第 4 期。

入主要用于城市建设和城市居民福利改善，扩大了城乡收入差距。从财政支出角度来看，财政分权让地方政府拥有更多的财政支出自主权，在增长激励下地方政府财政支出出现高度偏向性，将大部分财政资金用于经济建设领域和城市，财政支出的双重偏向都不利于农村居民，最终会导致城乡收入差距扩大。中国财政分权下形成的财政转移支付制度也在一定程度上扩大了城乡收入差距，前面已经做了相应阐述，陶然和刘明兴（2007）研究也认为，地方政府行为对城乡收入差距的影响程度取决于地方财政的独立程度，即取决于地方政府支出来自当地政府税收还是财政转移支付，过度依赖于转移支付将会导致城乡收入差距扩大[①]。我国政府间财政转移支付制度设计不合理、不规范，加剧了地区间财力差距，具有"马太效应"，对城乡收入差距和收入差距调节作用非常有限，甚至起到扩大作用。

可见，中国财政分权对城乡收入差距的影响机制，主要是通过分权对地方政府产生的政治和财政双重激励，地方政府行为选择最终对收入分配和城乡收入差距产生影响。一方面，由于城市经济发展回报率更高，对经济增长带动效应更大，分权激励地方政府通过加大对经济建设和城市的投入及政策倾斜，导致了城乡居民初次分配形成巨大差距[②]。另一方面，中国式分权激励地方政府城市偏向财政支出，城乡居民基本公共服务差距巨大，其中教育和医疗卫生对人力资本积累有着重要影响，城乡居民人力资本差异导致了收入差距扩大，社会保障支出导致了城乡居民获得转移性收入差距扩大，加速了城乡收入差距的扩大。徐振宇等（2015）利用中国省级面板数据实证分析居民基本权利差异对城乡收入差距的影响，结果表明，城乡居民基本权利差异对中国城乡差距有显著影响，如果缩小城乡居民基本权利差异，工业化和市场化最终都将有利于缩小城乡差距[③]。为了更加详尽地说明中国式分权对城乡收入差距的影响机理，本书构建了一个中国式财政分权对城乡收入差距影响机制的基本框架，如图 3 - 1 所示。

---

① 陶然、刘明兴：《中国城乡收入差距、地方政府开支与财政自主》，载《世界经济文汇》2007 年第 2 期。

② 迟诚、马万里：《财政分权对城乡收入差距的影响机理与传导机制》，载《经济与管理研究》2015 年第 9 期。

③ 徐振宇、赵天宇、朱鹤：《居民基本权利差异对城乡差距的影响——来自中国省级面板数据的实证证据》，载《财贸经济》2015 年第 1 期。

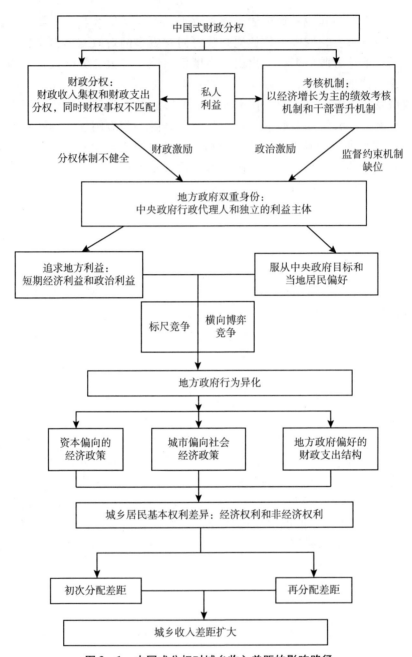

图 3-1 中国式分权对城乡收入差距的影响路径

3.3.2　基本公共服务供给对城乡收入差距的影响机理

改革开放以后，中国在非价格方面的城市倾向性更加突出，其中以城市偏向的财政支出政策最为显著，城市偏向的财政支出政策不仅无助于解决城乡收入差距问题，反而强化了城乡收入差距。相关资料显示，无论是支持农业生产的财政投入资金，还是基础教育、医疗卫生、社会保障等基本公共服务的财政投入，都存在严重的城市偏向性。在政府财政投入方面，根据《中国统计年鉴》数据测算，支持农业生产的支出占财政支出的比重较小且呈下降趋势，在 1978 年为 13.43%，而到 2013 年则下降为 7.85%；而对城镇的固定资产投资占固定资产投资的比重由 1981 年的 74% 提高到 2012 年的 86.06%，并且呈总体上升的趋势。在基本公共服务投入方面，中国 80% 的公共卫生资源集中在城市，4 亿城市居民享受的公共卫生财政投入是 9 亿农村居民的 5 倍，而城市人均义务教育经费是农村的近 8 倍，而社会保障的城乡差异则更大，城市社会保障覆盖率接近 90%，而农村覆盖率则只有 3% 左右，城乡社会保障率的比例为 30 : 1 左右。可见，从数据上表明，中国财政支出具有明显的城市偏向，其中突出表现在基础教育、医疗卫生和社会保障等基本公共服务支出方面。这种城市偏向的基本公共服务供给对城乡收入差距产生了重要影响，但不同类型的基本公共服务对城乡差距的影响存在一定差异，有的是直接影响而有的是间接影响，具体的作用机制如图 3-2 所示。

首先，政府在城乡之间的生产性财政投入差异，对城乡收入差距产生重要影响。任何国家在工业化过程中都会存在城乡之间的产业结构差异，一般来说，现代工业部门在城市，工业部门的劳动生产率远高于农业部门，而其报酬高于农业部门，城市居民主要从事工业生产活动，农村居民主要从事农业生产活动，这就必然导致城乡居民之间收入差距。当政府为了加快工业化发展，往往会采取城市偏向的财政投资政策，将大量财政资金投入到城市工业部门和城市居民，这种财政投入的偏向进一步强化了城乡分割的二元经济结构，就会把城乡之间本身存在的差距予以扩大。另外，城市偏向的财政投入包括基础设施建设、对国有企业的投入等，进一步增加了城市的积累，这种积累结构在城乡的差异决定着城乡生产能力结构的变化，导致城乡之间经济发展水平的差异，而在农村剩余劳动力流动限制下，最终影响城乡居民收入水平的差异。

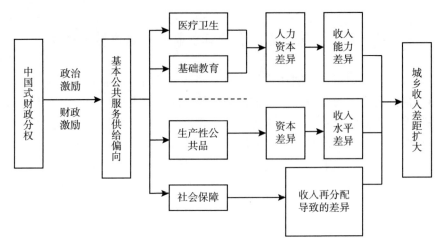

图 3 - 2　基本公共服务供给对城乡收入差距的影响机理

　　其次，政府在基础教育、医疗卫生基本公共服务投入的城乡差异，导致城乡人力资本差异，这种差异影响城乡劳动力收入能力，对城乡收入差距产生重要影响。与政府对农业和工业的生产性投入直接影响城乡差距不同，政府在基础教育、医疗卫生的投入则是通过影响城乡居民的人力资本差异，进而影响城乡居民的收入能力，这种影响是间接性的，但其作用却是最为重要的。就城乡教育资源分配而言，相关数据表明，中国城市人均义务教育经费是农村的近 8 倍，可见其差异巨大，而教育对人力资本产生重要影响，有学者研究表明，中国城乡人力资本差异已经构成城乡收入差距最重要的决定因素，而城市偏向的教育经费投入是城乡收入差距的制度性根源[1]。实际上，城乡收入差距的不断扩大很大程度上表现为城乡居民工资性收入的扩大[2]，而工资性收入的高低与人力资本有着重要关联性。教育投资能够形成一种人力资本，劳动者受的教育不同，其在劳动中的生产率也不同，而中国城乡教育资源分配的失衡则强化了城乡教育差距，城市居民在接受教育的机会、成本、数量和质量上远远

---

　　① 陈斌开、张鹏飞、杨汝岱：《政府教育投入、人力资本投资与中国城乡收入差距》，载《管理世界》2010 年第 1 期。

　　② 当然，除了城乡居民除了工资性收入外，还有资本投资收入等，但是就一般居民而言主要是工资性收入。

优于农村居民①，农村居民由于受教育的水平有限阻碍了其劳动力素质的提高，这不但降低了农业生产率，还使得他们在非农业劳动力市场竞争中处于劣势②，从而限制了其工资的提高，城市居民收入增长远高于农村居民，城乡收入差距由于教育投入的城乡差异而更大。另外，中国医疗卫生资源在城乡之间存在巨大的差异，如前所述，中国80%的公共卫生资源集中在城市，4亿城市居民享受的公共卫生财政投入是9亿农村居民的5倍，而医疗卫生对人力资本同样产生重要影响，主要是影响劳动者的身体健康，而健康是人力资本的重要组成部分，健康不仅能够提高劳动生产率，且能够减少生病的天数，增加劳动时间供给，从而提高收入③。秦立建等（2013）基于大规模的调查数据，使用 Heckman 模型研究了健康对农民工外出务工收入的影响，其研究结果表明，健康状况显著影响农民工的外出打工收入，健康状况较差农民工的年均外出打工收入仅达到健康状况较好农民工的63%④，可见健康对农村居民收入产生重要影响，而医疗卫生条件对健康有非常重要的影响。另外，农村劳动者往往从事的是体力劳动，良好的健康状况可以提高劳动生产率进而提高其工资水平，而当健康状况不佳时，农村劳动者可能被迫退出劳动力市场，从而减少收入，这都会导致农村居民收入水平的下降，进而导致城乡收入差距的扩大。综上所述，政府加强城乡之间在教育和医疗卫生的财政投入，对于缩小城乡之间人力资本差异，进而化解城乡收入差距扩大具有重要作用。

最后，政府的转移性支出特别是社会保障支出的城乡差异，直接通过财政再分配影响到城乡收入差距。政府行使再分配职能最直接的手段就是转移性支出，而其中社会保障支出则是转移性支出中最为重要的，如前所

---

①　通过接受教育考上大学进入城市而改变命运是绝大多数农村小孩的选择，但由于中国城乡差距的不断扩大，城乡之间无论是政府在教育上的投入还是家庭在教育上的投入都使得城乡教育差距进一步扩大。一方面，政府在教育上的投入城乡之间差异巨大；另一方面，由于城乡居民家庭之间经济能力的差异导致城市家庭对小孩在教育上的投入也远远高于农村家庭，这又进一步导致了城乡教育水平差距的扩大。因此，近年来中国大学特别是重点大学中城市小孩的比重相对以前远远高于农村，如果再考虑就业的不公平，农村和城市居民的收入差距将会受到更大的影响，如何平衡教育与就业的城乡公平对于城乡之间收入差距的缩小具有重要意义。

②　曾国安、胡晶晶：《论中国城市偏向的财政制度与城乡居民收入差距》，载《财政研究》2009 年第 2 期。

③　秦立建、陈波、秦雪征：《健康对农民工外出务工收入的影响分析》，载《世界经济文汇》2013 年第 6 期。

④　随着农村教育投入的增加，农村居民教育水平的提高，在一定程度上会导致健康对农民工收入影响的下降，因为健康除了受到医疗卫生水平的影响，还与个人的生活习惯、工作强度以及经济能力等方面有关，当教育水平提高时，农村居民对健康的认知增加，并且会养成良好的工作习惯，这都会导致受过更多教育的人健康水平高于受教育水平低的人。

述，中国城市社会保障覆盖率接近90%，而农村覆盖率却只有3%左右，城乡社会保障率的比例为30∶1左右，这种城乡失衡的社会保障支出直接影响着城乡居民的实际收入，进而影响城乡收入差距。对于城市居民来说，他们有基本的医疗保险、养老保险和失业保险，当他们出现了疾病，在治疗时可以获得一定的财政补贴而减少经济损失，当他们失业的时候，可以获得政府的失业救济金，保证其在失业期间有一定的收入，当他们退休以后则可以领取一定金额的养老金，使其退休以后能够有一定的收入保障其生活。而农村居民由于社会保障的缺乏，他们生病如果治疗将是家庭的负担，经济会受到重大影响，甚至会出现因病致穷的情况，当他们失业没有工作不会有任何的收入，当他们退休也没有任何的收入保证，只能靠家庭子女，这些都会加重农村居民的家庭负担，进而导致城乡收入差距进一步的扩大。

第 4 章

基本公共服务供给对城乡收入
差距影响的实证分析

4.1 引　言

　　根据国内外学者的研究，本书认为，中国城乡收入差距产生及不断扩大的重要原因在于，新中国成立以后以及改革开放以后，中国各类政策和制度普遍存在城市偏向性，导致了城乡居民收入水平的差异。在诸多政策和制度中，地方政府的财政行为是对城乡居民收入产生重要影响的因素，从理论角度来说，财政支出对城乡居民收入会产生一定程度的影响，国内学者对此进行了广泛的研究，如王艺明和蔡翔（2010）、邓旋（2011）、钱争鸣和方丽婷（2012）、张义博和刘文忻（2012）等就财政支出规模和结构对城乡收入差距影响的实证研究，结果表明，地方财政支出规模和财政支出结构对城乡收入差距有显著影响，而且不同财政支出项目影响方向不同，财政支出对不同区域的影响还存在差异性[①]。政府财政支出最终体现在不同的财政支出项目上，其中基本公共服务供给主要来源于财政资金，并且基本公共服务供给对城乡居民人力资本积累、转移性收入等产生重要影响，进而影响城乡居民收入差距。但是值得注意的是，地方财政支出规模和结构在不断变迁，城乡居民收入构成也在不断演变。

---

　　① 有学者就财政支出规模对城乡收入差距的影响进行实证研究，如寇铁军和金双华（2002）、冉和光和潘辉（2009）、陈安平和杜金沛（2010）、莫亚琳和张志超（2011）、贾俊雪和宁静（2011）等，研究结论都表明，财政支出规模的增加并没有缩小城乡收入差距，并且在一定程度上扩大了城乡收入差距，其中重要的原因在于财政支出结构的城市偏向。

鉴于此，本章选择了教育、医疗卫生和社会保障三类对城乡收入差距产生主要影响的基本公共服务进行简单计量经济模型分析，然后选取中国省级面板数据，从全国和东中西部地区就近期中国基本公共服务供给对城乡收入差距的影响进行实证检验。中国财政制度在不断变迁，不同阶段财政支出规模和结构都发生了很大变化，实证研究结论也可能存在较大差异。为了对近期中国基本公共服务供给对城乡收入差距的影响进行实证检验，我们选择了1999~2015年中国省级面板数据构建计量模型，实证检验基本公共服务供给对城乡收入差距的影响，以发现基本公共服务与城乡收入差距之间的内在联系。由于2007年政府财政收支科目重新分类，导致部分财政支出项目统计口径发生了变化，为了更准确地解释基本公共服务供给对城乡收入差距的影响，本章还对1999~2006年和2007~2015年分段进行了实证分析。通过实证分析，在明确基本公共服务供给与城乡收入差距之间关系以及影响程度的基础上，结合中国当前社会经济发展的现实情况和政府执政目标，为制定和完善有利于缩小城乡收入差距的政策和制度提供参考。

4.2 基本公共服务供给对城乡收入差距影响的简单模型分析

4.2.1 政府教育支出与城乡收入差距关系的理论模型

根据国内外学者研究表明，劳动力在人力资本积累上的差异直接影响收入水平，而教育是影响人力资本最重要的因素，并且教育的投资回报率也是最高的，无论是一个国家或一个地区的经济增长，还是一个劳动者个人收入水平的增加都受到教育水平的重要影响。世界不同国家经验以及经济理论都表明，教育尽管不能直接导致经济增长或者劳动者收入水平的提高，但是教育通过影响一国以及个人人力资本积累进而影响经济增长和劳动能力的提升，而且教育对于技术进步起着决定性的作用。教育的差异会导致国与国之间、地区之间以及个人之间的经济增长差异和收入能力差异。城乡之间的教育不平等，导致城乡居民人力资本差异，最终影响城乡居民的收入水平，从而引起了城乡收入差距的产生并不断地扩大。因此，本部分借鉴传统经济增长模型以及国内外相关学者对此的理论分析，对政府教育支出与城乡收入差距之间关系进行简单的模型分析。

城乡收入差距本质上源于城乡经济增长差异，根据新古典增长模型生产函数可知，经济增长的源泉在于资本（K）和劳动（L）投入量以及技术水平（A）的差异所引起的，具体用新古典生产函数表述如下：

$$Y = AK^{\alpha}L^{1-\alpha} \qquad (4-1)$$

然而，新古典增长模型有两个基本假设，即资本和劳动两类生产要素是同质的和要素边际报酬递减，这种假设与经济现实不符。为了克服新古典增长模型存在的缺陷，卢卡斯[1]（Lucas，1988）放松了新古典增长模型关于要素同质的假设并把人力资本引入函数中，建立了内生增长模型。内生增长模型提供了一个关于解释持续增长与长期收入水平差异相一致的机制，对于研究中国现实的城乡收入差距具有重要理论参考价值。内生增长模型生产函数如下：

$$Y = AK^{\beta}\left[\mu hL\right]^{1-\beta}h_a^{\gamma} \qquad (4-2)$$

式（4-2）中 h 表示人力资本水平，h_a^{γ} 为人力资本的外部效应，μ 表示每个劳动者劳动时间，K 为资本投入量，L 为劳动投入量，A 为技术水平。根据卢卡斯（Lucas，1988）的内生增长模型，并借鉴张艳华（2011）[2]、吕炜等（2015）[3] 的相关研究，以各省份对教育投资水平作为衡量劳动者劳动能力的代理变量，而中国的教育支出主要包括政府教育支出、社会教育支出[4]、家庭或个人教育支出三个部分，在不考虑教育支出的外溢性的情况下，可以将式（4-2）转化为：

$$Y = AK^{\beta}H_1^{\alpha_1}H_2^{\alpha_2}H_3^{\alpha_3}L^{1-\beta-\sum \alpha} \times \mu^{1-\beta} \qquad (4-3)$$

式4-3中的 H_1、H_2、H_3 分别为政府教育支出、社会教育支出和个人教育支出。Y_U、Y_R 分别表示城市和农村产出水平，H_g、H_s、H_p 分别代表三种教育支出的人均值，即 $H_g = H_1/L$、$H_s = H_2/L$、$H_p = H_3/L$。城乡收入差距用 GAP 表示，则可以表示为：

$$GAP = \frac{Y_U}{Y_R} = \frac{\left[AK^{\beta}H_g^{\alpha_1}H_s^{\alpha_2}H_p^{\alpha_3}(\mu L)^{1-\beta}\right]_U}{\left[AK^{\beta}H_g^{\alpha_1}H_s^{\alpha_2}H_p^{\alpha_3}(\mu L)^{1-\beta}\right]_R} \qquad (4-4)$$

①　Lucas, R. E, On the Mechanics of Development. Journal of Monetary Economics, Vol. 22, No. 3, June1988, pp. 3 - 42.

②　张艳华：《教育公共投入与收入差距的波及效应》，载《改革》2011 年第9 期。

③　吕炜、杨沫、王岩：《城乡收入差距、城乡教育不平等与政府教育投入》，载《经济社会体制比较》2015 年第3 期。

④　社会教育支出主要是指各类关于教育的捐赠支出，一部分企业、机构、个人等对教育的捐赠是除了个人和政府对教育投入之外的投入。

我们主要是关注政府教育支出与城乡收入差距之间的关系，为了研究政府教育支出对城乡收入差距的影响，本部分以人均政府教育支出（H_g）作为教育投资水平，并将其作为劳动者受教育程度的代理变量。为了更直接反映政府教育支出与城乡收入差距的关系，我们假设其他变量是外生给定的，则式（4-3）可简化为：

$$GAP = \frac{Y_U}{Y_R} = c \times \frac{(H_g^{\alpha_1})_U}{(H_g^{\alpha_1})_R} \tag{4-5}$$

式（4-5）中 c 为常数，u 和 R 分别表示政府教育支出（H_g）的城市和农村产出弹性，以 $b(0 < b < 1)$ 表示城镇人口比重，$d(0 < d < 1)$ 表示政府教育支出城市偏向性，以城市政府教育支出占政府教育支出比重来衡量。根据 $H_g = H_1 / L$，可得到：

$$(H_g^{\partial_1})_U = \left(\frac{dH_1}{bL} \right)^u$$

$$(H_g^{\partial_1})_R = \left[\frac{(1-d)H_1}{(1-b)L} \right]^r$$

将上式代入式（4-4）可得：

$$GAP = c \times \frac{\left[\dfrac{dH_1}{bL} \right]^u}{\left[\dfrac{(1-d)H_1}{(1-b)L} \right]^r} \tag{4-6}$$

对式（4-6）两边同时取对数，可得：

$$\ln GAP = \ln c + u \ln dH_1 - u \ln bL - r \ln(1-d)H_1 + r \ln(1-b)L \tag{4-7}$$

根据模型最终所得政府教育与城乡收入差距关系公式可知，在假定其他变量不变的情况下，影响城乡收入差距的因素包括政府教育支出（H_1）、政府教育支出城市偏向程度（d）以及城镇化水平（b）。根据公式所反映出来的关系看，政府教育支出对城乡收入差距的影响是不确定的，但随着政府教育支出城市偏向程度的增加，城乡收入差距会呈扩大趋势。这意味着中国政府教育支出规模的扩大不一定能够导致城乡收入差距的缩小还可能成为扩大中国城乡收入差距的因素[1]，还要看政府教育支出在城乡间的分配，中国政府教育支出长期存在偏向城市，再加上城乡有别的考

---

[1] 很多国内学者对城乡教育差异与城乡收入差距的关系进行的实证研究，表明中国城乡教育不平等是导致城乡居民收入差异的最为重要的因素，当然这个里面除了政府投入之外还有一个方面就是城乡居民对教育的私人投入差异巨大，也在很大程度上导致城乡居民人力资本差异不断扩大，但本部分只是从理论上分析公共教育投入与城乡收入差距的关系。

试制度以及城乡有别的大学录取分数等的影响，可以预期中国政府教育支出会导致城乡收入差距扩大，本书后面章节将对此进行实证检验。

4.2.2　政府医疗卫生支出与城乡收入差距关系的理论模型

如前所述，政府卫生支出直接影响城乡劳动力的健康水平，而健康是人力资本的重要组成部分，直接影响劳动者从事工作的性质以及劳动供给的时间，进而会影响劳动者的收入水平。政府卫生支出对城乡居民的健康有着重要影响，城市偏向的卫生支出会导致城乡居民人力资本差异，并影响城乡经济增长水平和收入水平，最终会导致城乡收入差距的扩大。因此，本部分同上部分关于政府教育支出与城乡收入差距关系理论分析一样，借鉴传统经济增长模型对政府卫生支出与城乡收入差距之间关系进行简单的模型分析。

卢卡斯（1988）放松了新古典增长模型关于要素同质的假设并把人力资本引入函数中，建立了内生增长模型。内生增长模型提供了一个关于解释持续增长与长期收入水平差异相一致的机制，对于研究中国现实的城乡收入差距具有重要的理论价值。内生增长模型生产函数如下：

$$Y = AK^{\beta}\left[\mu hL\right]^{1-\beta}h_a^{\gamma} \qquad (4-8)$$

式（4-8）中 h 表示人力资本水平，h_a^{γ} 为人力资本的外部效应，μ 表示每个劳动者劳动时间，K 为资本投入量，L 为劳动投入量，A 为技术水平。根据卢卡斯（1988）的内生增长模型，并借鉴王第海（2008）[1]、刘吕吉和李桥（2015）[2] 的处理方法，以各省份对健康投资水平作为衡量各省份人力资本健康的代理变量，根据中国居民卫生总支出主要包括政府卫生支出、社会卫生支出[3]和个人卫生支出三个部分，如果不考虑卫生支出的外部效应，则可将式（4-8）转化为：

$$Y = AK^{\beta}H_1^{\alpha_1}H_2^{\alpha_2}H_3^{\alpha_3}L^{1-\beta-\sum\alpha} \times \mu^{1-\beta} \qquad (4-9)$$

式（4-9）中 H_1、H_2、H_3 分别为政府卫生支出、社会卫生支出和个人卫生支出，Y_U、Y_R 分别表示城市和农村产出水平，H_g、H_s、H_p 分别代

---

① 王弟海、龚六堂、李宏毅：《健康人力资本、健康投资和经济增长》，载《管理世界》2008 年第 3 期。

② 刘吕吉、李桥：《政府卫生支出城市偏向与中国城乡收入差距——理论分析与实证检验》，载《贵州财经大学学报》2015 年第 1 期。

③ 社会卫生支出同前面所讲的社会教育支出一样，主要是指一些捐赠性质的卫生支出，如一些非政府性质的基金会、企业和个人等对卫生医疗的捐赠支出。

表三种卫生支出的人均值，即 $H_g = H_1/L$、$H_s = H_2/L$、$H_p = H_3/L$。城乡收入差距用 GAP 表示，则可以表示为：

$$GAP = \frac{Y_U}{Y_R} = \frac{\left[AK^\beta H_g^{\alpha_1} H_s^{\alpha_2} H_p^{\alpha_3} (\mu L)^{1-\beta} \right]_U}{\left[AK^\beta H_g^{\alpha_1} H_s^{\alpha_2} H_p^{\alpha_3} (\mu L)^{1-\beta} \right]_R} \quad\quad (4-10)$$

我们主要是关注政府卫生支出与城乡收入差距之间的关系，为了研究政府卫生支出对城乡收入差距的影响，本部分以人均政府卫生支出（H_g）作为健康投资水平，并将其作为健康人力资本代理变量。为了更直接反映政府卫生支出与城乡收入差距的关系，我们假设其他变量是外生给定的，则式（4-10）可简化为：

$$GAP = \frac{Y_U}{Y_R} = c \times \frac{(H_g^{\alpha_1})_U}{(H_g^{\alpha_1})_R} \quad\quad (4-11)$$

式（4-11）中 c 为常数，U 和 R 分别表示政府卫生支出（H_g）的城市和农村产出弹性，以 $b(0<b<1)$ 表示城镇人口比重，$d(0<d<1)$ 表示政府卫生支出城市偏向性，以城市政府卫生支出占政府卫生支出比重来衡量。根据 $H_g = H_1/L$，可得到：

$$(H_g^{\partial_1})_U = \left(\frac{dH_1}{bL} \right)^u$$

$$(H_g^{\partial_1})_R = \left[\frac{(1-d)H_1}{(1-b)L} \right]^r$$

将上式代入式（4-11）可得：

$$GAP = c \times \frac{\left[\dfrac{dH_1}{bL} \right]^u}{\left[\dfrac{(1-d)H_1}{(1-b)L} \right]^r} \qu\quad (4-12)$$

对式（4-12）两边同时取对数，可得：

$$\ln GAP = \ln c + u\ln dH_1 - u\ln bL - r\ln(1-d)H_1 + r\ln(1-b)L \qu\quad (4-13)$$

根据模型最终所得政府卫生与城乡收入差距关系公式可知，在假定其他变量不变的情况下，影响城乡收入差距的因素包括政府卫生支出（H_1）、政府卫生支出城市偏向程度（d）以及城镇化水平（b）。根据公式（4-12）所反映出来的关系看，政府卫生支出对城乡收入差距的影响是不确定的，但随着政府卫生支出城市偏向程度的增加，城乡收入差距会呈扩大趋势。这意味着中国政府卫生支出规模的扩大不一定能够导致城乡收入差距的缩小，还要看政府卫生支出在城乡间的分配，而在中国政府卫生支出长期存在偏向城市的现实下，可以预期中国政府卫生支出会导致城乡收入差距的扩大，本书后面章节将对此进行实证检验。

4.2.3　社会保障支出与城乡收入差距的理论模型

社会保障支出属于政府转移性支出，通过政府财政再分配的方式影响居民收入水平，对居民收入差距具有一定程度的影响，而且越是社会保障制度比较完善的国家，这种影响越大。对于城乡居民而言，社会保障支出直接影响他们的转移性收入，进而影响他们的收入水平，城乡居民收入差距除了通过劳动等方式获得收入会对其产生影响外，转移性收入水平差异也是城乡收入差距产生的因素之一。因此，本部分建立简单的模型，从理论上具体分析政府社会保障支出到底与城乡收入差距之间存在什么样的关系，在本书后面章节再对本部分理论分析的结论进行检验。

模型基本假定为：（1）假定某一经济体的总人口为 P，其中城镇人口为 P_U，农村人口为 P_R，且 $P = P_U + P_R$，其中城镇人口比重为 $k\left(0 < k = \dfrac{P_U}{P} < 1\right)$；（2）假定 I_u^0、I_r^0 分别为城镇和农村居民在获得社会保障的转移性收入之前的初始收入水平，且初始城乡收入差距为 $GAP^0\left(GAP^0 = \dfrac{I_u^0}{I_r^0}\right)$；（3）假定政府财政社会保障支出总量为 G，其中城镇居民获得的社会保障支出为 G_u，农村居民获得的社会保障支出为 G_r，其中财政社会保障支出投向城镇的比重为 $r\left(0 < r = \dfrac{G_u}{G} < 1\right)$，$r$ 表示财政社会保障支出城镇偏向程度。

根据假设可知，全社会的人均财政社会保障支出为 g，则 $g = \dfrac{G}{P}$，则可以得到城乡居民获得社会保障支出的转移性收入前的城乡收入差距分别为 GAP^0，可用式（4-14）表示：

$$GAP^0 = \frac{I_u^0}{I_r^0} \tag{4-14}$$

假定城乡居民获得社会保障支出之后的收入水平分别为 I_u^1 和 I_r^1，根据前面假设可得到下面的公式：

$$I_u^1 = I_u^0 + \frac{rG}{kP} \tag{4-15}$$

$$I_r^1 = I_r^0 + \frac{(1-r)G}{(1-k)P} \tag{4-16}$$

那么，城乡居民获得社会保障的转移性收入以后，城乡居民收入差距为 GAP^1，可以表述为：

$$GAP^1 = \frac{I_u^1}{I_r^1} = \frac{I_u^0 + \dfrac{rG}{kP}}{I_r^0 + \dfrac{(1-r)G}{(1-k)P}} = \frac{I_u^0 + g\dfrac{r}{k}}{I_r^0 + g\dfrac{(1-r)}{(1-k)}} = \frac{(1-k)(I_u^0 k + gr)}{k[(1-k)I_r^0 + g(1-r)]} \tag{4-17}$$

首先，我们关注财政社会保障支出水平对城乡收入差距的影响，以式（4-17）对 g 求偏导数，可得到：

$$\frac{\partial GAP^1}{\partial g} = \frac{k(1-k)[(1-k)rI_r^0 - k(1-r)I_u^0]}{k^2[(1-k)I_r^0 + g(1-r)]^2} \tag{4-18}$$

从式（4-18）可以看出，$\dfrac{\partial GAP^1}{\partial g}$ 的符号主要取决于 I_u^0、I_r^0、k、r 等参数值，从而无法准确判断其具体关系，说明财政社会保障支出对城乡收入差距的影响具有不确定性，并不是说社会保障支出水平越高，城乡收入差距就越小，它还受到城乡居民的初始收入差距、财政社会保障支出在城乡之间的分配比例、城市化水平等。

进一步，如果假定 $\dfrac{\partial GAP^1}{\partial g} = 0$，在这种临界状况下，则有：

$$\frac{I_u^0}{I_r^0} = \frac{r(1-k)}{k(1-r)} = \frac{rG}{kP} \times \frac{(1-k)P}{(1-r)G} = \frac{g_u}{g_r} \tag{4-19}$$

根据式（4-19），如果城乡居民获得社会保障支出之比大于初始的城乡收入差距 GAP^0，则城乡收入差距进一步扩大，相反，则会降低城乡收入差距。相关学者对中国社会保障支出与城乡收入差距关系的研究显示，中国的社会保障制度存在明显的城市偏向性，农村居民获得的社会保障无论是覆盖面还是保障水平都远落后于城镇居民[1]，而农村居民获得的转移性收入也远低于城镇[2]，这必然会导致城乡收入差距的扩大。

如果考察社会保障支出城镇偏向性对城乡收入差距的影响，将式（4-18）对 r 求偏导数，可得到：

$$\frac{\partial GAP^1}{\partial r} = \frac{gk(1-k)[(1-k)I_r^0 + g + kI_u^0]}{k^2[(1-k)I_r^0 + g(1-r)]^2} \tag{4-20}$$

---

[1] 王军：《中国农村社会保障制度建设：成就与展望》，载《财政研究》2010 年第 8 期。

[2] 曾国安、胡晶晶：《2000 年以来中国城镇居民收入差距形成和扩大的原因》，载《财贸经济》2008 年第 3 期。

　　根据理论分析结合中国现实，本书对中国财政社会保障支出与城乡收入差距的关系提出如下基本假设：财政社会保障支出水平与城乡收入差距之间总体上存在一定程度的正相关性，而财政社会保障支出城镇偏向性则与城乡收入差距呈反向变动关系，也就是说，社会保障支出水平的增加并不必然导致城乡收入差距的缩小，还要考虑财政社会保障支出在城乡之间的分配，财政社会保障支出的城镇偏向性的增加反而扩大了城乡收入差距。

4.3　模型设定与定义变量

4.3.1　模型设定

　　本部分主要是实证检验基本公共服务供给对城乡整体收入差距的影响，构建面板数据模型如下：

$$GAP_{i,t} = \beta_0 + \beta_1 BasicService_{i,t} + \beta_2 X_{i,t} + \nu_{i,t} + \varepsilon_{i,t} \qquad (4-21)$$

　　式（4-21）为基本公共服务与城乡整体收入差距计量模型，式中 i 和 t 分别表示省份和时间，$GAP_{i,t}$ 表示第 i 省份在 t 年的城乡收入差距，$BasicService$ 为基本公共服务，X 为一系列控制变量，β_0、β_1、β_2 分别为各变量的系数，$\nu_{i,t}$ 为各省份不可观察的地区效应，用于控制省份的固定效应，$\varepsilon_{i,t}$ 为随机干扰项。

4.3.2　变量定义及选取依据

4.3.2.1　被解释变量为城乡收入差距（GAP）

　　目前关于城乡收入差距的度量主要有三种指标，即城乡居民收入比、基尼系数和泰尔指数，本书在第 2 章对中国城乡收入差距度量时，比较分析过这三种指标各自的特点，其中城乡居民收入比和泰尔指数使用相对较多。本书这里采用使用较为普遍的城乡收入比作为城乡收入差距度量指标，城乡收入比即为城镇居民人均可支配收入与农村居民人均纯收入的比值，$GAP_{i,t}$ 代表各省的城乡收入差距，由各省城镇居民家庭人均可支配收入除以农村居民人均纯收入得出。

4.3.2.2 核心解释变量

基本公共服务的度量，根据国内学者研究经验，有两种度量指标：一是绝对规模，即各省当年各类基本公共服务供给总规模，以提供基本公共服务的财政支出数额来确定；二是相对规模，即各省当年各基本公共服务财政支出占各省当年财政支出比重来衡量。由于基本公共服务供给的财政支出绝对规模受到物价水平等因素的影响，再加上本章实证研究各变量都是用比例来衡量，所以我们选择基本公共服务供给的相对规模来作为衡量指标。根据国内学者关于基本公共服务供给与城乡收入差距关系实证研究经验，如王艺明和蔡翔（2010）、陈安平和杜金沛（2010）、邓旋（2011）、雷根强和蔡翔（2012）等，再结合本书研究需要和2007年政府财政收支目录重新分类对数据统计口径的影响等多方面因素，同时考虑计量模型结果的精确性，本书选择了对城乡居民收入差距产生主要影响的三类财政支出项目来反映基本公共服务供给，三类主要基本公共服务为教育支出、医疗卫生支出、社会保障支出。

4.3.2.3 控制变量 X

借鉴国内学者的相关研究经验和本书研究需要，选择了可能对城乡收入差距产生影响的一系列控制变量，主要有经济发展水平、城镇化率、经济开放程度、政府参与经济活动程度、产业结构、城镇居民失业率。经济发展水平（LPGDP）直接会影响城乡居民的收入水平，对城乡收入差距有着一定程度的影响，本部分以各省人均GDP来衡量，为了消除异方差和获得稳定的计量分析结果，我们对其进行了对数化处理。城镇化率（URB）越高地区经济发展水平和就业率更高，也会对城乡收入差距产生影响，由于我国目前存在"半城镇化"现象，即一部分城市常住但没有户籍的人口在计算城镇化率时没有纳入统计范围，仅仅以城镇户籍人口来统计中国城镇化率不准确，这对城乡收入差距也会产生一定程度的影响，我们以非农人口占总人口比重来衡量。产业结构（structure）反映了一个地区的经济结构，经济发展水平越高的地区产业结构中，第二产业、第三产业比重更高，城镇居民收入水平将会更高，相反则农村居民收入相对会高一些，这也在一定程度上影响城乡收入差距，我们以各省当年农业产值占当年当地社会总产值比重来衡量。政府参与经济活动的程度（fisclevel）以当年各省财政支出占 GDP 的比例来衡量，由于中国地方政府在经济活动中扮演着重要角色，在中国式分权体制下地方政府有着发展本地经济的激励，地方财政支出带有城市偏向，地方财政支出占 GDP 比重越高，城镇居民从中获得的收入就越高，城乡收入差距会越大。经济开放程度（OPEN）以各省当年按美元与人民币中间价折算的进出口总额占 GDP 比重来衡量，经济开放程度越高地区制造业和贸易服务业越发达，而这些产业主要集中在城市地区，更有利于提高城镇居民收入，我们预期经济开放会加大城乡收入差距。城镇居民失业率以各省份城镇登记的失业率来衡量，由于农村居民主要在制造业、服务业从事流动性强的工作，城镇居民更多的是稳定工作，失业率高的地区农村居民和收入水平低的劳动者更容易失业，我们预期失业率越高的地区城乡收入差距将会更大。

4.3.3 数据选择与统计描述

在数据选择上，由于考虑到 1998 年中国开始建立公共财政制度，财政支出结构上存在一定程度的调整，1997 年重庆作为直辖市从四川独立出来，省份个数也发生变化，因此，本部分实证分析数据时间选择上，主要以 1999～2015 年一共 17 年的省级面板数据为基础。另外，由于西藏自治区有一些变量数据缺少，本书实证研究部分的省级面板数据都剔除了西藏相关数据，共包括了 30 个省、自治区和直辖市的数据。在数据来源上，本书所用数据主要来源于相关年份的《中国统计年鉴》《中国财政年鉴》《中国人口统计年鉴》以及中经网数据库等，各变量的统计性描述结果如表 4 - 1 所示。

表 4 - 1 变量统计性描述

变量	计算公式	最小值	最大值	平均值	标准差	样本数
城乡收入差距（GAP）	城镇居民家庭人均可支配收入/农村居民人均纯收入	1.87	5.12	2.971978	0.6045244	510
教育支出（JIAOYU）	各省教育支出占该省财政支出比重	0.0969645	0.2221688	0.1603378	0.0252158	510
医疗卫生支出（WEISHENG）	各省医疗卫生支出占该省财政支出比重	0.0273711	0.0914948	0.0522589	0.0142708	510

续表

变量	计算公式	最小值	最大值	平均值	标准差	样本数
社会保障支出（SHEBAO）	各省社会保障支出占该省财政支出比重	0.0296193	0.2601722	0.1327806	0.0432841	510
政府参与经济活动程度（fisclevel）	各省财政支出占该省GDP比重	0.0467901	0.6121075	0.1812878	0.0826092	510
城镇居民失业率（unemploy）	城镇居民登记失业率	0.006	0.065	0.0368689	0.020373	510
城镇化率（URB）	各省非农人口占该省总人口比重	0.1446	0.9003306	0.353131	0.1623768	510
产业结构（structure）	各省农业总产值占该省GDP比重	0.006	0.3791082	0.1359105	0.0703932	510
经济发展水平（LPGDP）	各省人均GDP对数值	7.841886	11.50899	9.724671	0.7968423	510
经济开放程度（OPEN）	按当年美元与人民币中间价折算出的各省进出口总额占该省GDP比重	0.0316372	1.842892	0.3317881	0.4293684	510

由于受到了2007年政府财政收支科目重新分类的影响，本书选取的三类基本公共服务项目在统计口径上有所差异，不过其数据变动幅度不大，预期对实证分析结果影响不大，但为了实证分析结果的可靠性，本部分在计量分析中，将对1999～2006年、2007～2015年以及1999～2015年分别进行实证分析得出回归结果，以便进行比较分析。教育支出项目在2007年之前是教育事业费，2007年之后为教育支出；医疗卫生支出在2007年之前为卫生经费，2007年之后为医疗卫生支出；社会保障支出2007年之前为抚恤和社会福利救济费、行政事业单位离退休经费和社会保障补助支出三项之和，2007年之后为社会保障与就业支出。另外，关于城镇化率目前国内学者运用两个衡量指标，即城镇人口占总人口比重和非农人口占总人口比重，本部分选择后者，但根据历年《中国人口统计年鉴》数据，非农人口有一个地区非农人口和该地区城市非农人口，本书这里选择的是各省非农人口而非各省城市非农人口，我们认为无论是城市还是非城市，非农人口在计算城乡收入差距时都会影响城乡收入差距水平。

4.4　基本公共服务供给对城乡收入差距影响的实证检验结果

本部分主要是测度基本公共服务供给与城乡收入差距的内在联动关系，为了保证计量检验结果的有效性和稳健性，在计量方法上，同时使用固定效应模型和随机效应模型对计量方程进行实证分析，并且利用 Hausman 检验固定效应和随机效应模型的结果。利用计量分析软件 Stata12.0 就全国和分东、中、西部地区的基本公共服务供给与城乡收入差距关系进行回归分析，由于 2007 年进行了政府收支科目重新分类，本书选择的项目统计口径上存在一定变动，为了比较分析，本部分实证分析分为三个时间段，一是对 1999～2015 年整个时间段进行回归，二是对 1999～2006 年进行了回归分析，三是对 2007～2015 年进行了回归分析，其结果如表 4 – 2、表 4 – 3 和表 4 – 4 所示。

4.4.1　1999～2015 年基本公共服务供给对城乡整体收入差距影响实证结果

本部分对 1999～2015 年进行了实证分析，通过 Stata12.0 软件进行了固定效应和随机效应回归，通过 Hausman 检验发现全国和东、中、西部地区选择固定效应模型更为合适。为了比较分析全国和不同地区基本公共服务供给对城乡整体收入差距的影响，本部分对全国以及东、中、西部地区分别进行了实证检验，其结果如表 4 – 2 所示。

表 4 – 2　1999～2015 年基本公共服务供给与城乡总体收入差距回归结果

变量	全国	东部	中部	西部
教育支出比重	− 0.2206481 （− 0.32）	− 2.362116 *** （− 2.65）	− 0.4403592 （− 0.59）	1.983742 （1.49）
医疗卫生支出比重	− 4.188928 *** （− 3.64）	− 2.060883 （− 1.40）	− 1.141878 （− 0.79）	− 5.306108 ** （− 2.08）
社会保障支出比重	3.680906 *** （9.38）	− 0.0216506 （− 0.04）	3.676024 *** （6.87）	2.330425 *** （2.90）

续表

变量	全国	东部	中部	西部
政府参与经济活动程度	− 1.492799 *** (5.21)	− 1.362461 ** (− 2.36)	− 0.1158245 (− 0.16)	− 1.592801 *** (− 3.39)
城镇居民失业率	0.4433005 (0.99)	− 0.27694 (− 0.89)	23.72852 *** (7.35)	27.31306 *** (5.32)
产业结构	− 4.145638 *** (− 7.85)	− 3.584711 *** (− 4.01)	− 3.997345 *** (− 7.82)	− 5.260491 *** (− 3.95)
城镇化率	0.2337115 (0.70)	1.322904 *** (3.53)	0.4830833 (0.89)	− 0.8019471 (− 0.77)
经济发展水平	0.0429648 (1.00)	0.0157057 (0.36)	− 0.1072035 ** (− 2.05)	0.0150057 (0.14)
经济开放程度	0.1480781 * (1.73)	0.2668521 *** (3.78)	0.0247649 (0.06)	− 1.154452 ** (− 2.17)
常数项	3.005751 *** (7.92)	2.600998 *** (6.26)	3.066693 *** (7.37)	3.607803 *** (3.58)
R^2	0.4394	0.5952	0.7984	0.5042
F 检验/Wald 值	35.79	23.68	51.47	14.8
Hausman 检验	514.48	98.66	443.88	1963.19
P 值	0.0000	0.0000	0.0000	0.0000
采用模型形式	固定效应	固定效应	固定效应	固定效应

注：括号中的数值为对应系数的 T 统计值，*** 、** 、* 分别表示通过 1%、5%、10% 的显著性水平。

教育支出相对规模对城乡收入差距的影响除了西部地区系数为正之外，全国和东、中部地区系数都为负，但其中只有东部地区通过了显著性检验，说明在 1999～2015 年中国地方教育支出有缩小城乡收入差距的趋势，但存在不确定性。对于经济发达的东部地区来说，教育支出显著缩小了城乡收入差距，我们认为，经济发达地区经济发展中对人力资本要求更高，人力资本的提升除了通过引进人才外，更多地要靠当地教育水平的提升来提高劳动者素质。经济发达地区对教育的财政投入将远远大于其他地区，并且教育资源在城乡之间的分配更趋均衡，这有利于缩小乡居民之间受教育程度，进一步缩小了城乡居民人力资本差异，进而有利于缩小城乡收入差距。从实证检验结果可以看出，东部地区教育支出对城乡收入差距的影响系数为 2. 362116，且高度显著，在全国和其他地区并不显著，说明我国目前在经济欠发达地区以及全国层面上教育财政支出并没有显著缩小城乡收入差距。对此我们的解释是，仅就政府教育支出规模来说，教育财政支出的增加会普遍提高城乡居民的受教育水平，但城乡居民受教育水平改变程度不一样，城市居民本来就有较高的教育水平，而农村居民受教育水平远低于城市居民，教育财政支出增加以后，城市居民受教育水平程度提升幅度则大大小于农村居民。因此，教育财政支出的增加可能会在一定程度上缩小城乡居民受教育水平的差距，进而缩小了城乡居民人力资本积累差异及城乡居民获得收入的能力差异，城乡收入差距也将会缩小。但由于不同地区教育支出规模存在差异，并且城乡之间教育资源分配也存在差异，这就导致了不同地区影响程度有差异。

　　医疗卫生支出对城乡收入差距的影响在全国和分地区系数都为负数，总体上来说，中国医疗卫生支出是有助于缩小城乡总体收入差距的，不过只有全国和西部地区是显著的，东部和中部地区不显著。从系数绝对值大小来看，西部地区最大，其次是全国的系数，然后才是东部和中部地区。医疗卫生支出会影响居民的身体健康，健康水平是劳动者人力资本的重要构成要素，无论是受教育水平高的和受教育水平低的劳动者，健康水平直接影响其获得收入的能力和收入水平。中国自 20 世纪 90 年代开始逐步建立社会保障和社会医疗保险制度以来，政府逐步加大对医疗卫生领域的财政投入，这在一定程度上大大提升了居民对于疾病的防治，特别是农村地区疾病预防的普及，极大减少了各类疾病的传播和发病率，这有利于提高农村居民的健康水平。随着中国农村居民进城务工规模越来越大，健康水平的提升有利于农村劳动力获得更多工作机会和更高收入。西部地区医疗卫生支出对城乡收入差距影响的系数为 - 5. 306108，其影响程度最大且显著，说明西部地区医疗卫生的财政投入对农村居民健康水平和收入水平提升超过了城市居民。我们的解释是，西部地区最初的健康水平较低，加大医疗卫生投入对健康水平改善较大，再加上西部地区大量农村劳动力进城务工，健康水平改善会大大增加其就业机会和收入水平，从而有利于缩小城乡收入差距。东部和中部地区农村居民健康水平则相对高于西部地区和全国水平，医疗卫生的财政投入对城乡居民特别是农村居民健康水平的改善并没有西部地区显著，对城乡收入差距的影响并不显著。

　　社会保障支出在全国和中、西部地区显著为正，但在东部地区为负且不显著。财政社会保障支出主要目的是保障弱势群体以及遇到各种风险的社会成员最基本的生存权，具有直接再分配功能，从全国和不发达的中、西部地区来看，我国社会保障支出规模增加总体上导致了城乡收入差距的扩大。我们的解释是，社会保障支出规模的增加尽管有利于城乡居民收入增加，但由于我们的社会保障对象主要是城市居民，社会保障在农村的覆盖率和覆盖水平非常低，而且进城务工的农民工也无法获得与城市居民一样的社会保障，必然会导致城乡居民从社会保障中获得转移性收入差距扩大，从而扩大了城乡收入差距。东部地区社会保障支出对城乡收入差距影响的系数为 -0.0216506，其影响程度较小且不显著，相互之间的关系不明确。我们认为东部地区为经济发达地区，财政能力高于全国平均水平和中、西部地区，地方政府社会保障的财政投入比重更高，而且这些地区社会保障支出在农村的覆盖率和覆盖水平也远高于其他地区。另外，由于这些地区经济发展水平高，城市居民获得收入的途径以及收入水平高于其他地区，城市居民通过社会保障支出获得收入比重相对较少，这些综合因素导致了东部地区社会保障支出对城乡收入差距的影响不确定。可见，我国目前社会保障支出尽管规模不断增加，但是仍然存在严重的城市偏向性，随着中国社会保障制度逐渐在农村的覆盖，未来社会保障支出规模的增加如果能够更多地投入到农村地区，那么将有利于改善城乡收入差距。

城镇居民失业率在中、西部地区系数显著为正且系数值较高，在全国系数为正，东部地区为负但都不显著，而且中、西部地区相关程度远高于全国和东部地区。这和本部分前面阐述相似，文化程度低并且在建筑、制造、服务等行业就业的劳动者更容易失业，并且在经济发展水平越落后地区失业的可能性越大，在这些地区和这些行业工作的主要是农村流入城市的劳动力，失业率越高则对农村劳动力就业收入水平影响更大，不利于缩小城乡收入差距。所以，在中、西部地区失业率对城乡收入差距有着显著的正相关性。本部分产业结构是用各省当年第一产业产值占该省当年 GDP 比重来衡量的，产业结构在全国和东、中、西部地区都显著为负，与现实相符，农业占比越高，农民收入水平越高，城乡居民收入差距就越小。本书城镇化率以各省非农人口占总人口比重来衡量，东部地区城镇化率的系数显著为正，全国和其他地区则不显著，说明城镇化率对城乡收入差距影响并没有明确的影响方向，这里存在其他诸多方面因素的影响，其中有统计方面因素的影响，特别是中国在快速推进城镇化过程中出现了"半城镇化"现象，常住人口和户籍人口存在较大差异。经济发展水平在中部地区显著为负，全国和东西部地区为正但不显著，并不能确定经济发展水平越高的地区城乡收入差距就越大，但中部地区显著缩小了城乡收入差距。我们的解释是，中部崛起战略导致的经济快速发展可能对农村地区的扩展和外溢效应更大，增加了农民收入，有利于缩小城乡收入差距。经济越是发达地区经济开放程度越高，本章前面预期会扩大城乡收入差距，回归结果也显示全国和东中部地区系数都为正，与预期相符。西部地区则显著为负，即缩小了城乡收入差距，我们的解释是，随着中国产业转移，发达地区的传统产业相继转移到西部地区，西部地区出口的产品主要是农产品、传统制造业等产业的产品，这些产业就业的主要是农村劳动力，经济开放度扩大增加了对这些产品出口的需求，将会增加这些行业对农村劳动力的需求，在一定程度上会增加农村居民收入，有利于缩小城乡收入差距。

4.4.2 基本公共服务供给对城乡收入差距影响的分段实证结果

为了比较分析，本部分分别对 1999～2006 年和 2007～2015 年两个时间段进行了回归，通过 Stata12.0 软件进行固定效应和随机效应回归，并进行 Hausman 检验发现，两个时间段内，东部地区都是随机效应，而全国和中西部地区都是固定效应，回归结果如表 4-3 和表 4-4 所示。

表 4-3   1999～2006 年基本公共服务供给与城乡收入差距回归结果

变量	全国	东部	中部	西部
教育支出比重	4.839906 *** (3.57)	3.909682 ** (2.33)	2.4613 (1.08)	10.22377 ** (2.52)
医疗卫生支出比重	-2.840008 (-0.98)	-16.82094 *** (-4.87)	8.743792 (1.56)	-14.44775 ** (-2.10)
社会保障支出比重	2.703986 *** (5.43)	0.8708023 (1.13)	2.507045 *** (2.88)	1.793193 * (1.88)
政府参与经济活动程度	1.16021 ** (2.27)	1.575823 (1.12)	2.775252 ** (2.04)	1.144056 (1.34)
城镇居民失业率	-.3101266 (-0.78)	-0.8928202 * (-1.79)	17.40975 *** (3.49)	2.846398 (0.34)
产业结构	-3.390477 *** (-3.72)	2.108977 *** (4.35)	-3.985034 *** (-3.37)	0.7949093 (0.27)
城镇化率	-0.06361 (-0.13)	-0.8015073 ** (-2.34)	2.292291 * (1.73)	-3.597566 (-1.64)

续表

变量	全国	东部	中部	西部
经济发展水平	0.2822006 *** (3.42)	0.2881224 *** (3.12)	−0.0522131 (−0.34)	0.8676473 *** (2.93)
经济开放程度	0.2014173 (1.61)	0.5279637 *** (7.11)	−0.5187589 (−0.56)	−1.45967 (−0.99)
常数项	−0.347439 (−0.38)	−0.497754 (−0.52)	1.318225 (0.91)	−4.782246 (−1.48)
R^2	0.6913	0.5249	0.8549	0.6537
F 检验/Wald 值	44.80	147.56	31.22	11.33
Hausman 检验	636.88	10.17	106.08	118.18
P 值	0.0000	0.4255	0.0000	0.0000
采用模型形式	固定效应	随机效应	固定效应	固定效应

注：括号中的数值为对应系数的 T 统计值，***、**、* 分别表示通过 1%、5%、10% 的显著性水平。

表 4-4 　　2007~2015 年基本公共服务供给与城乡收入差距回归结果

变量	全国	东部	中部	西部
教育支出比重	−0.2609412 (−0.63)	−2.068383 ** (−2.52)	0.7966661 * (1.81)	0.1271095 (0.18)
医疗卫生支出比重	2.104768 ** (2.25)	1.671051 (1.08)	−0.1676984 (−0.15)	2.175462 (1.19)
社会保障支出比重	0.9064632 ** (2.06)	−0.1393444 (−0.17)	2.823667 *** (4.38)	0.6366046 (0.92)
政府参与经济活动程度	−0.9457898 *** (−3.44)	−0.4662739 (−0.65)	−0.4325912 (−0.63)	−1.041025 ** (−2.46)
城镇居民失业率	−0.5934443 (−0.22)	−6.454974 * (−1.90)	9.871022 ** (2.10)	16.89191 *** (2.81)
产业结构	−1.914062 *** (−2.90)	−0.3793153 (−0.43)	−3.558625 *** (−5.79)	−0.3591276 (−0.29)
城镇化率	−0.8260843 *** (−2.79)	−0.4193059 (−1.29)	−1.552814 *** (−4.63)	−0.3944999 (−0.64)
经济发展水平	−0.3946057 *** (−8.81)	−0.3161197 *** (−3.89)	−0.3419275 *** (−6.25)	−0.3123637 *** (−3.54)

续表

变量	全国	东部	中部	西部
经济开放程度	-0.2254145 *** (-3.31)	-0.0430947 (-0.61)	-1.705795 *** (-4.92)	-0.2306255 (-0.66)
常数项	7.682262 *** (16.10)	6.815239 *** (8.21)	6.716777 *** (10.48)	6.257595 *** (6.46)
R^2	0.7996	0.6193	0.9446	0.8763
F 检验/Wald 值	75.83	100.80	85.31	40.16
Hausman 检验	784.91	12.48	330.51	59.61
P 值	0.0000	0.1878	0.0000	0.0000
采用模型形式	固定效应	随机效应	固定效应	固定效应

注：括号中的数值为对应系数的 T 统计值，***、**、* 分别表示通过 1%、5%、10% 的显著性水平。

首先，教育支出在两个时间段得出的结果存在一定差异，1999~2006年，我国教育财政支出总体上是扩大了城乡居民收入差距，其中西部地区教育支出的影响程度更大，说明在此期间我国教育支出扩大了城乡居民受教育水平差距，城乡劳动力人力资本差异扩大，并且越是落后地区影响程度越大。但在 2007~2015 年，教育支出对城乡收入差距的负面影响在逐渐减弱或者消除，其中全国和东部地区系数由正转为负，中部和西部地区系数仍然为正但影响程度下降很多。不过只有东部和西部地区分别为 5%和 10% 的显著性水平，全国和中部地区并不显著，但总体上的影响能够说明教育支出对城乡收入差距在未来将会起到缩小作用。这可能和中央政府近年来逐渐加大对农村义务教育投入以及对农村大学生助学贷款和助学金财政支出有一定关系。从整个时间段回归结果看，教育支出对城乡收入差距的负面影响的趋势也是在逐渐减弱和消除的，与分段回归结果是相符的。

其次，由于 1999~2006 年的医疗卫生支出主要是根据《中国统计年鉴》中的卫生经费得来，2007~2015 年，则是医疗卫生支出，可能统计口径上面存在一定数据差异，实证结果存在一定的差异。卫生支出主要是对疾病的预防，中国城市居民早就能够享受到各种疾病预防的基本卫生保障，中国农村地区在疾病预防方面则远落后于城市居民，所以卫生经费投入的增加和对农村地区的倾斜，对农村居民预防各类疾病有很大的作用，有利于农村劳动者健康水平的提高，有利于缩小城乡收入差距，在1999～2006年主要反映的是卫生支出对城乡居民收入的影响，与中国现实也是相符的。2007～2015年医疗卫生支出包括卫生和医疗两个方面，在城乡居民疾病预防差距越来越小的基础上，城乡居民的疾病治疗保障就对城乡居民健康水平产生重要的影响。实证结果显示，除了全国系数显著为正外，其他地区都不显著，说明总体上来说在此期间的医疗卫生支出是扩大了城乡居民收入差距，一方面是统计数据影响结果，另一方面也反映了中国医疗卫生支出存在一定程度的城市偏向性，导致了城乡居民健康水平差异，从而导致了城乡收入差距扩大。从整个时间段回归结果看，在全国是缩小了城乡收入差距，说明我国目前的医疗卫生支出尽管存在城乡差异，但随着医疗卫生资源逐渐向农村地区的倾斜，总体上来说是逐渐缩小了城乡居民健康水平的差异，有利于城乡收入差距的缩小。

最后，在两个时间段中，社会保障支出对城乡收入差距的影响方向较为一致。全国和中部地区系数都为正且都显著，但整体上看影响程度在逐渐减弱。我国1998年左右才开始正式建立社会保障制度，1999～2006年，我国社会保障基本上是针对城市居民，社会保障制度存在严重的城市偏向性，无论是全国还是分地区结果都是扩大了城乡收入差距，这与中国现实相符。近年来，我国开始逐渐建立农村社会保障制度，但社会保障覆盖面和保障水平都远低于城市，社会保障总体来说还是城市偏向性的，所以还是扩大了城乡收入差距。但实证结果也显示了其影响程度在减弱，东部地区则开始由扩大转变为缩小，不过并不是很显著，有待进一步考察。对整个时间来看，社会保障支出对城乡居民收入有着非常直接的扩大作用，说明我国社会保障存在严重的城市偏向性，但随着我国农村社会保障制度的完善，其影响程度在未来将会逐渐减弱甚至消除。

4.5　本章小结

从理论上讲，基本公共服务供给规模的增加会导致居民收入的增加，但对于城乡居民收入差距的影响存在不确定性，既要看基本公共服务供给在城乡间如何分配，还要考虑基本公共服务供给结构是否合理。因此，为了揭示中国基本公共服务供给对城乡收入差距的现实影响及影响程度，本章先通过简单理论模型分析了教育、医疗卫生和社会保障三类基本公共服务对城乡收入差距的影响，并实证检验了基本公共服务供给对城乡居民收入差距的影响，得出如下基本结论。

一是从理论模型分析了教育、医疗卫生和社会保障支出对城乡收入差距的影响，发现不同类型的基本公共服务供给对城乡收入差距的影响存在差异性，但更多是存在不确定性影响。教育支出和卫生支出对城乡收入差距都存在不确定性影响，但由于中国这两类支出存在城市偏向性，所以我们预期其对中国城乡收入差距存在扩大的影响效应。社会保障支出具有再分配功能，从理论上来有利于缩小城乡收入差距，但中国的现实表明其也存在城市偏向性，可能并不一定缩小了城乡收入差距。

二是基本公共服务供给对城乡收入差距的影响有时间差异，也有区域差异，而且不同类型基本公共服务影响方向和程度也不一样。教育支出在1999～2015 年总体来说有利于缩小城乡收入差距，但在经济落后的西部地区作用效果则不同。分段估计结果显示，1999～2006 年教育支出在全国和分地区都是扩大了城乡收入差距，到了 2007～2015 年则在全国和东部地区缩小了城乡收入差距。实证结果说明，经济发达地区教育支出城乡分配更为均衡，并且随着时间推移城乡之间教育差距有缩小的趋势，综合来说有利于缩小城乡收入差距。医疗卫生支出在 2007～2015 年则表现为扩大了城乡收入差距，总体上来说，中国目前医疗卫生支出扩大提升了城乡居民健康水平，其中对农村居民健康水平影响超过了城市居民，导致其缩小了城乡收入差距。社会保障支出则表现为显著扩大了城乡收入差距，说明我国目前社会保障支出一方面投入不足，另一方面存在着严重的城市偏向，对城乡收入差距有一定程度的负面影响。

第 5 章

基本公共服务供给对城乡居民
不同来源收入差距影响的实证分析

5.1 引　言

本书第 4 章实证分析了基本公共服务供给对城乡收入差距的影响，发现不同类型基本公共服务对城乡收入差距都会产生不同方向和不同程度的影响。由于城乡居民收入是由不同的收入来源构成的，因而，城乡居民收入差距也是由不同来源收入差距共同作用的结果。明确城乡收入差距的形成机制，不同类型的基本公共服务对城乡居民不同来源收入产生什么样的影响，能够更全面深入地揭示基本公共服务供给影响城乡收入差距的传导机制。尽管国内学者对基本公共服务供给与城乡收入差距关系进行了大量研究，但大多数都是从城乡收入差距的角度进行研究的，如王艺明（2010）、陈安平和杜金沛（2010）、雷根强和蔡翔（2012）等。尽管也有学者从城乡居民收入来源角度研究城乡收入差距形成原因，如吴建民和丁疆辉[①]（2011）、迟巍和蔡许许[②]（2012）、温涛等[③]（2012）主要是从收入结构角度分析城乡收入差距形成的因素以及不同收入来源差距对城乡收入差距的影响，但目前国内还鲜有学者对基本公共服务供给影响城

---

① 吴建民、丁疆辉：《地区收入结构与我国城镇居民收入差距的演化——基于 2000～2009 年数据的考察》，载《经济地理》2011 年第 10 期。

② 迟巍、蔡许许：《城市居民财产性收入与贫富差距的实证分析》，载《数量经济技术经济研究》2012 年第 2 期。

③ 温涛、王小华、宜文：《城乡居民收入差距的时空演化与区域差异——基于收入结构的视角》，载《当代经济研究》2012 年第 11 期。

乡不同来源收入差距进行研究。鉴于此，本章从城乡居民收入结构的视角，一是实证测度城乡居民不同来源收入差距对城乡收入差距贡献；二是实证检验不同类型基本公共服务对城乡居民不同来源收入差距是否有影响以及有什么样的影响，试图揭示基本公共服务供给对城乡收入差距影响的现实传导机制，以便厘清基本公共服务供给与城乡收入差距的关系。

首先，为了明确城乡整体收入差距形成的原因，我们以城乡收入差距为被解释变量，城乡居民工资性收入、经营性收入、财产性收入和转移性收入四项主要收入差距为解释变量，利用省级面板数据构建计量模型，从全国和东、中、西地区分别实证检验四项收入差距对城乡收入差距的贡献。通过实证研究寻找城乡整体收入差距形成中什么来源的收入差距扩大或者缩小了城乡收入差距，各自贡献率有多大以及区域差异，能够更深刻地反映目前我国城乡收入差距形成及扩大的内在原因。

其次，为了解释基本公共服务供给对城乡收入差距影响的传导机制，我们对城乡居民收入产生重要影响的教育支出、医疗卫生支出和社会保障支出的三个基本公共服务项目，从全国和东、中、西地区分别对城乡居民四项不同来源收入差距的影响进行了实证检验。

5.2　城乡居民不同来源收入差距对城乡居民收入差距贡献的实证分析

5.2.1　模型设定与定义变量

5.2.1.1　模型设定

本部分主要是对城乡居民不同来源收入差距对城乡居民收入差距的贡献进行实证分析，以发现不同收入来源对城乡收入差距的影响程度，构建面板数据模型如下：

$$GAP_{i,t} = \lambda_0 + \lambda_1 GAPR_{1i,t} + \lambda_2 GAPR_{2i,t} + \lambda_3 GAPR_{3i,t} + \lambda_4 GAPR_{4i,t} + \mu_{i,t}$$

$$(5-1)$$

式（5-1）中 i 和 t 分别表示省份和时间，$GAP_{i,t}$ 为城乡居民总体收入差距，$GAPR_{1i,t}$、$GAPR_{2i,t}$、$GAPR_{3i,t}$、$GAPR_{4i,t}$ 分别表示第 i 省份在 t 年的城

乡居民工资性收入差距、城乡居民经营性收入差距、城乡居民财产性收入差距和城乡居民转移性收入差距，λ_1、λ_2、λ_3、λ_4 为各变量系数，$\mu_{i,t}$ 为随机干扰项。

5.2.1.2 变量定义及选取依据

本部分的实证分析中解释变量选择了城乡居民四项主要收入差距，分别检验其对城乡收入差距的影响程度。$GAPR_{1it}$ 表示各省城乡居民工资性收入差距，即为 $\dfrac{城镇居民人均工资性收入}{农村居民人均工资性收入}$；$GAPR_{2it}$ 表示各省城乡居民经营性收入差距，即为 $\dfrac{城镇居民人均家庭经营性收入}{农村居民人均家庭经营性收入}$；$GAPR_{3it}$ 表示各省城乡居民财产性收入差距，即为 $\dfrac{城镇居民人均财产性收入}{农村居民人均财产性收入}$；$GAPR_{4it}$ 表示各省城乡居民转移性收入差距，即为 $\dfrac{城镇居民人均转移性收入}{农村居民人均转移性收入}$。

5.2.2 数据说明与变量统计描述

本部分数据选择依据和数据来源与第4章相同，只是这里解释变量为城乡居民四项主要来源收入差距，其统计性描述如表 5-1 所示。需要说明的是，根据《中国统计年鉴》公布的数据，其中城乡居民工资性收入和经营性收入从 2002 年开始才有相应数据，所以本部分城乡居民工资性收入差距和城乡居民经营性收入差距时间段为 2002~2015 年，城乡居民财产性收入和转移性收入差距时间为 1999~2015 年。

表 5-1　　　　　　　　　变量统计性描述

变量	最小值	最大值	平均值	标准差	样本数
城乡居民工资性收入差距（$GAPR_1$）	1.823987	46.25927	7.204099	5.323795	420
城乡居民经营性收入差距（$GAPR_2$）	0.0896952	2.760912	0.4969624	0.3552536	420
城乡居民财产性收入差距（$GAPR_3$）	0.2415683	175.6923	3.717949	8.967543	510
城乡居民转移性收入差距（$GAPR_4$）	2.587115	75.76355	15.89789	9.446707	510

5.2.3　实证结果分析

本部分从全国和分地区两个层面，对城乡居民不同来源收入差距对城乡收入差距的贡献程度进行实证检验，采用固定效应模型和随机效应模型对计量方程进行估计，并且进行了 Hausman 检验，回归结果如表 5 - 2 所示。拟合优度满足面板数据估计精度要求，并且根据 F 检验和随机效应检验结果，都以随机效应模型进行估计更为适合。回归结果表明，不同来源收入差距对城乡收入差距的影响方向不一致，影响程度也存在一定差异，并且区域间差异也较大，这说明不同地区居民收入来源构成中，不同收入来源对其重要性不一样。那么，如果不同类型财政支出对城乡居民不同收入来源影响不一样，则其对城乡居民收入差距影响也不一样，本章后面部分将分别对其进行实证检验。

表 5 - 2　　城乡居民不同来源收入差距对城乡收入差距影响回归结果

变量	全国	东部	中部	西部
城乡居民工资性收入差距	0.0336955 *** (9.17)	0.0154599 (1.64)	0.0991874 *** (8.11)	0.0271379 *** (4.94)
城乡居民经营性收入差距	0.503355 ** (-1.43)	0.528349 *** (-1.50)	0.1270766 (1.31)	0.2406812 * (-1.94)
城乡居民财产性收入差距	0.0001412 (0.16)	0.0262287 * (1.85)	0.0002282 (0.34)	0.0004583 (0.05)
城乡居民转移性收入差距	0.0031058 ** (2.44)	-0.0010857 (-0.53)	0.000781 ** (0.51)	0.0033942 ** (1.10)
常数项	2.767854 *** (25.95)	2.504676 *** (26.11)	2.147693 *** (10.32)	3.387661 *** (18.08)
R^2	0.3416	0.4862	0.5861	0.4470
F 检验/Wald 值	175.48	9.67	131.65	84.49
Hausman 检验	0.37	1.78	2.60	2.77
P 值	0.852	0.7756	0.6275	0.5977
采用模型形式	随机效应	随机效应	随机效应	随机效应

注：括号中的数值为对应系数的 T 统计值，***、**、*分别表示通过 1%、5%、10% 的显著性水平。

　　城乡居民工资性收入差距对城乡收入差距的影响在全国和分地区系数都为正，除东部地区外都在1%水平显著，说明工资性收入差距的扩大拉大了城乡整体收入差距。工资性收入在城乡居民整体收入中的比重较大，在20世纪90年代中期占到城镇居民收入的80%左右，2013年也占到了64.1%，对于农村居民而言，工资性收入占比由1994年的22%增加到2013年的45%。可见，城乡居民工资性收入差距的扩大会直接导致城乡收入差距的扩大。不过从影响程度来看，存在一定的差异，中部地区影响程度最大，然后是西部地区，全国层面则介于中、西部之间，东部地区最小且不显著。这说明中部地区的居民收入来源于工资的比重可能更高而且差距更大，西部地区城乡居民工资性收入差距较小，东部地区由于经济发达，从事经营活动和从财产获得的收入比重相对更高，工资性收入对城乡收入差距的影响较小且不稳定。实际上，在不同地区工资性收入的地位存在差异，越是经济发达地区的居民从事经营活动比重越大，经济落后地区的农村居民外出打工获得工资性收入的比重也更高一些，工资性收入差距的扩大对经济落后地区城乡收入差距的影响将会大于发达地区。

　　城乡居民经营性收入差距与城乡收入差距在全国和各地区都是正相关关系，除了中部地区外结果都显著，说明城乡居民经营性收入扩大总体上拉大了城乡收入差距，而且从系数来看，其影响程度比城乡工资性收入差距影响程度更大。根据本书第2章测算结果可知，经营性收入在城乡居民收入中的地位发生了较大变化，其在城市居民收入中的比重由1994年的1.9%增加到2013年的9.5%，在农村居民收入中的比重由1994年的72%下降到43%，说明城市居民从事经营活动的比例越来越大，农村居民经营活动比重越来越小。城市居民主要从事的非农业经营活动，农村居民大部分还是从事农业生产经营活动，经营活动的回报和风险存在较大差异，这在一定程度上会形成城乡居民经营性收入差距，最终也会对城乡收入差距产生影响。另外，经济越是发达地区从事经营活动的比重越高，回报率也越高，经营性收入的比重和差距更大，对城乡收入差距影响也就更大。所以，回归结果表明城乡居民经营性收入在东部地区对城乡收入差距的影响远大于中、西部地区。

　　城乡居民财产性收入差距对城乡收入差距的影响系数非常小且都为正，但除了东部地区在10%水平显著外，全国和中西部地区都不显著，说明城乡居民财产性收入差距对城乡收入差距尽管有扩大的影响但影响非常小。一方面，由于我国总体收入水平还不高，居民财富积累不够，我国城乡居民收入中财产性收入比重较低，城乡居民该收入比重一直都处于1%～3%之间。另一方面，我国目前城乡居民资本投资渠道非常有限，投资回报率低，也导致了城乡居民从财产中获得的收入较低。农村居民主要有储蓄和土地两个方面的财产收益，由于储蓄利率非常低，土地流转体制存在诸多问题，两类财产收益都不高。城市居民由于资本投资渠道非常有限且风险较大，资本回报率也较低，导致了整体上财产性收入在城乡居民收入比重都不高，城乡居民财产性收入差距对城乡收入差距贡献较小。但值得注意的是，越是经济发达地区其影响程度越大，其中东部地区系数为0.0262287，远高于全国和其他地区，说明经济越是发达地区，居民资本投资渠道越多且回报率越高，财产性收入所占比重也会更大一些，对城乡收入差距的影响也更大。随着城乡居民收入增加带来了资本积累增加，在中国资本市场以及土地流转体制更加完善情况下，未来城乡居民资本投资途径更宽以及回报率更高，城乡居民财产性收入比重将会逐步增加，对城乡收入差距影响也会更大。

城乡居民转移性收入差距对城乡收入差距的影响系数在全国和中、西部地区显著为正，在东部地区为负但不显著，从系数大小来看，其影响程度都较小，说明总体上中国城乡居民转移性收入差距拉大了城乡收入差距。转移性收入在城乡居民收入中所占比重差异较大，城镇居民转移性收入所占比重仅次于工资性收入，由1994年的14.4%增加到2013年的23.7%，其在农村居民收入中的比重相对低得多，1994～2004年，一直维持在4%左右，2004年以后，随着国家加大对农村的支持，社会保障制度以及各种农业补贴开始逐渐覆盖农村以后，其比重开始逐渐上升至2013年的9%。中国对居民转移性财政制度存在严重的城市偏向，并且转移性收入在城市居民收入所占比重较高的情况下，城乡居民转移性收入差距必然会拉大城乡收入差距。根据表5-2回归结果可知，城乡居民转移性收入对城乡收入差距的影响存在区域差异性，西部地区系数大于中部地区，中部地区大于全国，东部地区系数为负，说明越是经济落后地区影响越大，经济发达地区影响相对较小。原因在于，越是经济落后地区转移性的财政补贴政策城市偏向程度越大，转移性收入占城镇居民收入比重越高，这就导致了城乡居民转移性收入差距越大，进一步拉大了城乡收入差距，本书第2章对城乡居民转移性收入差距的测度结果对此就有所反映。

5.3 基本公共服务供给对城乡居民不同来源收入差距影响的实证分析

5.3.1 模型设定与定义变量

5.3.1.1 模型设定

本章主要就不同类型基本公共服务供给对城乡居民不同来源收入差距影响进行实证分析，以发现基本公共服务供给对城乡收入差距影响的传导机制，构建面板数据模型如下：

$$GAPR_{1i,t} = \alpha_0 + \sum_{K=1}^{3} \alpha_{1K}BasicService_{Ki,t} + \alpha_2 X_{i,t} + \varepsilon_{i,t} \qquad (5-2)$$

$$GAPR_{2i,t} = \beta_0 + \sum_{K=1}^{3} \beta_{1K}BasicService_{Ki,t} + \beta_2 X_{i,t} + \varepsilon_{i,t} \qquad (5-3)$$

$$GAPR_{3i,t} = \varphi_0 + \sum_{K=1}^{3} \varphi_{1K}BasicService_{Ki,t} + \varphi_2 X_{i,t} + \varepsilon_{i,t} \qquad (5-4)$$

$$GAPR_{4i,t} = \eta_0 + \sum_{K=1}^{3} \eta_{1K}BasicService_{Ki,t} + \eta_2 X_{i,t} + \varepsilon_{i,t} \qquad (5-5)$$

式（5-2）～式（5-5）分别为基本公共服务供给对城乡居民不同来源收入差距影响的计量模型，其中 i 和 t 分别表示省份和时间，$GAPR_{1i,t}$、$GAPR_{2i,t}$、$GAPR_{3i,t}$、$GAPR_{4i,t}$ 分别表示第 i 省份在 t 年的城乡居民工资性收入差距、城乡居民经营性收入差距、城乡居民财产性收入差距和城乡居民转移性收入差距。$BasicService_{Ki,t}$（$K=1$，2，3）则表示 i 省在 t 年的教育支出、医疗卫生支出和社会保障支出占各省当年财政支出比重。X 为一系列控制变量，α、β、φ、η 为各变量系数，$\varepsilon_{i,t}$ 为随机干扰项。

5.3.1.2 变量定义及选取依据

本部分的实证分析中被解释变量是城乡居民四项主要收入差距，分别检验基本公共服务供给对这四项收入差距的影响。解释变量中的基本公共服务选择了教育支出、医疗卫生支出和社会保障支出三个项目，并且以各省当年该项基本公共服务财政支出占各省当年财政支出比重来代表三项财政支出，之所以选择这三项财政支出项目：一是因为本书理论分析和前面实证分析认为这三项财政支出相对于其他类型支出对城乡居民各项收入产生影响更直接并且更显著；二是由于 2007 年以后政府财政收支分类科目变化导致了很多项目统计口径发生较大变化，而这三项变化不是很大，数据稳定性相对较好。另外，本部分实证分析的控制变量和第 4 章相同，在此不再赘述。

5.3.2　实证结果分析

本部分从全国和分地区层面，分别就基本公共服务供给对不同来源收入差距影响进行了实证分析，采用固定效应模型和随机效应模型对计量方程进行估计，并且进行了 Hausman 检验，回归结果如表 5 - 3 ~ 表 5 - 6 所示。

表 5 - 3　基本公共服务供给对城乡居民工资性收入差距影响的回归结果

变量	全国	东部	中部	西部
教育支出比重	- 25.90561 *** (- 3.25)	- 11.49246 *** (- 2.85)	- 38.09763 *** (- 3.51)	- 37.76301 * (- 1.79)
医疗卫生支出比重	40.32102 *** (2.73)	- 11.20976 (- 1.54)	- 71.16687 *** (- 3.83)	64.36077 (1.41)
社会保障支出比重	29.0654 *** (5.17)	5.245478 * (1.76)	- 3.68336 (- 0.42)	58.96844 *** (3.61)
政府参与经济活动程度	- 30.54285 *** (- 8.14)	- 20.83767 *** (- 7.97)	13.5244 ** (1.98)	- 33.39093 *** (- 3.54)
城镇居民失业率	0.1808367 (0.04)	- 0.6149583 (- 0.48)	- 79.43855 (- 1.52)	- 58.02186 (- 0.40)
产业结构	4.704571 (0.60)	46.16627 *** (12.71)	- 13.08454 * (- 1.69)	- 6.51629 (- 0.23)
城镇化率	- 2.369685 (- 0.51)	2.299346 (1.35)	14.77904 *** (5.21)	25.47016 (1.42)
经济发展水平	- 0.1600008 (- 0.27)	1.299006 *** (5.42)	- 0.9296446 (- 1.51)	- 1.088093 (- 0.52)

变量	全国	东部	中部	西部
经济开放程度	− 1.40718 (− 1.33)	0.0739023 (0.24)	− 13.6178 ** (− 2.49)	− 12.4555 (− 1.28)
常数项	13.48992 ** (2.45)	− 9.426559 *** (− 4.22)	26.26067 *** (3.85)	20.76363 (0.95)
R^2	0.4766	0.8448	0.4265	0.4963
F 检验/Wald 值	32.48	659.80	234.25	11.06
Hausman 检验	37.08	5.08	115.95	275.10
P 值	0.0000	0.0000	0.0000	0.0000
采用模型形式	固定效应	随机效应	随机效应	固定效应

注：括号中的数值为对应系数的 T 统计值，***、**、* 分别表示通过 1%、5%、10% 的显著性水平。

表 5 - 4　基本公共服务供给对城乡居民经营性收入差距影响的回归结果

变量	全国	东部	中部	西部
教育支出比重	1.137977 * (1.66)	1.119188 (0.63)	− 0.9363587 (− 1.44)	0.1810462 (0.30)
医疗卫生支出比重	2.452462 * (1.93)	1.982938 (0.64)	1.320972 (1.19)	− 1.58292 (− 1.23)
社会保障支出比重	3.095876 *** (6.40)	8.06227 *** (5.94)	0.7373099 (1.41)	0.2744817 (0.60)
政府参与经济活动程度	0.0262309 (0.08)	3.691099 *** (2.73)	− 0.0233671 (− 0.06)	− 0.5786857 ** (− 2.18)
城镇居民失业率	− 1.16136 *** (− 2.75)	− 0.6909684 (− 1.24)	12.20248 *** (3.90)	− 3.215164 (− 0.79)
产业结构	− 0.2561207 (− 0.13)	4.039661 * (1.95)	1.20601 *** (2.61)	− 1.468752 * (− 1.85)
城镇化率	2.538821 *** (6.34)	2.837743 *** (3.10)	− 1.291659 *** (− 7.62)	0.8926369 * (1.76)
经济发展水平	0.1978658 *** (3.84)	0.2801254 ** (2.52)	0.3149615 *** (8.54)	0.2599174 *** (4.43)
经济开放程度	− 0.3788936 *** (− 4.15)	− 0.3710895 *** (− 2.73)	0.160005 (0.49)	− 0.3927786 (− 1.44)

续表

变量	全国	东部	中部	西部
常数项	−2.930183 *** (−6.20)	−5.454721 *** (−5.28)	−2.95957 *** (−7.26)	−1.705858 *** (−2.78)
R^2	0.6137	0.6911	0.6883	0.7954
F 检验/Wald 值	56.67	27.84	253.99	43.62
Hausman 检验	159.77	50.07	14.27	86.70
P 值	0.0000	0.0000	0.1131	0.0000
采用模型形式	固定效应	固定效应	随机效应	固定效应

注：括号中的数值为对应系数的 T 统计值，***、**、* 分别表示通过 1%、5%、10% 的显著性水平。

表 5−5　基本公共服务供给对城乡居民财产性收入差距影响的回归结果

变量	全国	东部	中部	西部
教育支出比重	7.335958 (0.27)	−16.5343 ** (−2.29)	−18.70438 (−0.21)	0.2957222 (0.01)
医疗卫生支出比重	30.56432 (0.62)	32.72777 *** (2.74)	115.2121 (0.73)	59.86568 (1.52)
社会保障支出比重	2.084353 (0.14)	7.138548 (1.46)	107.2623 * (1.70)	−18.17023 (−1.47)
政府参与经济活动程度	−3.34344 (−0.42)	8.672774 * (1.85)	0.0294988 (0.00)	6.274734 (0.87)
城镇居民失业率	−2.797965 (−0.13)	0.2634924 (0.10)	−410.3433 (−1.14)	−115.1145 (−1.45)
产业结构	26.3514 (2.04)	−4.286335 (−0.59)	58.03066 (1.17)	18.99114 (0.92)
城镇化率	0.7232692 (0.10)	−6.762831 ** (−2.22)	13.96298 (0.66)	−5.219637 (−0.32)
经济发展水平	−0.5064109 (−0.39)	0.006049 (0.02)	−0.3964248 (−0.08)	−1.374853 (−0.80)
经济开放程度	0.3180366 (0.14)	0.1758422 (0.31)	−20.17955 (−0.43)	−7.556865 (−0.92)
常数项	2.359297 (0.21)	4.582909 (1.36)	−6.697449 (−0.16)	18.56612 (1.19)

续表

变量	全国	东部	中部	西部
R^2	0.0115	0.1732	0.0267	0.1625
F 检验/Wald 值	13.21	3.37	7.04	2.82
Hausman 检验	4.03	266.84	3.17	20.84
P 值	0.9097	0.0000	0.9572	0.0134
采用模型形式	随机效应	固定效应	随机效应	固定效应

注：括号中的数值为对应系数的 T 统计值，***、**、* 分别表示通过 1%、5%、10% 的显著性水平。

表 5 - 6　基本公共服务供给对城乡居民转移性收入差距影响的回归结果

变量	全国	东部	中部	西部
教育支出比重	18.43918 (0.79)	-14.19858 (-0.42)	56.69249 (1.20)	-9.189126 (-0.22)
医疗卫生支出比重	16.90787 (0.42)	37.9962 (0.68)	13.55501 (0.16)	-24.22817 (-0.30)
社会保障支出比重	84.86024 *** (6.67)	36.79003 (1.61)	47.37177 (1.43)	134.9646 *** (5.29)
政府参与经济活动程度	-18.98062 ** (-2.48)	-99.8297 *** (-4.57)	-9.572891 (-0.33)	-28.69697 * (-1.92)
城镇居民失业率	-1.065248 (-0.06)	-8.471703 (-0.72)	-3.14418 (-0.02)	94.55782 (0.58)
产业结构	-38.18655 *** (-2.87)	-208.4635 *** (-6.16)	-7.065772 (-0.27)	-118.9652 *** (-2.81)
城镇化率	9.384749 (1.32)	-10.99204 (-0.77)	18.67424 * (1.68)	42.52272 (1.28)
经济发展水平	-8.314 *** (-7.05)	-8.230516 *** (-4.79)	-8.903369 *** (-3.62)	-9.980694 *** (-2.84)
经济开放程度	0.3498165 (0.16)	4.74501 * (1.77)	-12.16814 (-0.49)	-44.64262 *** (-2.64)
常数项	86.881 *** (8.24)	129.6338 (8.23)	83.75709 *** (3.83)	110.1278 *** (3.44)

续表

变量	全国	东部	中部	西部
R^2	0.4303	0.4655	0.3870	0.5912
F 检验/Wald 值	308.41	14.03	76.37	21.05
Hausman 检验	11.07	15.92	10.77	56.95
P 值	0.2707	0.0686	0.2915	0.0000
采用模型形式	随机效应	固定效应	随机效应	固定效应

注：括号中的数值为对应系数的 T 统计值，*** 、** 、* 分别表示通过 1% 、5% 、10% 的显著性水平。

5.3.2.1　基本公共服务供给对城乡居民工资性收入差距影响的实证结果分析

根据表 5-3 实证结果可知，在全国和西部地区是固定效应，东部和中部地区是随机效应，基本公共服务供给对城乡居民工资性收入差距的影响在全国以及不同地区之间存在一定的差异。教育支出对城乡居民工资性收入的影响系数都为负，除了西部地区是 10% 水平显著外，其他的都是在 1% 的水平显著，说明教育支出无论是全国还是分地区都有利于缩小城乡居民工资性收入差距，这与教育支出对城乡居民整体收入差距的影响是一致的。教育支出通过影响城乡劳动者人力资本，进而影响城乡居民获得收入的能力和收入水平，会对城乡收入差距产生影响。根据本书第 2 章对城乡居民收入来源测度可知，工资性收入在城市居民总体收入的比重逐渐下降，但随着中国农村劳动力向城市流动，工资性收入在农村居民总体收入中的比重在不断上升。近年来，国家逐渐加大了对基础教育的投入，特别是农村义务教育的投入提升了农村劳动力受教育水平，农民工人力资本的提升有利于其在城市中就业和提高收入水平。对于城市居民来说，基础教育水平本来就得到满足，基础教育投入的增加对其受教育程度的提升不如农村居民，对其人力资本的影响也小于农村居民，再加上城市居民收入中工资性收入比重逐渐下降，教育支出对城市居民工资性收入的增长小于农村居民。可见，教育支出特别是义务教育支出的增长，有利于缩小城乡居民受教育水平以及人力资本差异，有利于缩小城乡居民工资性收入差距。从全国和不同地区影响程度来看，中部和西部地区系数绝对值更大，影响程度更大，东部地区影响程度相对较小。我们的解释是，中西部地区原来城乡居民之间受教育水平差异更大，基础教育投入的增加对中西部地区效应更大；另外，中西部地区大量的农村劳动力出外打工，劳动者素质提升会在一定程度上提高其进城工作的工资性收入。东部地区由于经济发达，私营经济和自营行为比重更高，城市居民收入来源中工资性收入比重比中西部地区低，在一定程度上导致教育对其工资性收入差距的影响更小。

医疗卫生支出对城乡居民健康水平产生一定程度的影响，居民的健康水平直接影响其获得工作的机会、工作的稳定性以及收入水平。根据表5-3可知，就全国而言，医疗卫生支出显著地扩大了城乡居民工资性收入差距，也就是说，我国目前医疗卫生支出存在一定程度的城市偏向，总体上导致了城乡居民健康水平有一定差距，城乡居民健康差异又扩大了城乡居民工资性收入差距。分地区来看，东部和中部地区缩小了城乡居民工资性收入差距，但东部地区不显著，西部地区扩大了工资性收入差距但不显著；从影响程度来看，东部地区影响程度远小于中西部地区。该结果说明，我国医疗卫生支出在不同地区存在一定差异，越是发达地区医疗卫生投入规模越大，并且城乡之间分配相对更均衡，越是落后地区分配越不均衡。另外，由于大量的农民工主要来源于西部地区，如四川、重庆、贵州、云南等省都是农民工大省，这些地区农民工主要从事体力劳动，对健康水平要求更高，健康水平对获得工作的机会和收入水平影响更大，就会进一步导致扩大其城乡居民工资性收入差距。

社会保障支出具有再分配功能，城市下岗和失业人员如果没有收入或者收入低于某一个水平，就能够获得一定程度的最低生活保障等方面的补贴，由于我国并没有针对农村居民建立下岗失业等方面的社会保障，总体来说，社会保障支出这种严重的城市偏向应该会导致城乡居民工资性收入差距的扩大。根据表5-3可知，社会保障支出在全国以及东部和西部地区都显著扩大了城乡居民工资性收入差距，中部地区系数为负但不显著，这基本上是符合现实的。目前中国大量的农村居民进城务工，大部分从事建筑、制造和服务等行业，职业不稳定流动性大，失业的往往也主要是这部分劳动者，农民工失业没有获得与城市居民一样的待遇，并且没有获得就业方面的支持，再就业以及提高职业技能远不如城市居民，这些因素都会导致城乡居民工资性收入差距的扩大。

5.3.2.2　基本公共服务供给对城乡居民经营性收入差距影响的实证结果分析

根据本书第2章分析，经营性收入在不同时期对城乡居民来说有着不同地位。改革开放初期，它在农村居民收入中占绝对比重，在城市居民收入比重非常小，随着大量农民工进城务工放弃了农业生产经营活动，再加上城市居民从事各种经营活动比例大幅度增加，经营性收入在农村居民收入中的比重逐渐下降，在城市居民收入中的比重逐渐增加，已经接近工资性收入比重。根据表 5 – 4 可知，基本公共服务供给对城乡居民经营性收入的影响在全国和东、西部地区是固定效应，中部地区是随机效应，但整体拟合效果并不是很好，并且很多不显著。

教育支出除了中部地区外，系数都为正，但只有全国层面上在 10% 水平下显著，说明教育支出总体上扩大了城乡居民经营性收入差距，但分地区来看，这种关系并不明确。教育支出主要是对居民人力资本产生影响，教育支出的增加能够普遍提升城乡居民人力资本，但就中国目前来说，其对劳动者的经营性收入的影响还不是很直接也不明显。由于中国目前农村居民主要从事农业生产经营和部分非农生产经营活动，城市居民也主要从事的是低技能要求的经营行业，对教育水平以及劳动者素质的要求并不是很高，对城乡居民经营性收入的影响自然就不是很明显。不过，新一届中央政府鼓励"大众创业，万众创新"，并制定了一系列相关优惠政策，大大激发了社会公众进行创业和创新的经济活动，未来中国城乡居民从事经营活动领域将不断升级并且竞争越来越激烈，对从事经营活动居民的自身素质要求也越来越高，教育在未来对城乡居民经营性收入的影响将会逐渐增加。随着电子商务的发展，很多农村产品通过电子商务平台对外销售，进一步扩大了农村农业经营活动范围，如现在很多农村出来的大学生毕业后回到农村，从事与农业相关的经营活动，并通过电子商务等平台对外宣传和销售相关产品，也在一定程度上带动了农村和农业的发展，对农村居民收入的提升有着一定的积极影响。这些都需要一定的人力资本积累，教育则在其中起着非常重要的作用，教育支出的增加在未来对中国居民经营性收入的影响预期将会不断增加。

医疗卫生支出与教育支出一样，只有全国层面上在 10% 水平下显著，分地区来看，这种关系并不明确，说明医疗卫生支出总体上来说扩大了城乡居民经营性收入差距。医疗卫生支出主要是对城乡居民健康人力资本产生影响，无论是就业还是自己从事经营活动都需要健康的身体，特别对于农村居民来说，一部分主要从事农业生产经营活动，从事非农业生产经营性活动的也主要是低劳动技能行业，对劳动者健康要求更高。城市居民则主要是从事一些服务行业的经营活动，对健康要求低于农村居民，那么健康水平对城乡居民从事经营活动的影响有一定程度差异。在目前我国医疗卫生支出存在严重的城市偏向的情况下，医疗卫生支出导致了城乡居民健康水平有一定差异，进而也会导致城乡居民经营性收入差距，这与中国目前现实是相符的。

社会保障支出系数都为正，其中在全国和东部地区在1%水平下显著，中西部地区则不显著，说明社会保障支出对城乡居民经营性收入总体来说起着扩大作用。如前所述，社会保障支出存在严重的城市偏向，城乡居民从事经营活动都会存在较大风险，特别是农村居民从事农业生产经营活动除了受到市场影响外，还会受到自然环境因素影响。农业生产经营活动中，自然环境和气候直接会影响到农产品产量和质量，而且由于中国农产品收购保护价格机制不健全，即便是农产品丰收的时候，由于农产品流通不顺畅往往卖不出去或者卖不起价格。可见，农村居民从事经营活动所面临的风险比城市居民更大，一旦经营失败，农村居民就失去了生活的保障，城市居民有一定程度的社会保障，如最低生活补贴和政府的就业扶持等，这在一定程度上会影响城乡居民经营性收入。

5.3.2.3 基本公共服务供给对城乡居民财产性收入差距影响的实证结果分析

居民财产性收入主要受到财产数量、投资渠道以及投资回报率等因素的影响，目前中国居民财产积累和投资渠道有限导致投资回报率不高，基本公共服务各项目对城乡居民财产积累以及财产投资回报率并没有直接的影响，基本公共服务供给对城乡居民财产性收入差距的影响非常有限。根据表5-5回归结果可知，全国和分地区的面板数据拟合优度 R^2 都较低，都没有满足面板数据估计精度要求，从回归系数来看，不同基本公共服务项目以及不同地区都存在一定差异性，并且大多不显著，说明基本公共服务供给对城乡居民财产性收入差距并没有直接或者确定性的影响，这也是与现实情况相符的。

5.3.2.4 基本公共服务供给对城乡居民转移性收入差距影响的实证结果分析

根据表5-6可知，模型拟合优度 R^2 满足了面板数据的估计精度要求，F检验和 Hausman 检验结果显示，全国和中部地区随机效应较为合适，东部和西部地区固定效应较为合适。由于城乡居民转移性收入主要来源于社会保障支出和政府的各类补贴，如物价补贴等，其他类型的基本公共服务与转移性收入基本上没有直接关系，对城乡居民转移性收入不会产生实质性影响，这与本部分实证结果相符。

回归结果显示，教育支出和医疗卫生支出对城乡居民转移性收入差距的影响都不显著，社会保障支出对城乡居民转移性收入差距影响的系数为正，说明扩大了城乡居民转移性收入差距。社会保障支出对城乡居民转移性收入差距的影响存在区域差异，其中全国和西部地区在 1% 水平显著，东、中部地区不显著，从影响程度来看，西部地区系数最大，中部地区小于西部地区但大于东部地区。

实证结果说明我国社会保障支出存在城市偏向，导致了城乡居民转移性收入的差距扩大，但与地区经济发展水平相关。经济发达地区社会保障支出规模大而且在城乡间分配较经济落后地区更均衡，其对城乡居民转移性收入差距影响较小。经济落后地区，如西部地区社会保障支出对城乡居民转移性收入影响非常大。出现这种情况，一是因为西部地区社会保障支出城市偏向程度更大；二是因为西部地区城市居民转移性收入占总收入比重相对更高，综合起来西部地区社会保障支出对城乡居民转移性收入差距影响更大。随着中国社会保障支出规模的不断增长，并且开始逐步建立覆盖农村居民的社会保障体系，未来城乡居民转移性收入差距将缩小，有利于城乡收入差距的缩小。

5.4　本章小结

本章主要研究目标就是实证检验基本公共服务供给对城乡居民收入差距产生影响的传导机制，由于城乡居民收入来源多元化，不同类型基本公共服务通过不同的途径对城乡居民不同收入来源产生影响，并传递到对城乡收入差距的影响中。通过实证检验得出如下基本结论。

一是城乡居民收入主要有工资性收入、经营性收入、财产性收入和转移性收入四个来源构成，城乡居民收入差距的形成也主要受到这四类收入差距的影响。实证检验结果表明：城乡经营性收入差距对城乡收入差距形成的贡献最大，工资性收入差距贡献第二，转移性收入排第三，财产性收入差距最小可以忽略不计。分地区来看，存在一定的区域差异，其中工资性收入和转移性收入差距在中、西部地区对城乡收入差距影响更大，经营性收入和财产性收入在东部地区对城乡收入差距影响也更大。可见，缩小中、西部地区居民工资性收入和转移性收入差距，缩小东部地区经营性收入差距和财产性收入差距，才能更有效地缩小城乡收入差距。

二是教育支出对城乡居民不同来源收入差距的影响存在较大差异，主要是因为教育支出通过影响城乡居民人力资本积累，进而影响城乡居民收入差距，与人力资本积累关系不大的收入来源，教育支出可能就没有影响或者没有明显影响。在城乡居民四项来源收入差距中，教育支出主要是对城乡居民工资性收入差距产生显著影响，并且无论是全国还是分地区都缩小了城乡居民工资性收入差距，对其他三项收入差距基本上没有明显的影响。结果表明，我国目前教育支出在一定程度上减少了城乡居民受教育水平差异，城乡居民人力资本积累差异减少有利于缩小城乡居民工资性收入差距，因为工资性收入直接受到劳动者人力资本的影响。

三是医疗卫生支出和教育支出类似，主要是影响城乡居民健康人力资本，健康水平主要通过对城乡居民获得就业机会和获得收入能力产生影响，最终主要是影响城乡居民工资性收入。实证结果表明，医疗卫生支出对城乡居民工资性收入有显著影响，但存在区域差异，在全国来说，总体上是扩大了城乡工资性收入差距，但在中部地区缩小了城乡收入差距，东部和西部地区则没有显著影响。进一步说明，我国医疗卫生支出存在一定程度上的城市偏向，但在经济发达地区分配相对更均衡一些。

四是社会保障支出主要是影响了城乡居民转移性收入差距，但也在一定程度上对工资性收入差距和经营性收入差距有影响，对财产性收入差距则没有显著影响。从影响程度上来看，社会保障支出对城乡居民转移性收入影响程度远高于工资性收入和经营性收入差距，是因为城乡居民转移性收入主要来源于社会保障。社会保障对城乡居民工资性收入差距的影响，主要是因为城乡居民在就业和再就业等保障体系上存在一定差异，对城乡居民就业机会产生影响，进而影响工资性收入差距。社会保障对城乡居民经营性收入差距的影响，主要是由于城市居民在从事经营活动中会获得一些财政补贴和税收优惠等转移性收入，近年来国家对农村居民从事农业生产经营活动也有一系列的惠农财政补贴，这些都会对城乡居民经营性收入产生影响。

可见，本章实证分析结果解释了不同类型基本公共服务供给对城乡收入差距的影响途径和影响程度，地方政府需要有针对性地优化地方财政支出结构，才能更有效地缩小城乡收入差距。总体上来说，需要明确基本公共服务供给对城乡收入差距影响的传导机制，本章对此的实证研究在一定程度上揭示了不同类型基本公共服务影响城乡收入差距的路径，对于地方财政支出结构优化有一定的现实指导意义。

第 6 章

基本公共服务供给缩小城乡
居民收入差距的效率评估

6.1 引　　言

中国的改革开放首先以农村实行家庭联产承包责任制拉开帷幕，这种制度变迁激励了农村生产效率的提高，再加上对农村产品价格机制放松管制，在一定时期内我国农业和农村发展迅速。但如前所述，随后的改革重心迅速转移到城市，逐渐形成了城市偏向的政策，导致了农村和农业发展又远落后于城市。根据《中国统计年鉴》公布数据可知，2013 年，中国城镇家庭人均可支配收入与农村居民家庭人均纯收入之比达到了 3.03，而最高值在 2009 年达到 3.33，2013 年以后开始下降，2018 年为 2.69。城乡收入差距的扩大不仅与中央政府提出了"和谐社会""中国梦"等执政目标相悖，更是直接影响到社会稳定，而且也会影响中国经济改革的速度和质量。

中国城乡收入差距产生的主要原因是国内学者普遍关注和研究的热点问题。本书在前面已对相关文献进行了梳理，在此不再赘述。根据本书第 3 章研究结论，中国城乡收入差距产生尽管有自然和制度等多方面因素，但是其中最为重要的还是要归结为城市偏向的政策对中国城乡收入差距产生的根源性影响。城乡有别的价格政策、投资政策、金融政策、财政政策、收入分配政策等直接影响到农村和农业发展，进而影响农民收入的增长，最终导致了中国城乡收入差距的不断扩大。而在中国诸多的城市偏向经济政策中，城市偏向性的基本公共服务供给对中国城乡收入差距产生的影响最为直接，本书分别在第 4 章和第 5 章对中国基本公共服务供给城市偏向性以及与城乡收入差距之间的关系进行了实证分析，结果表明，中国基本公共服务供给存在严重的城市偏向性，并且对中国城乡收入差距扩大产生显著的影响。关于基本公共服务供给对中国城乡收入差距的影响机制，本书在第 3 章做了深入分析，农村基本公共服务①的财政支出影响农村人力资本积累以及收入再分配。因此，关于城乡基本公共服务支出缩小城乡收入差距的效率评估，对于发现目前中国针对农村财政资金使用和管理存在的问题、如何提高基本公共服务供给对缩小城乡收入差距的效率、制定有效的缩小城乡收入差距的财政支出政策具有重要意义。

首先，财政支农支出对于农村和农业发展具有重要的意义。近年来，国家在农业水利等基础设施建设、"村村通公路"工程以及农业科技方面的财政投入不断加大，农村和农业发展迅速，而且农民收入增长也较以前更快，可见，财政支农支出对于农民收入增长具有重要的影响。由于农业在整个国民经济中处于基础地位，同时农业又具有弱质性行业特征，客观上农业发展需要政府的财政支出。但是也必须注意到，财政支农支出对支持农业发展的效果还直接受到财政支农支出效率的影响，并不是规模越大效率就一定高，如果效率低下规模再大可能对农业发展的支持作用都是有限的。而随着近年来政府不断加大财政支农支出，如何评价财政支农支出绩效以发现其中存在的问题，并最终在增加财政支农支出同时提高效率，真正使得财政支农支出支持农业发展和增加农民收入，进而缩小城乡收入差距。

就目前针对财政支农支出绩效研究文献看，主要有参数估计方法和非参数估计方法。如李焕彰（2004）、刘宏杰（2008）、王汉章（2009）等采用的是参数估计方法；崔元峰等（2006）、李燕凌（2008）则采用的是非参数估计。由于参数估计需要先验性建立单一产出的生产函数，并且做计量回归分析时所使用的变量无法准确衡量财政支农支出的产出，进而无法准确衡量财政支农支出的绩效。非参数估计主要是针对财政支农资金的

---

① 农村基本公共服务主要包括义务教育、医疗卫生、环境保护和社会保障，前面三个部分主要影响农村居民人力资本，义务教育影响农村劳动力素质，而医疗卫生和环境保护影响农村劳动力的健康，最终都会导致人力资本差异，而社会保障直接影响农村居民的收入分配，农村居民获得转移性收入将提高农村居民的收入水平。

技术效率，也就是"生产有效性①"进行评价，而可能忽视了"管理有效性②"。在绩效评估过程中如果只注重"生产有效性"而忽视"管理有效性"，会导致将低效率归结为基础条件差异所引起的，而没有考虑到各地区自身努力所带来的影响。

其次，关于农村基本公共服务的财政投入也是对农村财政支出的主要组成部分，尽管它并不像财政支农支出一样，直接影响农业和农村发展，但是会间接影响农村居民人力资本积累，进而影响农业和农村发展。对于农村而言，在诸多政府经济政策中，财政政策对于扭转城乡收入失衡具有至关重要的作用，但这不仅仅表现为直接的财政支农支出，同样也表现为义务教育、医疗卫生、社会保障等公共服务领域的财政支出。就现有文献来看，与财政支农支出相比，基本公共服务的财政支出对于缩小城乡收入差距可能影响更为长远，也是政府改善城乡之间财政支出结构的重要领域。

鉴于以上原因，本章采用 DEA 非参数估计方法对基本公共服务供给缩小城乡收入差距的效率进行测度，分别对基本公共服务领域的一般性财政支出对缩小城乡收入差距的绩效进行财政支出效率的 DEA 的 Malmquist 指数测度，以发现目前中国基本公共服务供给对于缩小城乡收入差距在效率方面存在的问题，以便为本书后续提出缩小城乡收入差距的基本公共服务供给制度提供参考。

6.2 测度方法及变量选取

6.2.1 测度方法阐述

本章采用基于 DEA 的 Malmquist 指数法测度教育支出、社会保障、医疗卫生对缩小城乡收入差距的效率，并分析其存在的地区差异性。DEA 方法是利用数学规划技术，根据观察到的样本数据，建立分段线性最佳前沿面，并通过计算决策单位（DMU）相对于前沿面最佳投入—产出的相对

---

① "生产有效性"是指生产单位以最小的资源消耗实现其期望目标的能力，即生产过程达到相对预期效果的产量和能力。

② "管理有效性"是指消除客观基础条件的优劣，反映决策单位由经营管理而产生效益的生产行为特征。

距离来确定其效率水平[①]。DEA 方法根据对规模报酬是否可变的假设，可以分为 CCR 模型和 BCC 模型两类。

假设有 n 个决策单位（DMU），每个决策单位都有 m 种投入和 n 种产出，决策单位 $DMU_j(j=1, \cdots, n)$ 的第 i 中投入和第 r 种产出分别表示为 $X_{ij}(i=1, \cdots, n)$ 和 $Y_{rj}(r=1, \cdots, s)$，且投入和产出都为正。DMU_{j0} 对应的输入和输出数据分别为：$x_0=x_{j0}$，$y_0=y_{j0}$，$1 \leqslant j_0 \leqslant n$，$DUM_{j0}$ 基于非阿基米德无穷小的 CCR 和 BBC 模型如式（6-1）和式（6-2）所示[②]：

$$\left.\begin{array}{l} \min \left[\theta - \varepsilon \left(\sum_{i=1}^{m} s_i^- + \sum_{i=1}^{m} s_i^+ \right)\right] \\ \text{s. t. } \sum_{j=1}^{n} \lambda_j x_j + s_i^- = \theta x_{ij0} \\ \sum_{j=1}^{n} \lambda_j x_j - s_i^+ = \theta y_{rj0} \\ \lambda_j \geqslant 0; \ j=1, 2, \cdots, n; \ s_i^- \geqslant 0; \ s_i^+ \geqslant 0 \end{array}\right\} \quad (6-1)$$

$$\left.\begin{array}{l} \min \left[\theta - \varepsilon \left(\sum_{i=1}^{m} s_i^- + \sum_{i=1}^{m} s_i^+ \right)\right] \\ \text{s. t. } \sum_{j=1}^{n} \lambda_j x_j + s_i^- = \theta x_{ij0} \\ \sum_{j=1}^{n} \lambda_j x_j - s_i^+ = \theta y_{rj0}; \ \sum_{j=1}^{n} \lambda_j = 1 \\ \lambda_j \geqslant 0; \ j=1, 2, \cdots, n; \ s_i^- \geqslant 0; \ s_i^+ \geqslant 0 \end{array}\right\} \quad (6-2)$$

式（6-1）、式（6-2）中，s_i^- 为投入松弛向量，s_i^+ 为产出松弛向量，ε 为非阿基米德无穷小量。当 $\theta=1$ 时，则称决策单位 DMU_{j0} 为 DEA 有效，即表明决策单位 DMU_{j0} 的投入产出已经达到最优，处于生产前沿面上。当 $\theta<1$，则称决策单位 DMU_{j0} 是无效的。

基于 DEA 的 Malmquist 指数法可作为效率指数用来表示从 t 期到 $t+1$ 期的整体生产效率变动情况；如果 Malmquist 指数大于 1，则表明生产效率呈现上升趋势；如果 Malmquist 指数小于 1，则表明生产效率呈下降趋势；如果 Malmquist 指数等于 1，则表明生产效率没有变化[③]。这种方法具

---

① Charnes A, Cooper W W, Phodes E L, Measuring the Effciency of Decision Making Untis. European Journal of Operational Resarch, Vol. 2, No. 6, December 1978, pp. 429 – 444.

② 钱峻峰、李建军、蒲勇健：《电力能源利用效率及其收敛性——基于中国省级面板数据的实证研究》，载《山西财经大学学报》2010 年第 5 期。

③ Caves, D. W. , L. R. Christensen, W. E. Diewert. , The Economic Theory of Index Numbers and the Measurement of Input, Output, and Productivity. Econometrica, Vol. 50, No. 5, October 1982, pp. 1393 – 1414.

有以下几个方面的优点：一是不需要假设具体的生产函数形式，可以避免由于错误的模型假设而导致实证结论出现偏差；二是可以用来评价多投入和多产出的综合效率；三是不需要对投入和产出指标变量进行单位变换处理；四是不需要进行任何权重假设，而直接以决策单元输入输出的实际数据求得最优权重，客观性较强。基于此，本部分的效率评估采用基于 DEA 的 Malmquist 指数法进行测度。

Malmquist 指数可以从产出导向或投入导向来定义，产出导向的生产率测度在给定技术和投入下，相对于实际产出的产出可扩展水平。从 t 期到 $t+1$ 期，产出导向的 Malmquist 指数可表示为式（6-3）：

$$M_{t,t+1}(y^t, y^{t+1}, x^t, x^{t+1}) = \left[\frac{D^t(y^{t+1}, x^{t+1})}{D^t(y^t, x^t)} \times \frac{D^{t+1}(y^{t+1}, x^{t+1})}{D^{t+1}(y^t, x^t)} \right]^{\frac{1}{2}}$$

$$(6-3)$$

式（6-3）中 D 表示距离函数，M 表示 Malmquist 生产率指数。$\frac{D^t(y^{t+1}, x^{t+1})}{D^t(y^t, x^t)}$ 为 t 时期的 Malmquist 指数，表示基于 t 时期的技术，t 时期到 $t+1$ 时期生产率的变化；$\frac{D^{t+1}(y^{t+1}, x^{t+1})}{D^{t+1}(y^t, x^t)}$ 为 $t+1$ 时期的 Malmquist 指数，表示基于 $t+1$ 时期的技术，t 时期到 $t+1$ 时期生产率的变化。若 $M>1$，说明 t 时期到 $t+1$ 时期生产率提高了；若 $M<1$，说明 t 时期到 $t+1$ 时期生产率下降了；若 $M=1$，说明 t 时期到 $t+1$ 时期生产率不变。费尔等（Fare et al.，1989）将生产率指数分解为两个部分，如式（6-4）所示[①]：

$$M_{t,t+1}(y^t, y^{t+1}, x^t, x^{t+1})$$

$$= \underbrace{\frac{D^{t+1}(y^{t+1}, x^{t+1})}{D^t(y^t, x^t)}}_{TEC_{t,t+1}} \underbrace{\left[\frac{D^t(y^t, x^t)}{D^{t+1}(y^t, x^t)} \times \frac{D^t(y^{t+1}, x^{t+1})}{D^{t+1}(y^{t+1}, x^{t+1})} \right]^{\frac{1}{2}}}_{TC_{t,t+1}} \quad (6-4)$$

式（6-4）中，TEC 是技术效率变动指数，表示从 t 时期到 $t+1$ 时期技术效率的变化，反映决策单位对生产前沿的追赶程度，$TEC>1$，$TEC=1$，$TEC<1$ 分别表示决策单位的技术效率与最优技术效率差距的缩小、不变和扩大。TC 为技术进步指数，表示从 t 时期到 $t+1$ 时期生产和管理技术的变化状况，用两时期技术变化的几何平均表示，$TC>1$，$TC=1$，

① Fare R, Grosskopf S, Lindgren B, et al., Producticity Development in Swedish Hospital: A Malmquist Output Index Approach. Southern Illinois Unversity, Carbondale, Department of Economics Discussion Paper, No. 89, 1989.

$TC < 1$ 分别表示决策单位技术水平进步、不变和下降。

费尔等（Fare et al.，1994）指出，在加入 $\sum_{j=1}^{n} \lambda_j = 1$ 的限制后，可以通过求解可变规模报酬（BCC）的距离函数进一步分析生产规模随时间变化的情况，可以将技术效率变动指数分解为[①]：

$$
\frac{D^{t+1}(y^{t+1}, x^{t+1})}{D^t(y^t, x^t)}
$$

$$
= \underbrace{\frac{D^{t+1}(y^{t+1}, x^{t+1} \mid VRS)}{D^t(y^t, x^t \mid VRS)}}_{PTEC} \underbrace{\left[\frac{D^{t+1}(y^{t+1}, x^{t+1} \mid CRS)}{D^{t+1}(y^{t+1}, x^{t+1} \mid VRS)} \times \frac{D^t(y^t, x^t \mid VRS)}{D^t(y^t, x^t \mid CRS)} \right]}_{SEC}
$$

$$(6-5)$$

式（6-5）中，$PTEC$ 为纯技术效率变动指数，SEC 为规模效率变动指数，Malmquist 指数为 $M(y^t, y^{t+1}, x^t, x^{t+1}) = TEC \times TC = PTEC \times SEC \times TC$。若 $SEC > 1$，表明决策单位趋向长期的最适规模；若 $SEC < 1$，表明决策单位偏离长期最适规模。这种理论工具在实际测度中，需要计算出式（6-4）和式（6-5）中所包含的投入—产出的各种距离函数，这些距离函数可以在 DEA 方法估计前沿函数基础上完成计算。

由于本书是对农村基本公共服务财政支出在缩小城乡收入差距方面的效率进行测度，主要是对基本公共服务总的财政支出效率进行测度，希望在财政支出一定的情况下，尽可能在各领域合理分配财政资金并提高财政资金使用效率。因此，本书选择产出导向的 BCC 模型作为基本的 DEA 模型，而基于 BCC 模型的 Malmquist 指数法既可以对同一时期的效率进行分析，又能够对不同时期效率变化进行分析。

6.2.2　变量设定及数据说明

首先，在投入变量选择上，根据本部分研究内容可知，主要是影响城乡收入差距的主要基本公共服务项目，主要包括教育支出、医疗卫生支出、社会保障和就业支出、城乡社区事务支出。本书在前面已经分析过，这类财政支出在城乡间的差异会影响城乡居民人力资本和转移性收入获得，进而会对城乡收入差距变化产生影响，故本书将其作为投入指标。

[①]　Fare R, Grosskopf S, Lindgren B, et al., Productivity Growth, Technical Progress and Efficiency Change in Induastrialized Countries. American Economic Review, Vol. 84, No. 1, January 1994, pp. 66 – 83.

其次，在产出变量选择上，本书根据国内相关研究的普遍使用指标，即以城镇居民人均可支配收入代表城镇居民收入，以农村居民人均纯收入代表农村居民收入，并以两者的比值表示城乡收入差距，所以，产出变量为农村居民人均纯收入/城镇居民人均可支配收入①。该比值越大，说明分配越公平，城乡居民收入差距越小；相反，则表明城乡居民收入差距越大。

最后，由于本书主要是对各省份基本公共服务供给对缩小城乡收入差距的效率进行测度，本书在数据选择上主要采用中国省级面板数据，主要针对中国 31 个省、直辖市和自治区。在数据时间选择上，由于中国 2007 年对财政收支分类科目进行了较大调整，2007 年前后关于财政支出科目划分差异较大，使得财政支出相关数据统计口径出现较大差距，而基于数据的可比性，本章选择了 2007~2013 年的相关财政支出数据进行实证分析。另外，考虑到价格因素和各省份人口差异的影响，本书所有财政支出的基准价格为 2007 年价格，并且将财政支出按人口进行人均化处理。因此，本部分最后以人均支农财政支出、人均教育支出、人均社会保障和就业支出、人均医疗卫生支出作为投入变量，以农村居民人均纯收入/城镇居民人均可支配收入为产出变量，来进行效率测度，各变量的描述性统计如表 6-1 所示。

表 6-1　　　　　　　　投入和产出变量的定义及描述性统计

变量	定义	观测个数	平均值	标准差	最小值	最大值
城乡居民收入差距	农村居民人均纯收入/城镇居民人均可支配收入	217	0.3	0.06	0.2	0.5
人均教育支出	教育支出/人口	217	1168.7	630.2	348.1	3435.3
人均卫生支出	医疗卫生支出/人口	217	445.0	249.9	93.2	1305.6
人均社会保障与就业支出	社会保障和就业支出/人口	217	870.1	536.1	1097.9	3366.0

资料来源：根据 2008~2014 年《中国统计年鉴》数据整理计算得来。

---

① 这里采用农村居民人均纯收入/城镇居民人均可支配收入，而非大多数学者通常使用的城镇居民人均可支配收入/农村居民人均纯收入，主要是因为 DEA 方法要求投入指标与产出指标之间具有正相关性。

6.3　基本公共服务供给缩小城乡
收入差距的效率评估

6.3.1　教育财政支出缩小城乡收入差距的效率评估

根据 DEA 测算方法，本部分测算出了中国各省教育财政支出在缩小城乡居民入差距方面的效率及相应的 Malmquist 指数，如表 6 - 2 所示。从教育财政支出效率来看，各省份之间存在较大差异，并且有很多省份在 2007 ~ 2013 年出现了效率下降的趋势。从教育财政支出效率区域分布来看，2007 ~ 2013 年各省教育财政支出最低效率在 0.52 ~ 0.53 之间，主要分布在西部地区的云南、贵州、西藏、陕西等省份，北京、天津和上海等发达地区的效率值在 0.9 ~ 1.0 左右，远高于中西部地区。但从各省份教育财政支出效率变化趋势看，很多省份都出现了逐渐下降的趋势，如北京从 2007 年的 1.00 下降到 2013 年的 0.923，上海则从 1.0 下降到 0.906，其他的东中西部地区各省份都存在不同程度的下降。从教育财政支出效率的全国平均值来看，一方面，全国平均值与效率前沿的效率值 1 相差较大；另一方面，教育财政支出效率全国平均值呈现持续下降的趋势，2007 年最高为 0.848 逐年下降到了 2013 年的 0.761，中国地方教育财政支出的整体效率较差。

从教育财政支出的 Malmquist 指数来看，2008 ~ 2012 年中国各省 Malmquist 指数基本上都在效率值 1 以下，但 2013 年 Malmquist 指数出现了一个较大幅度的波动，31 个省份中有 15 个省份超过了 1.0，并且其他省份大多在 0.9 以上，其区域分布并没有支农支出财政支出效率差异那么大，而且也没有呈现出东部、中部和西部省份明显差异，这说明绝大多数省份的财政支农支出效率并没有稳定的变化趋势。从 Malmquist 指数的全国平均值来看，从 2008 年的 0.790 增长到 2010 年的 0.878，随后又下降到 0.8 以下，到了 2013 年则增加到了 1.006，教育财政支出的 Malmquist 指数全国平均效率值出现波浪形的变化趋势，但大多数年份小于 1 且没有明显增加趋势，说明我国财政支农支出效率长期偏离了最优效率值并且在观测期间没有得到改善，而是在不断下滑。

表6-2　　2007～2013年各省教育财政支出效率和Malmquist指数

省份	教育财政支出效率							Malmquist指数					
	2007年	2008年	2009年	2010年	2011年	2012年	2013年	2008年	2009年	2010年	2011年	2012年	2013年
北京	1.00	1.00	1.00	1.00	0.928	0.932	0.923	0.867	0.907	0.949	0.875	0.856	0.948
天津	1.00	0.959	0.953	0.914	0.950	0.976	0.995	0.776	0.852	0.817	0.875	0.860	0.885
河北	1.00	0.931	0.907	0.896	0.926	1.00	1.00	0.735	0.846	0.915	0.843	0.767	1.065
山西	0.786	0.747	0.727	0.675	0.639	0.642	0.646	0.763	0.823	0.882	0.789	0.767	1.057
内蒙古	0.780	0.767	0.742	0.693	0.674	0.678	0.684	0.754	0.821	0.774	0.863	0.900	0.989
辽宁	0.953	0.925	0.905	0.870	0.838	0.834	0.835	0.826	0.861	0.897	0.774	0.748	1.107
吉林	0.921	0.919	0.903	0.901	0.873	0.877	0.875	0.796	0.849	0.936	0.816	0.715	1.083
黑龙江	1.00	1.00	1.00	1.00	1.00	1.00	1.00	0.808	0.955	0.965	0.862	0.690	1.103
上海	1.00	0.999	1.00	0.966	0.916	0.912	0.906	0.883	0.964	1.010	0.781	0.858	0.978
江苏	0.975	0.939	0.931	0.882	0.848	0.848	0.849	0.824	0.866	0.817	0.821	0.815	0.959
浙江	0.964	0.970	0.968	0.918	0.873	0.869	0.864	0.870	0.881	0.915	0.827	0.858	0.935
安徽	1.00	0.908	1.00	0.907	0.729	0.854	0.786	0.780	0.872	0.852	0.685	0.803	1.013
福建	0.880	0.837	0.820	0.760	0.729	0.733	0.736	0.776	0.837	0.862	0.837	0.737	1.003
江西	0.981	1.00	1.00	0.986	0.815	0.838	0.815	0.874	0.821	0.881	0.663	0.765	0.959
山东	0.894	0.875	0.870	0.782	0.758	0.798	0.763	0.819	0.897	0.823	0.771	0.803	0.967
河南	0.944	0.922	0.954	0.942	0.841	1.00	0.826	0.833	0.843	0.889	0.740	0.788	0.974

续表

省份	教育财政支出效率							Malmquist 指数					
---	2007 年	2008 年	2009 年	2010 年	2011 年	2012 年	2013 年	2008 年	2009 年	2010 年	2011 年	2012 年	2013 年
湖北	1.00	0.953	1.00	1.00	1.00	0.888	0.902	0.779	0.888	0.898	0.780	0.672	1.093
湖南	0.983	0.884	0.921	1.00	1.00	0.860	0.812	0.759	0.871	0.947	0.769	0.674	1.031
广东	0.778	0.775	0.768	0.735	0.721	0.720	0.715	0.846	0.873	0.972	0.797	0.825	0.874
广西	0.735	0.689	0.679	0.593	0.575	0.670	0.602	0.752	0.843	0.792	0.845	0.795	1.005
海南	0.886	0.843	0.826	0.753	0.726	0.730	0.738	0.740	0.748	0.749	0.808	0.819	0.941
重庆	0.743	0.749	0.706	0.671	0.663	0.662	0.670	0.824	0.803	0.847	0.812	0.684	1.116
四川	0.986	1.00	0.929	0.859	0.906	0.840	0.741	0.810	0.815	0.837	0.823	0.696	0.986
贵州	0.588	0.594	0.575	0.548	0.520	0.524	0.534	0.782	0.879	0.847	0.790	0.766	0.928
云南	0.617	0.614	0.576	0.549	0.527	0.530	0.537	0.809	0.788	0.873	0.807	0.728	1.018
西藏	0.584	0.594	0.596	0.607	0.627	0.654	0.668	0.732	0.798	1.104	0.864	0.876	0.925
陕西	0.624	0.582	0.583	0.582	0.570	0.572	0.577	0.694	0.852	0.877	0.752	0.761	1.015
甘肃	0.599	0.593	0.600	0.578	0.540	0.541	0.547	0.726	0.896	0.912	0.808	0.781	1.004
青海	0.638	0.626	0.626	0.616	0.611	0.630	0.644	0.723	0.796	0.799	0.677	0.792	1.481
宁夏	0.703	0.677	0.688	0.676	0.637	0.642	0.644	0.861	0.874	0.731	0.807	0.991	0.971
新疆	0.749	0.728	0.750	0.753	0.726	0.736	0.746	0.724	0.867	0.833	0.819	0.868	0.928
全国	0.848	0.826	0.823	0.794	0.764	0.774	0.761	0.790	0.853	0.878	0.798	0.786	1.006

通过 DEA 方法对中国各省教育财政支出效率评估，其结果表明，中国各省份教育财政支出在缩小城乡收入差距方面的效率较低，并且区域差异较大，经济发达地区效率相对于欠发达地区效率要高得多，而且呈现下降的趋势，Malmquist 指数也表明中国各省份教育财政支出也与最优效率存在较大差距，总体上来说中国教育财政支出对于缩小城乡收入差距效率较低，并且与经济发展水平直接相关。教育对城乡居民人力资本积累有着重要的影响，而人力资本差异又是城乡居民收入差距产生的最为重要的因素，教育财政支出效率在不同省份之间存在区域差异性也是一个必然现象。由于发达地区教育资源丰富、教育水平高，教育财政投入也远大于欠发达地区，再加上城镇化水平高，吸纳劳动力的能力更强，这就使得教育财政支出在缩小城乡收入差距方面的效率高于欠发达地区。但近年来教育财政支出缩小城乡收入差距的效率呈缩小的趋势，这可能因为中国教育财政投入的不断增加，但教育财政支出对于城乡居民收入的影响是间接性的，且需要时间积累才能显现，再加上受到经济增长放缓而影响劳动力就业和收入水平增长等原因影响，导致了教育财政支出效率的下降。当然，具体的原因较为复杂，有待进一步考察。

6.3.2 政府医疗卫生财政支出缩小城乡收入差距的效率评估

政府医疗卫生财政支出影响城乡居民身体健康，身体健康的居民能够获得更好的工作机会和更长的工作时间，最终导致身体健康的劳动者收入水平更高，所以政府医疗卫生支出对于城乡居民收入差距有着一定程度的影响。根据 DEA 测算方法，本部分测算出了中国各省政府医疗卫生财政支出在减少城乡居民收入差距方面的效率及相应的 Malmquist 指数，如表 6-3 所示。从政府医疗卫生财政支出效率来看，我国各省份之间存在较大的差异，效率值最低的省份在 0.5 ~ 0.6 之间，最高的省份达到效率前沿效率值 1。其中东部地区效率值较高，在有一些年份部分省市达到效率前沿效率值 1，如北京、天津、上海等地区，大多数地区都在 0.9 以上；中部地区的效率值略低于东部地区，效率值最低的在 0.7 以上，不过大部分地区在 0.9 左右，而黑龙江则一直保持在 1.0 的水平；而西部地区则远低于东部和中部地区的效率水平，除了重庆、四川和新疆相对效率值在 0.7 和 0.8 左右外，其他省份的效率值都在 0.5 ~ 0.7 之间，特别是云南、贵州、甘肃等一直在 0.5 ~ 0.6 之间，效率较低。从各省份政府卫生财政

表6-3 2007~2013年各省份医疗卫生财政支出效率和Malmquist指数

省份	医疗卫生财政支出效率							Malmquist指数					
	2007年	2008年	2009年	2010年	2011年	2012年	2013年	2008年	2009年	2010年	2011年	2012年	2013年
北京	1.00	1.00	1.00	1.00	0.928	0.932	0.923	0.855	0.913	1.043	0.837	0.911	0.952
天津	1.00	0.962	0.969	0.920	0.950	0.976	0.995	0.789	0.807	0.836	0.892	0.921	0.885
河北	1.00	0.915	0.914	0.869	0.887	0.941	0.819	0.635	0.678	0.795	0.832	0.954	0.875
山西	0.785	0.746	0.758	0.736	0.641	0.642	0.646	0.721	0.685	0.932	0.730	0.898	0.919
内蒙古	0.781	0.768	0.744	0.694	0.674	0.678	0.684	0.743	0.563	0.873	0.767	0.937	0.932
辽宁	0.959	0.926	0.907	0.885	0.933	0.834	0.835	0.797	0.501	1.131	0.863	0.911	0.887
吉林	0.920	0.918	0.902	0.901	0.873	0.877	0.875	0.737	0.543	1.045	0.804	0.905	0.895
黑龙江	1.00	1.00	1.00	1.00	1.00	1.00	1.000	0.833	0.525	1.085	0.853	0.990	0.924
上海	1.00	1.00	1.00	0.968	0.916	0.912	0.906	0.738	0.944	1.008	0.866	0.976	0.940
江苏	0.992	0.941	1.00	0.967	0.856	0.848	0.849	0.769	0.746	0.825	0.740	0.842	0.896
浙江	0.966	0.971	0.987	0.920	0.873	0.869	0.864	0.808	0.813	0.843	0.824	0.914	0.883
安徽	0.877	0.840	0.813	0.832	0.692	0.701	0.712	0.660	0.618	0.915	0.666	0.886	0.917
福建	0.884	0.823	0.877	0.829	0.774	0.733	0.736	0.690	0.792	0.809	0.767	0.872	0.850
江西	0.914	0.923	0.922	0.869	0.838	0.811	0.815	0.785	0.638	0.836	0.808	0.899	0.856
山东	0.994	0.993	1.00	1.00	1.00	1.00	0.763	0.706	0.741	0.780	0.730	0.856	0.898
河南	0.960	0.941	0.899	0.918	0.942	0.757	0.769	0.686	0.652	0.850	0.779	0.863	0.892

续表

省份	医疗卫生财政支出效率							Malmquist 指数					
	2007 年	2008 年	2009 年	2010 年	2011 年	2012 年	2013 年	2008 年	2009 年	2010 年	2011 年	2012 年	2013 年
湖北	0.939	0.933	0.927	0.896	0.822	0.777	0.787	0.709	0.677	0.807	0.753	0.930	0.858
湖南	1.00	1.00	0.851	0.929	0.890	0.838	0.725	0.698	0.551	0.942	0.725	0.879	0.887
广东	0.790	0.775	0.820	0.863	0.810	0.718	0.715	0.723	0.793	0.928	0.745	0.866	0.901
广西	0.752	0.697	0.687	0.593	0.575	0.582	0.592	0.642	0.675	0.688	0.748	0.943	0.922
海南	0.861	0.831	0.834	0.755	0.726	0.730	0.738	0.683	0.619	0.855	0.724	0.859	0.890
重庆	0.742	0.704	0.724	0.712	0.663	0.662	0.670	0.684	0.670	0.865	0.711	0.869	0.875
四川	0.849	0.818	0.823	0.781	0.709	0.710	0.717	0.703	0.653	0.834	0.736	0.888	0.896
贵州	0.579	0.594	0.595	0.548	0.520	0.524	0.534	0.781	0.644	0.776	0.751	0.877	0.914
云南	0.564	0.558	0.572	0.548	0.527	0.530	0.537	0.758	0.694	0.874	0.806	0.902	0.919
西藏	0.584	0.595	0.600	0.605	0.627	0.654	0.668	1.077	0.766	0.758	1.004	1.040	0.941
陕西	0.635	0.582	0.594	0.583	0.570	0.572	0.577	0.634	0.623	0.856	0.836	0.899	0.887
甘肃	0.575	0.592	0.610	0.579	0.540	0.541	0.547	0.754	0.667	0.888	0.706	0.976	0.919
青海	0.608	0.620	0.618	0.615	0.611	0.630	0.644	0.800	0.765	0.890	0.877	0.825	0.917
宁夏	0.716	0.678	0.695	0.676	0.637	0.642	0.644	0.657	0.766	0.719	0.844	0.913	0.883
新疆	0.743	0.730	0.759	0.756	0.726	0.736	0.746	0.790	0.722	0.892	0.815	0.934	0.946
全国	0.838	0.819	0.819	0.798	0.766	0.753	0.743	0.739	0.684	0.871	0.789	0.906	0.901

支出效率变化趋势看，大多数省份都出现了逐渐下降的趋势，但从政府卫生支出效率的全国平均值来看，2007～2013 年，一直在 0.7～0.85 之间，其效率与效率前沿的效率值 1 相差较大，说明我国地方政府医疗卫生支出在缩小城乡收入差距方面的效率较低，并且呈现逐年下降的趋势。

根据表 6-3 实证结果现实，中国地方政府医疗卫生支出缩小城乡收入差距的 Malmquist 指数各省份在 2008～2013 年基本上小于 1，仅北京、辽宁、吉林、黑龙江和上海在 2010 年 Malmquist 指数超过 1，但随后又小于 1。就各省份 Malmquist 指数具体值来看，大多数省份在 0.75～0.95 之间，而其中就区域差异来说，并没有呈现出东部、中部和西部省份明显差异，这说明绝大多数省份的医疗卫生支出效率并没有稳定的变化趋势。从 Malmquist 指数的全国平均值来看，2008～2013 年总体呈现增加趋势，由 2009 年的最低值 0.684 增加到 2012 年的 0.906，有一个较大幅度提升，但并不是持续增加，其中部分年份下降后又上升。尽管政府医疗卫生财政支出的 Malmquist 指数是一种波浪式的增长趋势，但是无论是具体到各省份还是全国平均值都在不同程度上有所改进，特别是全国平均效率值有一个较大幅度提升，说明我国政府医疗卫生支出在长期偏离最优规模的同时，效率水平也在不断地改进。

通过 DEA 方法对中国各省政府医疗卫生财政支出效率评估，其结果表明，中国地方政府医疗卫生财政支出缩小城乡收入差距方面的效率较低，并且同样存在区域差异性，经济发达的东部地区相对欠发达的西部地区其效率值要高得多，说明中国地方政府医疗卫生支出效率与经济发展水平有着一定的相关性。另外，效率值在观测期间在各地区和全国平均值都存在一定程度的下降趋势，说明近年来中国政府医疗卫生财政支出尽管在不断增长，但是对于缩小城乡收入差距方面的效率在不断下降，说明中国地方政府医疗卫生支出可能更多倾向于城市居民，城乡居民健康水平差距在不断拉大导致其收入水平也在不断扩大。中国地方政府医疗卫生支出的 Malmquist 指数、中国地方政府医疗卫生财政支出效率在观测年份里并没有得到有效的改善，基本上所有省份在大多数年份都出现了一定幅度的下滑。

6.3.3　社会保障财政支出缩小城乡收入差距的效率评估

相对于教育、医疗卫生财政支出而言，社会保障支出直接通过收入再分配机制来影响城乡居民收入水平，进而影响城乡收入差距的变化，其对城乡收入差距有着直接的影响。根据 DEA 测算方法，本部分测算出了中国各省社会保障财政支出在缩小城乡居民收入差距方面的效率及相应的 Malmquist 指数，如表 6-4 所示。从社会保障财政支出效率来看，各省份之间存在较大差异，效率值最低的省份在 0.5~0.6 之间，最高的省份达到效率前沿效率值 1。东、中、西部地区各省份存在明显的差异且其内部各省份之间效率值也存在一定差异，东部发达地区财政支出效率值在 0.8~1.0 之间，观测期内大部分省份效率值在 0.9 以上；中部地区效率值相对低于东部地区，观测期内效率值大多在 0.75~0.9 之间，但也有部分省份效率值达到 1，如黑龙江等省份；西部地区效率值则远低于东部和中部地区，观测期内大多数省份的效率值都在 0.5~0.75 之间，其中贵州、云南、西藏、陕西、甘肃等的效率值一直处于 0.5~0.6 之间，效率值与效率前沿的效率值 1 相差较大，说明其社会保障支出对于缩小城乡收入差距的效率非常低。从观测期内各省份社会保障财政支出效率变化趋势来看，总体上出现了效率值下降的趋势，但下降的幅度和趋势不是很明显，其中也有部分省份的效率值出现了小幅度上升，如吉林、安徽、江西等省份，说明我国各省份社会保障财政支出效率并没有得到有效改善。从社会保障财政支出效率的全国平均值来看，观测期内效率值并没有太大的变化，最小值为 0.784，最大值为 0.808，一方面，说明我国地方社会保障支出缩小城乡收入差距的效率低下；另一方面，也表明近年来社会保障财政支出效率并没有得到改善，而且还存在小幅度的下降趋势。

从社会保障财政支出的 Malmquist 指数来看，2008~2012 年中国各省 Malmquist 指数基本上都在效率值 1 以下，在 2010 年各省份 Malmquist 指数有一个较大的提升，其中有 10 个省的 Malmquist 指数大于 1，但随后又出现了下降的趋势。就区域差异而言，东部发达地区省份的 Malmquist 指数大多在 0.9 以上；中部地区省份 Malmquist 指数大多在 0.8~0.9 之间；而西部地区则大多数省份在 0.6~0.8 之间。Malmquist 指数小于 1 说明社会保障支出效率在观测期不但没有改善，反而出现了技术上的下降，这进一步说明我国地方社会保障在缩小城乡收入差距方面的效率呈下降趋势。从 Malmquist 指数的全国平均值看，在观测期内其值都小于 1，处于 0.791~0.961 之间，跨度较大且是波动变化，并没有明显的上升或下降的规律可循。这说明我国社会保障财政支出效率长期偏离效率前沿效率值并且没有得到有效的改善。

表6-4　2007～2013年各省份社会保障财政支出效率和Malmquist指数

省份	社会保障财政支出效率							Malmquist 指数					
	2007年	2008年	2009年	2010年	2011年	2012年	2013年	2008年	2009年	2010年	2011年	2012年	2013年
北京	1.00	1.00	1.00	1.00	0.928	0.932	0.923	0.893	0.937	0.993	0.786	0.865	0.929
天津	1.00	0.958	0.956	0.918	0.950	0.976	0.995	0.752	0.953	0.909	0.943	0.902	0.945
河北	0.903	0.867	0.851	0.865	0.908	0.929	0.950	0.793	0.842	0.948	0.900	0.923	0.917
山西	0.757	0.745	0.725	0.680	0.661	0.675	0.681	0.828	0.898	0.900	0.874	0.920	0.870
内蒙古	0.752	0.764	0.723	0.689	0.674	0.678	0.684	0.804	0.675	0.963	0.841	0.847	0.911
辽宁	0.903	0.905	0.872	0.858	0.838	0.834	0.835	0.861	0.884	0.937	0.916	0.905	0.898
吉林	0.883	0.913	0.886	0.899	0.873	0.895	0.893	0.800	0.782	1.067	0.884	0.992	0.855
黑龙江	0.957	1.00	0.979	1.00	1.00	1.00	1.00	0.986	0.668	1.202	0.841	0.860	0.858
上海	1.00	0.996	0.991	0.961	0.916	0.912	0.906	0.832	1.023	1.126	0.893	0.955	0.969
江苏	0.987	0.963	0.951	0.944	0.950	0.957	0.967	0.910	0.770	0.853	0.784	0.869	0.901
浙江	1.00	1.00	1.00	1.00	1.00	1.00	1.00	0.785	0.932	0.793	0.724	0.847	0.881
安徽	0.758	0.787	0.775	0.781	0.764	0.778	0.795	0.948	0.741	0.925	0.852	0.873	0.894
福建	0.872	0.743	0.835	0.822	1.00	1.00	1.00	0.817	0.819	0.913	0.833	0.917	0.874
江西	0.871	0.885	0.879	0.881	0.913	0.912	0.920	0.732	0.818	0.980	0.903	0.847	0.873
山东	0.864	0.846	0.841	0.840	0.925	0.893	0.918	0.879	0.830	0.850	0.872	0.845	0.902
河南	0.826	0.820	0.815	0.822	0.846	0.862	0.879	0.861	0.818	0.901	0.877	0.883	0.890

续表

省份	社会保障财政支出效率							Malmquist 指数					
	2007 年	2008 年	2009 年	2010 年	2011 年	2012 年	2013 年	2008 年	2009 年	2010 年	2011 年	2012 年	2013 年
湖北	0.849	0.854	0.845	0.835	0.830	0.841	0.849	0.766	0.810	0.969	0.852	0.903	0.853
湖南	0.776	0.788	0.786	0.785	0.779	0.792	0.800	0.736	0.861	0.971	0.844	0.928	0.868
广东	0.781	0.789	0.782	0.787	0.872	0.919	0.858	0.807	0.901	0.954	0.909	0.906	0.831
广西	0.657	1.00	0.628	0.632	0.657	0.706	0.683	0.855	0.630	0.919	0.911	0.910	0.844
海南	0.834	0.834	0.812	0.755	0.726	0.730	0.756	0.741	0.625	1.060	0.821	0.905	0.948
重庆	0.668	0.686	0.674	0.671	0.663	0.662	0.670	0.839	0.731	1.059	0.753	0.851	0.966
四川	0.782	0.781	0.779	0.756	0.752	0.774	0.776	0.619	0.981	0.890	0.829	0.959	0.839
贵州	1.00	0.583	0.571	0.592	0.591	0.596	0.614	0.712	0.704	1.027	0.737	0.842	0.925
云南	0.559	0.564	0.560	0.564	0.554	0.563	0.575	0.780	0.742	1.059	0.820	0.895	0.899
西藏	0.592	0.598	0.604	0.611	0.627	0.654	0.668	0.636	0.865	1.149	0.612	0.936	0.943
陕西	0.595	0.581	0.579	0.583	0.577	0.582	0.587	0.645	0.855	0.969	0.911	0.877	0.868
甘肃	0.564	0.594	0.595	0.578	0.540	0.547	0.555	0.745	0.777	0.937	0.776	0.958	0.874
青海	0.608	0.612	0.604	0.610	0.611	0.630	0.644	0.790	0.702	0.530	1.238	0.953	1.160
宁夏	0.710	0.681	0.688	0.713	0.637	0.642	0.644	0.677	0.798	1.453	0.496	0.823	0.898
新疆	0.746	0.738	0.750	0.764	0.748	0.767	0.785	0.843	0.642	1.160	0.861	0.911	0.903
全国	0.808	0.806	0.785	0.780	0.784	0.795	0.800	0.791	0.800	0.967	0.833	0.896	0.901

通过 DEA 方法对中国各省社会保障支出的效率评估，其结果表明，中国各省社会保障支出财政支出在缩小城乡收入差距的效率总体不高，而且东、中、西部地区存在较大差异，经济发达地区相对欠发达地区效率值更高，说明中国社会保障支出财政支出效率与经济发展水平呈正相关性。社会保障支出的 Malmquist 指数则表明，我国社会保障支出效率在观测期，除了 2010 年个别年份外，都出现了技术效率下降，并没有得到有效改善。另外，社会保障财政支出效率和 Malmquist 指数的全国平均值都表明，中国社会保障支出在缩小城乡收入差距方面的效率较低其效率呈下降趋势。实证分析结果可能存在诸多方面的原因，但最为主要的原因还是在于社会保障支出城市偏向性对城乡居民收入差距产生直接的影响；另外，经济发达地区和欠发达地区社会保障支出在城乡间的覆盖率和覆盖水平存在较大差异，所以经济发展水平不同的地区效率水平差异较大。

6.4　本 章 小 结

本章利用中国 2007～2013 年基本公共服务财政支出的省级面板数据，采用基于 DEA 的非参数 Malmquist 指数法测度义务教育、社会保障、医疗卫生支出对缩小城乡收入差距的效率，测度结果有如下两方面。

首先，从不同类型基本公共服务财政支出效率来看，普遍存在效率值较低且经济发达的东部地区效率值高于中西部地区，特别是西部地区一直处于效率较低的状态。这说明中国基本公共服务供给在缩小城乡收入差距的效率与经济发展水平直接相关，经济发展水平越高的地区，财政支出规模越大且城乡资源分配相对越均衡，对于缩小城乡收入差距的效率越高，效果也越好。由于不同类型的基本公共服务对城乡收入差距的影响机制不同，如何提高这些项目财政支出在城乡间的资源分配以及使用效率，是缩小城乡收入差距的关键。

其次，基本公共服务的财政支出效率的 Malmquist 指数反映了对中国基本公共服务缩小城乡收入差距效率的发展变化现状，其结果表明，绝大多数省份在 2007～2013 年的 Malmquist 指数小于 1，说明中国基本公共服务无论是整体财政支出效率还是分项目财政支出效率在测度期内并没有得到有效改善，反而出现了下降的趋势。

第 7 章

研究结论与对策建议

中国城乡收入差距较大且有扩大的变动趋势，已经成为阻碍中国社会经济可持续发展的重要因素，如何缩小城乡收入差距对于当前的中国具有重要的现实意义。本书通过对中国城乡收入差距以及城乡居民收入结构变动进行系统测度的基础上，从基本公共服务供给视角分析中国城乡收入差距的形成及变动原因，就基本公共服务供给对城乡收入差距的影响机理进行理论分析并对其传导机制进行了实证检验，得出了一些有益的结论。本书的研究为如何创新基本公共服务供给制度并缩小城乡收入差距提供了新的思路，本章将系统阐述如何从基本公共服务供给视角来缩小城乡收入差距，是本书研究的最终目的。

7.1 本书研究的基本结论

7.1.1 揭示中国城乡收入差距的形成本质以及变化的多面性

通过对中国城乡收入差距和城乡居民不同来源收入差距系统的测度，发现中国城乡收入差距变动存在多面性。一方面，依据中国城乡收入差距的测算，就全国来说，呈现了波浪式起伏变动，但总体上有扩大的趋势。分地区来看，三大地区之间省份城乡收入差距存在较大差异，同一地区内部省份之间城乡收入差距也存在一定的差异。另外，政府对农业的政策变动对中国城乡收入差距产生重要影响，由于 2004 年以来中央和各省对"三农"问题的关注度大幅度增加，出台了很多惠农政策，使 2004 年以后城乡收入差距出现了下降或者增长幅度下降的趋势，2009 年至今则普遍出现了逐年下降的趋势。我们认为主要原因是，2004 年以来的各种农业政策的制定、实施以及产生效果的时间在各省份存在差异，才会出现 2004 年以后变动趋势的差异，但 2009 年以后各类农业政策更加稳定，效果也凸显，这使得城乡收入差距变动趋势趋同。

另一方面，中国城乡居民收入结构发生较大变化，对城乡收入差距产生重要影响。从中国城乡居民不同来源收入差距来看，城乡居民收入来源构成也发生了较大变化，其中农村居民工资性收入比重越来越高，经营性收入比重下降，城市居民则相反，但城市居民的增长速度快于农村居民，不过其变化存在明显的区域差异。我们认为，中国目前城乡收入差距的化解，应该根据城乡居民收入结构变动特别是农民收入增长性质发生的根本性转变，有针对性进行调节才能更有效缩小城乡收入差距。

通过对中国城乡收入差距形成及变动原因分析，我们发现，中国城乡收入差距主要由于生产要素差异和政策制度差异两个方面因素导致，但最本质的原因在于城乡居民基本权利的巨大差异。一方面，由于城乡居民拥有的生产要素存在较大差异，主要包括劳动者人力资本差异和拥有物质资本差异两个方面，再加上城乡要素市场扭曲和一些制度对要素流动的限制，导致了城乡居民生产要素的回报率差异，进而影响城乡收入差距。另一方面，由于政策和制度的城市偏向，中国是典型的城乡二元社会经济结构，对城乡居民在初次分配和再次分配产生不同程度的影响，进而影响城乡收入差距。无论是生产要素差异还是制度差异，最终都是通过对城乡居民基本社会经济权利的影响，导致城乡居民收入差距形成或扩大，在诸多影响城乡居民基本权利的因素中，目前中国城乡基本公共服务供给的差异对城乡居民基本权利影响更为深刻，如政府教育支出、医疗卫生支出、社会保障支出、对农业农村发展的财政投入等，而且很多其他政策影响也需要通过财政支出来传递。因此，笔者认为，基本公共服务供给影响城乡收入差距关系的理论和实证研究具有重要的意义。

7.1.2　阐释了中国基本公共服务供给对城乡收入差距影响的内在机理

通过对中国基本公共服务供给的现实分析，我们发现，中国基本公共服务供给存在严重的偏向性，导致了中国城乡基本公共服务供给的失衡，最终对城乡收入差距产生不利影响。由于改革开放以后，市场经济改革过程中进行了经济分权改革，财政领域则进行了财政分权改革，赋予了地方政府更多的财政自主权。中国式财政分权对地方政府产生了政治和财政的双重激励，在以经济增长为核心考核指标情况下，激发了地方政府促进经济增长的动力，导致了财政支出出现了严重的经济性偏向和城市偏向，将更多的财政资金用于经济建设领域而非民生领域，并且财政资源在城乡间分配更多偏向于城市。

中国基本公共服务供给成为城乡收入差距重要的影响因素，通过系统的分析其对城乡收入差距影响的内在机理，发现中国基本公共服务供给导致了城乡居民基本权利差异，并通过初次分配和再次分配两个环节对城乡居民收入产生影响。一方面，不同类型的基本公共服务供给对城乡收入差距影响的途径不同，医疗卫生、教育等支出主要是对城乡居民人力资本积累产生影响，支农支出、财政投资性支出等主要是对城乡居民物质资本积累产生影响，引起了城乡居民生产要素差异，社会保障以及对农业的补贴等财政支出主要是对城乡居民转移性收入产生影响。另一方面，基本公共服务供给对城乡居民收入的影响，又体现在初次分配和再分配两个环节上，由于基本公共服务供给存在城市偏向性，导致了城乡居民人力资本和物质资本积累差异，再加上价格机制、劳动力市场、资本和土地市场存在一定程度的扭曲，导致了城乡居民拥有的生产要素获得报酬的差异，最终在初次分配环节引起了城乡收入差距。由于社会保障、财政补贴等财政支出政策存在严重的城市偏向性，这类地方财政支出导致了城乡居民转移性收入差距扩大，通过再分配环节强化了城乡收入差距。

7.1.3 实证检验了基本公共服务供给对城乡收入差距现实影响及传导机制

首先，本书利用省级面板数据和计量模型，实证检验了基本公共服务供给对城乡收入差距的现实影响，研究发现，中国基本公共服务供给总体上无论是全国还是东中西部地区，有利于缩小城乡收入差距，但不同类型基本公共服务对城乡收入差距影响存在一定程度的时间和空间差异。教育支出和医疗卫生支出总体上扩大了城乡收入差距，但有逐渐减弱的趋势，在经济发达地区已经出现了缩小城乡收入差距的影响，说明近年来中央和各级政府加大对农村的教育和医疗卫生的投入，改善了我国教育和医疗卫生支出城市偏向的现状，并且越是经济发达地区这种改善程度越大。社会保障支出则显著扩大了城乡收入差距，说明我国目前社会保障支出一方面投入不足，另一方面存在着严重的城市偏向，对城乡收入差距有着一定程度的负面影响。本书认为，主要是由于中国地方财政支出资金大量投入基础设施等经济建设领域，在这些领域从事相关工作的主要是农民工群体，大量的基础设施建设让农村劳动力获得就业机会和更高的收入，城市居民从中获得的收入相对较少，从而有利于缩小城乡收入差距。

其次，本书从基本公共服务供给对城乡居民不同来源收入差距的影响进行实证分析，来探寻基本公共服务供给对城乡收入差距的传导机制。研究发现，城乡居民不同来源收入差距对城乡收入的贡献存在较大差异，其中工资性收入差距影响最大，然后就是经营性收入差距和转移性收入差距影响，财产性收入差距影响较小。在就不同类型基本公共服务对城乡不同来源收入差距影响实证分析中，我们发现，教育和医疗卫生支出对城乡居民是工资性收入差距影响最大，然后是经营性收入差距，对转移性收入差距和财产性收入差距没有显著影响。社会保障支出对城乡居民转移性收入影响最大、最显著，对工资性和经营性收入差距影响相对较小，对财产性收入差距没有显著影响。通过研究我们发现，基本公共服务供给对城乡收入差距影响的传导机制，主要是通过不同类型基本公共服务供给影响城乡居民基本权利，城乡居民基本权利差异通过对城乡居民不同来源收入产生影响，通过不同来源收入差距传导到对城乡收入差距的影响，即基本公共服务供给—城乡居民基本权利差异—城乡居民不同来源收入差距—城乡收入差距。

7.2 对 策 建 议

7.2.1 总 体 思 路

改革开放至今四十多年时间里，在城乡居民的收入水平不断提高的同时，城乡居民收入来源的构成也在发生变化，本书在第 2 章对中国城乡居民收入从工资性收入、经营性收入、转移性收入和财产性收入四个方面进行了测度，发现不同类型的收入来源在城市居民和农村居民中的比重在发生变化，也表明城乡居民收入呈现多元化。另外，基本公共服务对城乡收入差距产生的影响也是多方面的，不同类型的基本公共服务对城乡居民影响的机制和影响的程度也不一样，并且对不同类型收入影响也存在差异，本书在理论和实证研究中已经具体分析过。鉴于此，基本公共服务供给要想缩小城乡收入差距，必须基于基本公共服务对城乡居民不同类型收入来源的影响和作用机制，然后再结合中国目前现实情况的基础上，对基本公共服务供给的总体规模以及影响城乡居民收入水平的主要基本公共服务供给制度进行优化设计，同时还要加强财政资金使用绩效评价机制的构建，才能取得更好的效果。

基于本书对基本公共服务供给与城乡收入差距关系从理论、现实和实证角度研究的结论，对于缩小城乡收入差距的基本公共服务供给制度提出了总体思路，如图 7 - 1 所示。

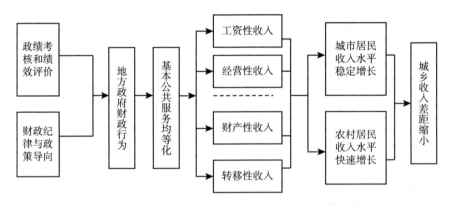

图 7 - 1　缩小城乡收入差距的基本公共服务供给政策总体思路

第一，逐渐打破城市偏向的基本公共服务供给制度，实现财政资源在城乡间的合理分配。本书研究表明，地方政府拥有更多财政自主权的同时，也面临着经济和政治的双重激励。在经济增长为核心考核指标的情况下，地方政府官员为了实现经济和政治利益的最大化，再加上城市居民对公共决策有更大的政治影响力，地方政府往往会将更多的财政资金分配给城市和城市居民，形成了城市偏向的基本公共服务供给制度，这必然会导致城乡收入差距不断扩大。因此，基本公共服务供给要实现缩小城乡收入差距的目标，必须逐渐打破城乡二元的供给制度，无论是生产性财政投入还是基本公共服务方面的财政投入都要实现城乡间合理的分配，从而消除基本公共品对农村居民收入产生的不利影响，但也要避免过度倾斜而出现本末倒置。

第二，优化财政支出结构，扩大有利于缩小城乡居民收入差距的基本公共服务的资金分配。尽管中国财政支出规模不断扩大，但本书实证研究表明，在某些项目和某些时段，不但没有缩小反而扩大了城乡收入差距，其中除了城市偏性的基本公共服务供给制度这一主要因素影响外，还有一个重要因素就是财政支出结构不合理。城乡居民的主要收入来源分为工资性收入、经营性收入、转移性收入和财产性收入四种来源，其在城乡居民之间的比重不一样。对于农村居民而言，当前主要靠农业经营和城市务工的工资性收入，其他两项较少，城市居民除了经营性收入和工资性收入外，还有更多的财产性收入和转移性收入来源，当前的基本公共服务供给制度更有利于城市居民各类收入的增加而不利于农村居民各类收入的增加。因此，应该结合当前农村居民的主要收入来源，并根据影响农民主要收入来源的基本公共服务项目，在打破地方财政支出城市偏向的同时进行财政支出的结构优化，逐渐增加有利于提高农村居民工资性和经营性收入的财政支出项目的财政资金投入，如加强对农村劳动力素质和就业技能培养方面的财政支出、保护农业生产积极性的农产品价格保护机制方面的财政支出等，才能更有效地缩小城乡收入差距。具体而言，一是要继续加大对农村财政生产支出、促进农业发展的科技性投入和农业发展的财政补贴性支出；二是要逐渐增加农村福利性支出，即增加教育、医疗卫生、社会保障等方面的福利性财政支出；三是要增加有利于农村和农业发展的生态环境保护的财政支出；四是要适当控制和逐渐减少农业事业单位的事业费。

第三，根据不同地区农村居民收入来源的差异以及经济发展水平差异，有针对性地制定差别化的基本公共服务供给政策。中国区域经济发展不均衡，农村和农业在不同地区发展水平也存在较大差异，农村居民收入来源构成不同，如粮食主产区的农民更多依靠农业经营收入，非粮食主产区的农村居民主要靠进城打工获得工资收入，在制定财政支出政策时，要考虑地区差异和经济发展水平差异。经济发达地区城乡差距相对较小，农村居民大部分进城务工，只有一小部分从事农业经营。首先应该加大教育、就业培训、医疗卫生保障等有利于增加人力资本积累的财政投入，然后对农村居民的经营行为进行财政支持。经济欠发达地区城乡差距较大，这些地区的农村居民主要是进城务工，其主要收入来源为工资性收入，应该加大对这些地区农村居民劳动技能培训以及医疗卫生投入，让他们能够获得更多的就业机会和更高收入的工作。对于以农作物为主的粮食主产区，当地农村居民从事农业生产经营的比重可能更高，应该加大农业科技和农产品保护价格机制等方面的财政资金投入。

第四，根据国家新型城镇化的战略要求，在统筹城乡一体化发展过程中保障农业人口、农业转移人口以及城镇居民基本公共服务均等化，在推进新型城镇化顺利实施的同时缩小城乡收入差距。新型城镇化对城乡人口结构以及城乡居民收入水平产生影响，进而会影响城乡收入差距。城镇化战略的实施会导致大量农业人口转化为城镇居民，意味着原来可以依靠土地从事生产活动的农村居民将丧失土地，他们的收入可能会受到一定程度的影响，如何保障这部分转移人口的基本生存权利具有重要的意义，而最为主要的就是保障这部分转移人口的收入水平，应该加大基本公共服务方面的财政投入。另外，农业转移人口的收入水平如果得不到保障就会导致城镇居民总体收入水平被拉低，尽管这可能缩小了城乡收入差距，但我们的目标不是希望通过这种途径实现城乡收入差距的缩小。还有一个值得注意的问题是，城镇化过程中基本公共服务供给应该在农村人口、转移人口和原来城镇人口之间进行合理分配，保障原来城镇居民现有投入外，应该逐步加大对农村人口和转移人口的基本公共服务供给，但在这两者之间也应该进行合理的分配，这需要根据不同地区城镇化水平而定。

7.2.2 具体对策建议

7.2.2.1 增加财政支农支出规模，优化财政支农支出结构，提高财政支农支出绩效

政府财政支农支出主要包括支持农村生产支出、农村基础设施建设、科技三项费用等，这类财政支出直接影响农村和农业发展以及农民收入增长，而目前我国财政支农支出存在支出规模过小、支出结构不合理和财政支农支出绩效低下三个方面的问题。国内相关学者的研究结果表明，我国财政支农支出对农民增收以及城乡收入差距缩小的贡献非常小或者没有明显的贡献。要想使财政支农支出促进农村和农业发展以及农民收入的增长，进而缩小城乡收入差距，必须从以下五个方面着手。

（1）建立长期稳定的财政支农支出增长机制。自 2004 年至今，连续

十二年中央一号文件都特别关注"三农"问题，应该严格按照中央对"三农"问题的政策定位并结合我国《农业法》的基本要求，安排财政支农支出资金，确保中央和县级以上地方财政对农业投入的增长幅度高于财政支出的增长幅度，并且通过政府预算制度进行规范，以确保财政支农支出规模能够稳定地增加。

（2）优化财政支农支出结构，在考虑区域性差异的基础上，对财政支农资金具体分配实行动态调整。一是要加大对农业基础设施的投入。农业受到自然环境和天气影响较大，要保证农业生产有效发展应该必须有良好的农业生产所需的基础设施保障，但我国目前很多地区农业生产所需基础设施投入严重不足，无法保障农业生产需要，同时也增加了农民从事农业生产的成本，从而降低了农民收入。有一些农村地区特别是落后地区的农村，交通状况较差不利于农产品的流通增加了农产品的流通成本。要加大对农业生产和农村发展具有重要贡献的基础设施建设，如水库建设、水利灌溉工程、农村公路等基础设施，逐步增加农村发展中所需的基础设施建设投入，特别是农村公路建设、环境保护工程等。对于经济发达则更多地表现为由于城市和工业发展对农村带来的环境污染问题，特别是土地和水污染对于农业生产和农民生活有着重要影响，导致了农产品产量下降或者生产出来的产品由于污染严重而无法销售或销售不好，都会影响农民收入增长。二是要提高农业科技投入成效。我国农业科技财政投入太少，并且没有得到有效利用，一方面，未能研究开发出使用有效的生产技术；另一方面，僵化的农业科技管理体制使得农业科技成果转化率低，无法真正有效促进农业发展和农民增收。因此，增加农业科技财政支出的同时，明确财政资金投入方向，将财政资金更多投入到有利于农业自主创新、农业标准化生产技术、农业信息化工程建设以及农业科技推广和培训方面，让财政支出切实发挥促进农业生产的作用，增加农民收入。

（3）增加对农村专业合作组织的扶持力度，改进农业生产的财政补贴机制，并逐步完善农产品价格保护机制。首先，随着中国市场经济改革的深入，传统的以家庭为单位的分散农业生产已经无法适应经济发展的需要，并且导致了农业生产效率低下和农民收入增长缓慢，农村专业合作组织有利于提高农业生产效率，政府应该通过增加财政投入对其予以扶持。其次，我国政府对农业生产的财政补贴机制一直存在，但目前直接用于流通环节的财政补贴投入过多，而对农业生产中的农民的直接补贴过少，应该加大对农民的直接补贴而减少对流通环节的财政补贴，增加农业财政补贴对农民收入增长的贡献率。另外，要逐步建立完善农产品价格保护机制改善农产品流通体制，我国目前农产品价格保护机制的缺失，导致了农民收入无法得到有效保障。当农产品丰收时，由于供给大于需求再加上农产品的流通体制不完善，导致农产品收购价格低下，甚至无法弥补成本，农民收入得不到保障，这不利于农业生产的稳定，同时损害了农民从事农业生产的积极性。我们应该借鉴发达国家对于农产品的价格保护机制经验，根据我国实际情况逐步建立农产品价格保护机制的财政投入机制，切实保障从事农业生产的农民的基本利益。

（4）财政支农支出要考虑地区差异性，针对不同地区形成满足当地农业和农村发展以及农民收入增长的财政支农支出体系。中国农村和农业发展呈现一定的区域差异，在非粮食主产区的农村地区，由于农民工进城打工导致大量农田荒废，从事农业生产的规模呈不断缩小的趋势。粮食主产区则相对实现了农业生产的机械化和规模化，农业生产规模较为稳定；经济发达地区的农村则呈现出更多地从事经济作物的种植和农村旅游业的发展，传统农业生产规模也相对较小。因此，对于经济发展发达地区、经济落后的地区和粮食主产区在财政支农支出资金结构上应该有所差异，其中经济发达地区可能更多地应该增加有利于新型农业生产以及农村旅游方面的财政投入，如环境保护、交通等方面。经济落后地区在保证基本农业生产投资稳定的基础上，应该更多地加大农村生活方面的财政资金投入，粮食主产区则应该加大农业生产基础设施、农业科技费用、农业生产财政补贴、农产品价格保护等方面的财政支农资金投入。

（5）创新财政支农资金管理体制，提高资金的有效性、规范性和安全性，强化资金监管。我国财政支农支出采用的是分级管理并且监督机制较为落后，造成了财政支农资金优化配置效率低下，不利于统一监督和协调管理。首先，要强化财政支农资金分配与使用的公平性、公正性和公开性，接受社会监督；其次，加强对财政支农资金的审计，将日常的监管和专项检查相结合，杜绝挪用和乱用财政支农资金的行为；最后，创新财政支农资金管理体制，逐步实现统一管理、专项管理以及统一监管机制，并且对财政支农资金实行绩效评价机制和问责制，切实提高财政支农资金使用的规范性和有效性。

7.2.2.2 加大政府教育财政投入，优化教育财政资源配置，促进城乡居民教育的公平性

劳动者受教育程度直接影响其人力资本积累，进而影响其劳动能力和

收入水平，教育支出分为政府教育支出、私人教育支出和社会教育支出，但由于教育具有公共产品的性质，特别是基础教育具有效益外溢性，政府应该作为投入主体。关于我国政府教育支出对城乡收入差距的影响，国内学者和本书研究都表明其对城乡收入差距有着重要的影响，但目前政府教育投入存在投入不足、城乡教育资源分配不均衡、不同阶段教育资源投入不均衡以及教育经费使用效率低下等问题，政府教育投入对于提高居民收入水平的贡献率较低，且存在明显的城乡差异，城乡教育的不平等是城乡居民收入差距产生的最为主要的因素之一。因此，要提高政府教育支出对缩小城乡收入差距的贡献，必须调整政府教育支出政策克服当前教育财政支出存在的种种问题。

加大政府教育财政支出规模，并且将更多的教育资源向农村倾斜，促进城乡教育公平。政府教育财政投入不足制约了我国教育事业的发展，也不利于居民人力资本的提高，而严重城市偏向的教育财政支出导致了城乡间教育的不平等，通过影响城乡居民收入能力而扩大了城乡收入差距。首先，要加大政府教育财政支出规模，降低私人接受基础教育的成本。我国目前教育经费投入不足，无论与发达国家还是发展中国家相比都非常低，这就要求私人承担更多的教育成本，在城乡居民收入水平存在差距的情况下，城市居民受教育程度远大于农村居民，不利于城乡居民人力资本积累，也不利于城乡收入差距的缩小。其次，要逐渐打破和消除政府教育支出的城市偏向性，将更多的教育资源向农村倾斜。在我国目前政府教育投入严重不足的情况下，政府教育支出还存在着严重的城市偏向，这进一步导致了城乡教育的不平等，城乡居民人力资本差距不断扩大，最终扩大了城乡收入差距。可见，政府一方面应该加大教育支出规模，降低私人承担的基础教育成本；另一方面应该制定向农村倾斜的教育支出政策，削弱由于公共教育和私人教育投入带来的对城乡教育不平等的双重影响。

7.2.2.3 逐步增加政府医疗卫生支出规模，并且在城乡间实现医疗卫生资源的均衡分配

居民的健康水平直接影响其就业能力和取得收入能力，政府卫生支出有利于居民防治疾病，提高身体素质，从而增加获得收入的能力。我国目前政府医疗卫生支出投入不足，并且存在严重的城市偏向，这在一定程度上使得城乡居民健康水平存在差异，最终影响城乡居民的收入水平，扩大了城乡收入差距。因此，要提高政府医疗卫生支出，缩小城乡收入差距的

不利影响，须调整政府医疗卫生支出政策。

就目前我国政府医疗卫生支出存在的主要问题，应该从以下方面加以改进：一是逐步增加政府在医疗卫生上的投入，并且实现城乡间医疗卫生资源的均衡分配，在一定程度上增加对农村的医疗卫生财政投入。二是在医疗卫生资源的配置上要提高效率，特别是农村医疗卫生支出效率相对较低，在加大对农村医疗卫生财政投入的同时，还应该不断提高资源配置和使用效率。三是不断推进和完善农村合作医疗制度，增加其覆盖率和保障水平，进一步改善了农村居民的健康水平。

7.2.2.4 统筹城乡社会保障支出制度，加快农村社会保障体系构建，实现城乡社会保障支出的公平性，实现收入再分配功能

我国从 1998 年才开始逐步建立和完善规范的社会保障制度，社会保障支出规模也在不断增加，但社会保障制度存在严重的城市偏向性，不利于城乡居民收入再分配，国内学者和本书研究都表明社会保障支出城乡差异导致了城乡居民获得转移性收入水平差异，进而扩大了城乡收入差距。就目前中国社会保障支出现状来说，主要存在社会保障支出规模小、城乡分配不公平、项目结构不合理等方面的问题。因此，在我国现有社会保障制度的基础上，加大社会保障财政支出水平以及资源分配的合理性，实现社会保障的再分配和保障功能，缩小城乡收入差距。

（1）建立与我国经济发展相适应的社会保障支出的稳定增长机制。中国社会保障制度起步较晚，而中国人口结构中老龄化越来越严重，养老和医疗社会保障支出将大幅度增加，再加上中国贫困人口比重较高，社会保障资金除了个人缴费以外，还需要政府财政资金的大量投入，才能保障居民基本需求。与此同时，中国社会保障制度在二元社会经济结构制度下，存在着严重的城市偏向性，农村地区特别是落后农村地区覆盖率和保障水平都非常低，但社会保障转移性收入对于贫困地区农民具有重要意义。因此，我们首先应该增加社会保障财政支出规模，提高社会保障的覆盖率和保障水平，这对于城乡低收入群体来说具有重要的意义。

（2）加大对农村社会保障事业的财政投入力度。中国人口结构的变化和农村居民普遍进城打工的现实需求，决定了中国农村居民对社会保障的依赖程度会逐渐加大，社会保障对农村居民基本利益具有重要影响。一方面，农村人口结构变化导致一个家庭农村子女越来越少，农村老人的养老和医疗费用不断增加的同时给农村家庭带来了沉重的负担；另一方面，由

于大量农村劳动力进城务工，再加上城市化发展导致部分农民丧失土地，传统依靠土地进行保障已经无法适应社会发展需求。对于农村而言，政府应该加大社会保障支出的投入力度，提高社会保障制度在农村的覆盖率和保障水平，解决农村居民基本养老、医疗等方面的需求，有利于保障农村居民的收入水平和缩小城乡收入差距。

（3）要做好城乡社会保障制度之间的衔接。城乡间社会保障制度存在巨大差异是影响城乡收入差距的重要因素，未来应该逐渐实现城乡社会保障的均等化，尽可能消除城乡居民之间社会保障的差异，要解决好城乡社会保障制度的转移与衔接问题。一方面，从多层次、多渠道来平衡城乡间的社会保障水平，把完善农村基本养老、基本医疗和最低生活保障作为重点，逐步提高农村社会保障水平，实现社会保障各项目的城乡均等化。另一方面，做好中国城镇化社会保障的相关衔接问题，从而使得农村转移人口获得应有的社会保障。

参 考 文 献

［1］［印］阿马蒂亚·森：《贫苦与饥荒》，王宇、王文玉译，商务印书馆 2001 年版。

［2］［美］贝克尔、莫里森：《转轨经济中的城市化》，经济科学出版社 2003 年版。

［3］陈宗胜：《改革、发展与收入分配》，复旦大学出版 1999 年版。

［4］陈宗胜、周云波：《再论改革与发展中的收入分配》，经济科学出版社 2002 年版。

［5］程永宏：《中国基尼系数及其分解分析：理论、方法和应用》，中国经济出版社 2013 年版。

［6］［英］大卫·李嘉图：《政治经济学及税赋原理》，商务印书馆 2001 年版。

［7］傅勇：《中国式分权与地方政府行为：探索转变发展模式的制度型框架》，复旦大学出版社 2010 年版。

［8］楼继伟：《中国政府间财政关系再思考》，中国财政经济出版社 2013 年版。

［9］［美］刘易斯：《二元经济》，北京经济学院出版社 1898 年版。

［10］林毅夫、蔡昉、李周：《中国的奇迹：发展战略与经济改革》，上海三联书店、上海人民出版社 1994 年版。

［11］刘云龙：《民主机制与民主财政——政府间财政分工及分工方式》，中国城市出版社 2001 年版。

［12］［日］藤田昌久、［美］保罗·克鲁格曼：《空间经济学：城市、区域与国际贸易》，梁琦译，中国人民大学出版社 2011 年版。

［13］张军、周黎安：《为增长而竞争：中国增长的政治经济学》，格致出版社、上海人民出版社 2007 年版。

［14］白素霞、陈井安：《收入来源视角下我国城乡收入差距研究》，载《社会科学研究》2013 年第 1 期。

［15］毕先萍、简新华：《论中国经济结构变动与收入分配差距的关系》，载《经济评论》2002 年第 4 期。

［16］陈安平、杜金沛：《中国的财政支出与城乡收入差距》，载《统计研究》2010 年第 11 期。

［17］迟诚、马万里：《财政分权对城乡收入差距的影响机理与传导机制》，载《经济与管理研究》2015 年第 9 期。

［18］成德宁：《论城市偏向与农村贫困》，载《武汉大学学报》（哲学社会科学版）2005 年第 2 期。

［19］陈斌开、林毅夫：《发展战略、城市化与中国城乡收入差距》，载《中国社会科学》2013 年第 4 期。

［20］陈斌开、张鹏飞、杨汝岱：《政府教育投入、人力资本积累于中国城乡收入差距》，载《管理世界》2010 年第 1 期。

［21］蔡昉、杨涛：《城乡收入差距的政治经济学》，载《中国社会科学》2000 年第 4 期。

［22］蔡昉：《城乡收入差距与制度变革的临界点》，载《中国社会科学》2003 年第 5 期。

［23］蔡昉：《农村剩余劳动力流动的制度性障碍分析——解释流动与差距同时扩大的悖论》，载《经济学动态》2005 年第 1 期。

［24］蔡昉：《为什么劳动力流动没有缩小城乡收入差距》，载《经济学动态》2009 年第 8 期。

［25］陈工、洪礼阳：《财政分权对城乡收入差距的影响研究——基于省级面板数据的分析》，载《财政研究》2012 年第 8 期。

［26］蔡继明：《中国城乡比较生产力和相对收入差别》，载《经济研究》1998 年第 1 期。

［27］程开明、李金昌：《城市偏向、城市化与城乡收入差距的作用机制及动态分析》，载《数量经济技术经济研究》2007 年第 7 期。

［28］程莉：《产业结构的合理化与高级化会否缩小城乡收入差距——基于 1985～2011 年中国省级面板数据的经验分析》，载《现代财经》2014 年第 11 期。

［29］迟巍、蔡许许：《城市居民财产性收入与贫富差距的实证分析》，载《数量经济技术经济研究》2012 年第 2 期。

［30］陈晓毅：《城市化、工业化与城乡收入差距——基于 SVRA 模型的研究》，载《经济经纬》2010 年第 6 期。

［31］程永宏：《二元经济结构中城乡混合基尼系数的计算与分解》，载《经济研究》2006 年第 1 期。

［32］蔡跃洲：《转型社会中财政对收入分配的影响——基于我国不同发展阶段的理论实证》，载《财经研究》2008 年第 11 期。

［33］曹裕、陈晓红、马跃如：《城市化、城乡收入差距与经济增长——基于我国省级面板数据的实证研究》，载《统计研究》2010 年第 3 期。

［34］陈宗胜：《关于收入差别倒 U 型曲线及两极分化研究中的几个方法问题》，载《中国社会科学》2002 年第 2 期。

［35］董静、李子奈：《修正城乡加权法及其应用——由农村和城镇基尼系数推算全国基尼系数》，载《数量经济技术经济研究》2004 年第 5 期。

［36］邓旋：《财政支出规模、结构与城乡收入不平等——基于中国省级面板数据的实证分析》，载《经济评论》2011 年第 4 期。

［37］伏润民、常斌、谬小林：《我国省对县（市）一般性转移支付的绩效评价——基于 DEA 二次相对效益模型的研究》，载《经济研究》2008 年第 11 期。

［38］费舒澜、郭继强：《农民共统计归属对城乡收入差距的影响》，载《统计研究》2014 年第 6 期。

［39］范晓莉：《城市化、财政分权与中国城乡收入差距相互作用的计量分析》，载《改革》2012 年第 3 期。

［40］傅勇、张晏：《中国式分权与财政支出结构偏向：为增长而竞争的代价》，载《管理世界》2007 年第 3 期。

［41］傅勇：《中国的分权为何不同：一个考虑政治激励与财政激励的分析框架》，载《世界经济》2008 年第 11 期。

［42］郭军华：《中国城市化对城乡收入差距的影响——基于东、中、西部面板数据的实证研究》，载《经济问题探索》2009 年第 12 期。

［43］郭剑雄：《人力资本、生育率与城乡收入差距的收敛》，载《中国社会科学》2004 年第 3 期。

［44］国家统计局农调总队课题组：《城乡居民收入差距研究》，载《经济研究》1994 年第 12 期。

［45］郭熙保：《从发展经济学观点看待库兹涅茨假说——兼论中国收入不平等扩大的原因》，载《管理世界》2002 年第 3 期。

［46］高霞：《产业结构变动与城乡收入差距关系的协整分析》，载《数学认识与实践》2011 年第 12 期。

［47］高彦彦：《城市偏向、城乡收入差距与中国农业增长》，载《中国农村观察》2010 年第 5 期。

［48］胡必亮、马昂主：《城乡联系理论与中国城乡的联系》，载《经济学家》1994 年第 4 期。

［49］贺建清：《城镇化、工业化与城乡收入差距——基于时间序列数据的分析》，载《新疆社会科学》2012 年第 4 期。

［50］洪源、杨司键、秦玉奇：《民生财政能够有效缩小城乡居民收入差距?》，载《数量经济技术经济研究》2014 年第 7 期。

［51］何晓星：《再论中国地方政府主导型市场经济》，载《中国工业经济》2005 年第 1 期。

［52］贾俊雪、宁静：《地方政府支出规模与结构的居民收入分配效应及制度根源》，载《经济理论与经济管理》2011 年第 8 期。

［53］金双华：《公共产品供给与城乡收入差距》，载《东北财经大学学报》2008 年第 9 期。

［54］靳涛、李帅：《中国城乡收入差距扩大化是内殖于体制吗?》，载《经济学动态》2015 年第 2 期。

［55］靳卫东：《农民的收入差距与人力资本投资研究》，载《南开经济研究》2007 年第 1 期。

［56］靳卫东、高波：《收入差距与公共财政政策：人力资本投资差异的形成与演变》，载《经济理论与经济管理》2007 年第 1 期。

［57］寇铁军、金双华：《财政支出规模、结构与社会公平关系的研究》，载《上海财经大学学报》2002 年第 12 期。

［58］李爱民：《中国半城镇化研究》，载《人口研究》2013 年第 7 期。

［59］李宾、马九杰：《劳动力流动对城乡收入差距的影响：基于生命周期视角》，载《中国人口、资源与环境》2013 年第 11 期。

［60］刘成奎、王朝才：《财政支出结构与社会公平的实证分析》，载《财政研究》2008 年第 2 期。

［61］李稻葵、刘霖林、王红领：《GDP 中劳动份额演变的 U 型规律》，载《经济研究》2009 年第 1 期。

［62］李峰峰、刘辉煌、吴伟：《基于面板门槛模型的城市化与城乡居民收入差距关系研究》，载《统计与决策》2015 年第 1 期。

［63］刘乐山、何练成：《公共产品供给的差异：城乡居民收入差距扩大的一个原因解析》，载《人文杂志》2005 年第 1 期。

［64］李实：《中国农村劳动力流动与收入增长和分配》，载《中国社会科学》1999 年第 2 期。

［65］李实：《中国个人收入分配研究回顾与展望》，载《经济学季刊》2003 年第 2 期。

［66］李实、赵人伟：《中国居民收入再分配研究》，载《经济研究》1999 年第 4 期。

［67］李实、罗楚亮：《中国城乡居民收入差距的重新估计》，载《北京大学学报》（哲学社会科学版）2007 年第 3 期。

［68］林光斌：《等级制度、市场经济与城乡收入差距扩大》，载《管理世界》2004 年第 4 期。

［69］雷根强、蔡翔：《初次分配扭曲、财政支出城市偏向与城乡收入差距——来自中国省级面板数据的经验证据》，载《数量经济技术经济研究》2012 年第 3 期。

［70］李虎：《关于基尼系数介解介析的讨论》，载《数量经济技术经济研究》2005 年第 3 期。

［71］陆铭、陈钊：《城市化、城市倾向的经济政策与城乡收入差距》，载《经济研究》2004 年第 6 期。

［72］陆铭、陈钊、万广华：《因患寡，而患不均——中国的收入差距、投资、教育和增长的相互影响》，载《经济研究》2005 年第 12 期。

［73］陆铭、陈钊：《从分割到融合：城乡经济增长与社会和谐的政治经济学》，载《经济研究》2008 年第 1 期。

［74］梁琦、陈强远、王如玉：《户籍改革！劳动力流动与城市层级体系优化》，载《中国社会科学》2013 年第 12 期。

［75］刘穷志：《收入不平等、政策偏向与最优财政再分配政策》，载《中南财经政法大学学报》2011 年第 2 期。

［76］刘社建、徐艳：《城乡居民收入分配差距形成原因及对策研究》，载《财经研究》2004 年第 5 期。

［77］吕炜、杨沫、王岩：《城乡收入差距、城乡教育不平等与政府教育投入》，载《经济社会体制比较》2015 年第 5 期。

［78］林毅夫、蔡昉、李周：《中国经济转型时期的地区差距分析》，载《经济研究》1998 年第 6 期。

［79］林毅夫、刘志强：《中国的财政分权与经济增长》，载《北京大学学报》（哲学社会科学版）2000 年第 4 期。

［80］林毅夫、刘培林：《经济发展战略与公平、效率的关系》，载《经济学季刊》2003 年第 2 期。

［81］陆云航：《要素积累、政府政策与我国城乡收入差距》，载《当代财经》2006 年第 4 期。

［82］刘吕吉、李桥：《政府卫生支出城市偏向与中国城乡收入差距——理论分析与实证检验》，载《贵州财经大学学报》2015 年第 1 期。

［83］刘渝琳、陈玲：《教育投入与社会保障对城乡收入差距的联合影响》，载《人口学刊》2012 年第 2 期。

［84］李永友、沈坤荣：《财政支出结构、相对贫困与经济增长》，载《管理世界》2007 年第 11 期。

［85］刘志强、谢家智：《户籍制度改革与城乡收入差距缩小：来自重庆的经验证据》，载《农业技术经济》2014 年第 11 期。

［86］马万里、李齐云：《增长激励、中国式财政分权与收入差距》，载《当代财经》2013 年第 7 期。

［87］马万里：《中国式财政分权：一个扩展的分析框架》，载《当代财经》2015 年第 3 期。

［88］莫亚琳、张志超：《城市化进程、公共财政支出与社会收入分配——基于城乡二元结构模型与面板数据计量的分析》，载《数量经济技术经济研究》2011 年第 3 期。

［89］欧阳金琼、王雅鹏：《城镇化对缩小城乡收入差距的影响》，载《城市问题》2014 年第 6 期。

［90］欧阳志刚：《中国城乡经济一体化的推进是否阻滞了城乡收入差距的扩大》，载《世界经济》2014 年第 2 期。

［91］潘文轩：《城市化与工业化对城乡居民收入差距的影响》，载《山西财经大学学报》2010 年第 12 期。

［92］钱争鸣、方丽婷：《我国财政支出结构对城乡居民收入差距的影响——基于非参数可加模型的分析》，载《厦门大学学报》（哲学社会科学版）2012 年第 5 期。

［93］钱峻峰、李建军、蒲勇健：《电力能源利用效率及其收敛性——基于中国省级面板数据的实证研究》，载《山西财经大学学报》2010 年第 5 期。

［94］秦立建、陈波、秦雪征：《健康对农民工外出务工收入的影响分析》，载《世界经济文汇》2013 年第 6 期。

[95] 冉光和、潘辉：《政府公共支出的收入分配效应研究——基于 VAR 模型的检验》，载《重庆大学学报》（社会科学版）2009 年第 5 期。

[96] 孙华臣、卢华、毕军：《城乡收入差距演变特征：基于"半城镇化"现象的解释》，载《财政研究》2014 年第 11 期。

[97] 孙臣华、卢华：《城乡收入差距演变：劳动力迁移到贡献》，载《财经问题研究》2014 年第 8 期。

[98] 沈坤荣、余吉祥：《农村劳动力流动对中国城镇居民收入的影响——基于市场化进程中城乡劳动力分工视角的研究》，载《管理世界》2011 年第 3 期。

[99] 沈坤荣、张璟：《中国农村公共支及其绩效分析——基于农民收入增长和城乡收入差距的经验研究》，载《管理世界》2007 年第 1 期。

[100] 孙宁华、姚燕：《财政支出倾向、金融市场失衡与城乡收入差距》，载《财经问题研究》2013 年第 8 期。

[101] 孙勇、李慧中：《城市化、政府生产性支出与城乡收入均等化》，载《经济社会体制比较》2014 年第 5 期。

[102] 陶然、刘明兴：《中国城乡收入差距、地方政府开支及财政自主》，载《世界经济文汇》2007 年第 2 期。

[103] 陶然、陆曦、苏福兵、汪晖：《地区竞争格局演变下的中国转轨：财政激励和发展模式反思》，载《经济研究》2009 年第 7 期。

[104] 唐斯：《我国城乡居民收入差距的实证研究》，载《统计与决策》2011 年第 16 期。

[105] 王朝明、马文武：《均衡发展、城乡收入差距与新型城镇化的关系》，载《财经科学》2014 年第 8 期。

[106] 王德文、何宇鹏：《城乡差距的本质、多面性与政策含义》，载《中国农村观察》2005 年第 3 期。

[107] 万广华：《不平等的度量与分解》，载《经济学》（季刊）2008 年第 8 期。

[108] 王弟海、龚六堂、李宏毅：《健康人力资本、健康投资和经济增长》，载《管理世界》2008 年第 3 期。

[109] 王虎、范从来：《金融发展与农民收入影响机制的研究》，载《经济科学》2006 年第 6 期。

[110] 王洪亮、徐翔：《收入不平等孰甚：地区间抑或城乡间》，载《管理世界》2006 年第 11 期。

[111] 王建康、谷国锋、姚丽：《城市化进程、空间溢出效应与城乡收入差距——基于 2002～2012 年省级面板数据》，载《财经研究》2015 年第 4 期。

[112] 王军：《中国农村社会保障制度建设：成就与展望》，载《财政研究》2010 年第 8 期。

[113] 王检贵：《倒 "U" 现象是不是一条经济法则？——对罗宾逊经典结论的质疑》，载《经济研究》2000 年第 7 期。

[114] 吴建民、丁疆辉：《地区收入结构与我国城镇居民收入差距的演化——基于 2000～2009 年数据的考察》，载《经济地理》2011 年第 10 期。

[115] 王立成：《我国城乡居民收入分配差距总体状况、成因与对策》，载《人口与经济》2010 年第 2 期。

[116] 王少平、欧阳志刚：《我国城乡收入差距的度量及其对经济增长的效应》，载《经济研究》2007 年第 10 期。

[117] 王少平、欧阳志刚：《中国城乡收入差距对实际经济增长的阈值效应》，载《中国社会科学》2008 年第 2 期。

[118] 温涛、冉光、熊德平：《中国金融发展与农民收入增长》，载《经济研究》2005 年第 9 期。

[119] 温涛、王小华、宜文：《城乡居民收入差距的时空演化与区域差异——基于收入结构的视角》，载《当代经济研究》2012 年第 11 期。

[120] 温铁军：《我们是怎样失去迁徙自由的》，载《中国改革》2002 年第 4 期。

[121] 韦伟、傅勇：《城乡收入差距与人口流动模型》，载《中国人民大学学报》2004 年第 6 期。

[122] 王小鲁、樊纲：《中国收入差距的走势和影响因素分析》，载《经济研究》2005 年第 10 期。

[123] 王艺明、蔡翔：《财政支出结构与城乡收入差距——基于东、中、西部地区省级面板数据的经验分析》，载《财经科学》2010 年第 8 期。

[124] 解垩：《财政分权、公共品供给与城乡收入差距》，载《经济纬》2007 年第 1 期。

[125] 徐振宇、赵天宇、朱鹤：《居民基本权利差异对城乡差距的影响——来自中国省级面板数据的实证证据》，载《财贸经济》2015 年第

1 期。

[126] 余长林：《财政分权、公共品供给与中国城乡收入差距》，载《中国经济问题》2011 年第 9 期。

[127] 杨灿明、赵福军：《财政分权理论及其发展述评》，载《中南财经政法大学学报》2004 年第 4 期。

[128] 余菊、邓昂：《制度变迁、地方政府行为与城乡收入差距——来自中国省级面板数据的经验证据》，载《经济理论与经济管理》2014 年第 6 期。

[129] 殷金朋、倪志良、邹洋：《农民收入来源结构与中国城乡收入差距——基于 PVAR 模型的经验分析》，载《财经论丛》2015 年第 6 期。

[130] 应瑞瑶、马少晔：《劳动力流动、经济增长与城乡收入差距——基于 1993~2007 年重新估算的面板数据》，载《南京农业大学学报》（社会科学版）2011 年第 6 期。

[131] 吕炜、高飞：《城镇化、市民化与城乡收入差距——双重二元结构下市民化措施的比较与选择》，载《财贸经济》2013 年第 12 期。

[132] 吕炜、许宏伟：《土地财政、城市偏向与中国城乡收入差距》，载《财贸经济》2015 年第 6 期。

[133] 王肖斌、李郁芳：《土地财政：城镇化与城乡收入差距——基于 1999~2011 年省级面板联立方程的实证研究》，载《产经评论》2014 年第 5 期。

[134] 姚耀军：《金融发展与城乡收入差距关系的经验分析》，载《财经研究》2005 年第 2 期。

[135] 王亚飞、杨寒冰、唐爽：《城镇化、产业结构调整对城乡收入差距的作用机理及动态分析》，载《当代经济管理》2015 年第 3 期。

[136] 任重：《教育、医疗公共品供给与城乡收入差距的关系研究》，南开大学 2009 年版。

[137] 朱德云、董迎迎：《财政支出结构对城乡居民收入差距影响的效应分析——基于包含虚拟变量的省级面板数据的实证分析》，载《经济与管理评论》2015 年第 3 期。

[138] 周端明、刘军明：《二元性与中国城乡居民收入差距演进：理论模型与计量检验》，载《安徽师范大学学报》2009 年第 5 期。

[139] 曾国安：《论工业化过程中导致城乡居民收入差距扩大的自然因素与制度因素》，载《经济评论》2007 年第 3 期。

［140］曾国安、胡晶晶：《论中国城市偏向的财政制度与城乡居民收入差距》，载《财政研究》2009 年第 2 期。

［141］张红宇：《城乡居民收入差距的平抑机制：工业化中期阶段的经济增长与政府行为选择》，载《管理世界》2004 年第 4 期。

［142］赵佳佳：《农村公共支出结构对城乡收入差距的影响》，载《广东商学院学报》2007 年第 4 期。

［143］周黎安：《中国地方官员的晋升锦标赛模式研究》，载《经济研究》2007 年第 7 期。

［144］章奇、刘兴明、Vincent Yiupor Chen、陶然：《中国的金融中介增长与城乡收入差距》，载《中国金融学》2004 年第 1 期。

［145］周世军、周勤：《政策偏向、收入偏移与中国城乡收入差距扩大》，载《财贸经济》2011 年第 7 期。

［146］赵焘：《西部地区城镇化与城乡收入差距关系实证研究》，载《统计与决策》2014 年第 16 期。

［147］张伟、陶士贵：《人力资本与城乡收入差距的实证分析与改善的路径选择》，载《中国经济问题》2014 年第 1 期。

［148］张璇、杨灿明：《行政腐败与城乡居民收入差距——来自中国120 个地级市的证据》，载《财贸经济》2015 年第 1 期。

［149］赵霞、刘萌：《财政支出结构对城乡收入差距影响的趋势分析——基于 2007～2011 年省级面板数据》，载《福建论坛·人文社会科学版》2014 年第 2 期。

［150］周云波：《城市化、城乡差距以及全国居民总体收入差距的变动——收入差距倒 U 形假说的实证检验》，载《经济学季刊》2009 年第 7 期。

［151］张艳华：《教育公共投入与收入差距的波及效应》，载《改革》2011 年第 9 期。

［152］赵永平、徐盈之：《新型城镇化对缩小城乡收入差距的作用——基于城乡二元收入的理论模型与实证检验》，载《中南大学学报》（社会科学版）2014 年第 8 期。

［153］张志超、吴晓忠、陈晓声：《区域差异、逆向财政机制与城乡收入差距——基于动态面板和门限面板模型的研究》，载《山西财经大学学报》2014 年第 8 期。

［154］张中锦：《金融发展效率、收入增长与城乡差距》，载《中国

经济问题》2011 年第 4 期。

[155] A. Aaron, M. C. McGuire, Benefits and burdens of government Expenditure. Econometrica, Vol. 48, No. 5, May 1970, pp. 42 – 51.

[156] Adelman & Motris, C. T. , Economic Growth and Social Equity in Developing Countries. Stanford, Califomia: Stanford University Press, 1973, P. 112.

[157] Aghion, P. ; Caroli, E. Garcia – Pênalosa, C. , Inequality and Economic Growth: The Perspective of the New Growth Theories. Journal of Economic Literature, Vol. 37, No. 2, March 1999, pp. 1615 – 1660.

[158] Ahluwalia M. , Income Distribution and Development: Some Stylized Facts. American Economic Review, Vol. 66, No. 2, February 1976, pp. 111 – 124.

[159] Anderson, Kymand Yujiro Hayami, The Political Economy of Agricultural Proteetion, East Asiain Intemational Perspective. Sidney: Allen & Unwininin Association with The Anstralia – JaPan Researeh Ccntre, Australian University, 1986.

[160] AnneKrueger, Maurice Sehiffand Alberto Valdes (eds), The Political Economy of Agrieultural Prieing Poliey#Baltimore. Maryland: The Johns HoPkins University Press, 1991, P. 96.

[161] Bates, Robert, Marketsand Statesin Tropical Afiica. Berkeley Califomia: University of California Press, 1981, P. 142.

[162] Barro, Government Spending in a Simple Model of Endogenous Growth. Journal of Political Economy, Vol. 98, No. 3, June 1990, pp. 103 – 125.

[163] Boustan L, Ferreira F, Winkler H, Zolt E M, The Effect of Rising Income Inequality on Taxation and Public Expendituries: Evidence from US Municipalities and School Districs: 1970 – 2000. The Review of Economic and Statistics, Vol. 51, No. 2, April 2013, pp. 1291 – 1302.

[164] Caves, D. W. , L. R. Christensen, W. E. Diewert. , The Economic Theory of Index Numbers and the Measurement of Input, Output, and Productivity. Econometrica, Vol 50, No. 5, October 1982, pp. 1393 – 1414.

[165] Cecilia, Turnovsky, Growth, Income Inequality, and Fiscal Policy: What are the Relevant Trade-offs? . Journal of Money、Credit and Banking, Vol. 39, No. 2, April 2007, pp. 1 – 30.

［166］Charnes A, Cooper W W, phodes E L, Measuring the Effciency of Decision Making Untis. European Journal of Operational Resarch, Vol. 2, No. 6, December1978, pp. 429 – 444.

［167］Chenery, H. , Ahluwalia, M. & S. Andothers, Redistribution with Growth. Oxford: University Press, 1974, P. 136.

［168］Kuznets、Simon, Economic Growth and Income Inequality. American Economic Review, Vol. 45, No. 1, January 1955, pp. 1 – 28.

［169］Denis Taoyang and Haozhou, Urban and Rural Disparity and Sectoral Labour Allocation in China. The Workers'state Meets the Market, Vol. 20, No. 9, September 2001, pp. 40 – 42.

［170］Denk O, Hagemann R P, Lenain P, Somma V. , Inequality and Poverty in the United States: Public Policies for Inclusive Growth. SSRN, Vol. 41, No. 5, May 2013, pp. 120 – 145.

［171］Dodge DA, Impact of Tax, Transfer and Expenditure Policies of Government on Thedistribution of Personal Incomes in Canada. Review of Income and Wealth, Vol. 17, No. 1, January 1975, pp. 21 – 52.

［172］Fare R, Grosskopf S, Lindgren B, et al. , Productivity Development in Swedish Hospital: A Malmquist Output Index Approach. Southern illinois Unversity, Carbondale, Department of Economics Discussion Paper, No. 89, 1989.

［173］Fare R, Grosskopf S, Lindgren B, et al, Productivity Growth, Technical Progress, and Efficiency Change in Industrialized Countries. American Economic Review, Vol. 84, No. 1, January 1994, pp. 66 – 83.

［174］G. A. Jones, S. Corbridge, The Continuing Debate about Urban Bias the Thesis, Its Critics, Its Influence and its Implications for Poverty-reduction Strategies. Progress in Development Studies, Vol. 10, No. 1, February 2010, pp. 1 – 18.

［175］Hannum, Emily and Meiyan Wang, Geography and Educational Inequality in China. Forthcoming in China Economic Review, Vol. 10, No. 2, April 2005, pp. 42 – 55.

［176］Kanbur, Ravi and Xiaobo Zhang, The Evolution of Rural-urban and Inland-coastal Inequality in China from 1983 to 1995. Journal of Comparative Economics, Vol. 27, No. 2, March 1995, pp. 686 – 701.

［177］Kevin Honglin Zhang Shunfeng Song, Rural-urban Migration and Urbanization in China: Evidence from Time-series and Cross-section Analyses. China Economic Review, Vol. 14, No. 5, May 2003, pp. 386 – 400.

［178］Khan, Azizur R and Carl Riskin, Income Inequality in China: Composition. Distributionand Growth of Household income. April 1998, pp. 221 – 253.

［179］Knight, J. and Lina Song, The Rura-urban Divide, Economic Disparities and Interaction in China. Oxford: Universty Press, 1999, P. 114.

［180］Leonel Muinelo Gallo, Oriol Roca Sagales, Joint Determination of Fiscal Policy, Income Inequality and Economic Growth. Economic Modelling, Vol. 32, No. 1, January 2013, pp. 814 – 824.

［181］Lewis, W. A, Economie Development with Unlimited Supply of Labor. The Manchester School of Economic and Social Studies, Vol. 22, No. 2, February 1954, pp. 139 – 191.

［182］Lucas, R. E, On the Mechanics of Development. Journal of Monetary Economics, Vol. 22, No. 3, June 1988, pp. 3 – 42.

［183］Miehael Upton, Why Poor pcople Stay Poor: Urban Bias in World Development. Cambridge, MA: Harvard University Press, 1977, P. 86.

［184］Lipton M, Why poor People Stay Poor: Urban Bias in World Development. MA: Harvard University Press, 1977, P. 102.

［185］M. olson, The Logic of Collective Action. Cambridge. MA: Harvard University Press, 1965, pp. 53 – 65.

［186］Ranis, G. & Fei, J. C, A, Theory of Economic Development. American Economic Review, Vol. 51, No. 4, August 1961, pp. 533 – 565.

［187］Robinson, A. , Note on the U Hypothesis Income Inequality and Economic Development. American Economic Review, Vol. 66, No. 5, October 1976, pp. 437 – 440.

［188］Shih, Vietor, and QiZhang, Who Receives Subsidies: A Look at the County – Level Before and After the 1994 Tax Reform. Paper Presented at the Conference Held at the Institute for Chinese Studies, May 21 – 23, Oxford, U. K, 2004.

［189］SchultZ, T. w. ed, Distortions of Agricultural Incentives. Bloomington: Indian University Press, 1978, P. 95.

［190］V. Henderson, Urbanization in Developing Countries. The World

Bank Research Observer, Vol. 17, No. 1, January 2002, pp. 89 – 112.

[191] Yang, Dennis Tao, Urban – Biased Polices and Rising Income Inequality in China. American Economic Review, Vol. 188, No. 2, March 1999, pp. 306 – 310.

后 记

    自 2015 年 7 月进入四川大学公共管理学院从事公共管理博士后研究工作，经过三年博士后的研究工作，不论是工作还是人生经历对于我来说都是不断成长的过程，在众多良师益友以及亲人的鼓励、帮助下我才能够完成博士后研究报告撰写，心中弥漫着对学习与论文研作历程的回味和对所有为之呕血者的感激。

    博士后研究报告完成要非常感谢尊敬的合作导师姜晓萍教授，从准备博士后研究报告选题开始，姜老师便悉心指导，在写作过程中姜老师更是诲之不倦，对论文的结构、论证等多方面进行点拨，使自己屡开茅塞，省却了不少的脑力成本。在博士后研究期间，导师更是倾心相授，在给予学术指导的同时又有严格的功业要求，由于家庭以及工作琐事拖累，导师对于我在学习期间的贻误给予极大的宽容。师从恩师姜晓萍教授，不仅受到了难得的学术历练，而同样作为一名老师的我，姜老师的治学严谨、学识渊博等优秀的品质让我进一步领悟到了为人治学的真谛，不断激励着我成为一名优秀的人民教师。师恩厚重，对导师的感激之情难以言表，只有遵师之愿，在以后的日子里，无论学习、工作还是生活上积极努力，以答谢恩师的教诲！

    在博士后研究报告的开题以及写作过程中，西南财经大学财税学院的李建军教授和王文甫教授、四川大学的夏志强教授等都提出了许多有益建议，在导师以及诸多老师的指导下，我的博士后研究报告为基础的研究同时获得中国博士后基金面上项目和四川省博士后特别资助项目的支持，在此表示特别的感谢！同时还要感谢曾豪杰、黄静等博士后同仁的支持和帮助，还有李岚等老师对我的博士后研究期间辛勤的付出，在此表示感谢！

    最后，要感谢我的家人。首先要感谢我的父母，尽管父母在 2008 ~

2011 三年间相继离开人世，但是是你们给予了我生命，并且教育我成人，你们为我付出了毕生的心血，在儿子还未来得及回报你们的时候就离开，儿子如今只能祭慰你们在天之灵以表达儿子内心的感激。其次，要特别感谢我的妻子谢芬对我的理解、支持、鼓励和宽容，工作以来，她跟随我来到一个陌生城市，其间经历了父母的相继离世，但她对我不离不弃，在我内心压抑彷徨的时候，她给予我充分的理解，同时给予我极大的宽容，陪我度过了人生中最艰难的时光，同时她在工作和学习上也积极鼓励和支持我，为我创造了最好的条件，才能让我在工作和学习上成绩不断，对爱妻谢芬的感激之情无论什么语言都不为过。另外，还要感激我的四个姐姐，从小到大姐姐疼爱我犹如父母，把最好的东西都留给我，当父母离去之后，尽管她们也承受悲痛，但为了让我能够在失去父母的悲痛中减轻痛苦，她们更是对我疼爱，给了我亲情的温暖！还要感谢我可爱的儿子，是你的出生让我有了父亲的责任感，让我对生活对工作更加积极！

　　路漫漫其修远兮，吾将上下而求索！在未来的学习和工作中，我将更加积极努力，以更丰厚的成果来答谢所有曾经关心、帮助和支持我的老师、亲人、同学和朋友！仅以此拙作献给我的老师、朋友及亲人！

肖育才

2019 年 2 月